JN085907

# 公認心理師への関係行政論ガイド

下山晴彦・岡田裕子・和田仁孝 編

北大路書房

# ▶本書の読みかたガイド

　公認心理師，臨床心理士の方々にとって，関係行政論を学ぶことは役に立つし，必要であることは間違いない。しかし誰にとっても，自分の専門外のことを学ぶことは骨が折れるだろう。ましてや法制度に関することは，苦手意識を持つ方も多いのではないだろうか。そこではじめに，本書を少しでも楽に読めるヒントをお伝えしたいと思う。

## ▶▶**1**＿　自身の職域に関連する法領域から読み始めること

　目次を見ればわかる通り，本書は保健医療，福祉，教育，司法・犯罪，産業・労働という心理職の職域ごとに構成されている。言うまでもないが，その中で自分自身に関連することには具体的イメージを持ちやすいはずだ。臨床現場の組織や人の動きをよく知っているので，法律がそれらとどのように関連しているかが見えるだろう。

　筆者が主に臨床の場としてきたのは精神医療領域なので，それを例にとって見よう。たとえば，病棟の入院患者の心理検査を施行している際に，患者から「今すぐ退院したい」と言われた場合，どう対応すればよいだろうか。もちろん入退院を決める権限は医師にあるとしても，心理職として目の前にいる患者に対応するうえで，その要求が法的にいかなる意味を持つのかを知っておく必要性は高い。精神医療における入院形態については精神保健及び精神障害者福祉に関する法律（精神保健福祉法）に規定されている。任意入院（20条）であれば，患者から退院の申出があった場合には，原則として退院させなければならないため（21条2項），患者からの退院要求については慎重に取り扱う必要があり，直ちに主治医に伝えて，その判断を仰ぐ必要があるだろう。心理職として患者に何かしらの応答をする場合にも，任意入院の法的な意味を頭に置いた上で言葉を選ぶ必要がある。しかし措置入院（29条）であれば，入院は患者の意思に関わりなく，一定の要件のもとに都道府県知事の措置として行われるものであるから，患者の退院要求は法的観点から入院の継続の妨げにはならない。患者から強く退院要求があったとしても，主治医はただちに退院を認めることはないだろう。したがって，心理職として他職種との連携をとる必要性から，患者の退院要求があったという事実を主治医をはじめとする他職種と共有すべきことは当然だが，その緊急性は任意入院の場合と比較すれば低いといえる。そ

して，患者に対しても，措置入院であることを前提に対応することが必要となる。このように，入院形態についての法制度を知っていることで患者への心理職としての具体的対応および他職種との連携についても指針を得ることができるのである。

　精神医療に関連する法律として最も重要なものは精神保健福祉法であるが，その他にも，病院という組織は医療法によって規定され，医師や看護師の職責については医師法，保健師助産師看護師法によって規定されている。組織の構成，各職種の役割や権限，などの現実的な事柄の背後には，法律の規定が存在する。コンクリートの建物が，見えないところで鉄筋によって支えられているように，現実の事象が法律によってその構造を支えられていることが実感として理解できると，興味が持ちやすいと思われる。読者が，自分自身に最も関連する領域についてその実感をもてたなら，他領域の法律についても学びやすくなるはずだ。

### ▶▶2 ＿ 条文を読むときに，「誰に何を求めているか」という視点をもつこと

　法制度の内容を把握するためには法律の条文を理解することも必要となるが，その際，「その条文は誰に，何を求めているか」という視点が役に立つ。なぜなら法律の条文は多くの場合，誰かに何かを求めているものなのだ。

　「誰に」とは本書で取り上げる法律についてみるなら，具体的には，①国・地方公共団体　②援助職にある人　⑤一般国民，などである。

　これらのうちの誰かに対して条文は「何か」を求めている。「何か」とは，「禁止（やってはいけない）」の場合，「義務（やらなければならない）」の場合，「努力しなければならない」との努力義務の場合もある。

　例を挙げよう。次の条文が「誰に」，「何を」求めているのか，考えながら読んでみてほしい。

　　精神保健及び精神障害者福祉に関する法律　第6条　都道府県は，精神保健の向上及び精神障害者の福祉の増進を図るための機関（以下「精神保健福祉センター」という。）を置くものとする。

　単純な構造の条文なので一目瞭然と思われるが，この条文では「誰に」「何を」求めているかは次のように理解できる。

「誰に」⇒　都道府県に
「何を」⇒　精神保健の向上及び精神障害者の福祉の増進を図るための機関（精神保健福祉センター）を置くこと

この条文のように，本書で取り扱う関係行政論に関する法律の条文では，国や地方公共団体に何らかの組織の設置や，施策の実施を求める場合が多い。

　他にも，次のようなパターンがある。

　●一般の国民に対して，何らかの行為を求めるパターン
　児童虐待の防止等に関する法律　第6条　<u>児童虐待を受けたと思われる児童を発見した者は</u>，速やかに，これを市町村，都道府県の設置する福祉事務所若しくは児童相談所又は児童委員を介して市町村，都道府県の設置する福祉事務所若しくは児童相談所に<u>通告しなければならない</u>。

　●援助職（公認心理師）に対して，職責上の義務を求めるパターン
　公認心理師法　第41条　<u>公認心理師は</u>，正当な理由がなく，その業務に関して知り得た<u>人の秘密を漏らしてはならない</u>。公認心理師でなくなった後においても，同様とする。


　このように法律の内容を理解する場合には常に，「誰に何を求めているのか」という視点から読めば，すっきりと理解できる。


## ▶▶3 ＿ その法律の目的（立法趣旨）は何かを常に意識する


　第8章でも触れるが，法律はある目的（立法趣旨）を実現するための手段として，各条文を演繹的に導き出して規定している。法律の各条文は，その目的を実現するための手段を一つ一つ並べたものとみることができる。そして，その一つ一つは前述のように「誰かに何かを求めている」のである。

　少年法を例にとって見て見よう。

　少年法　第1条　この法律は，少年の健全な育成を期し，非行のある少年に対して性格の矯正及び環境の調整に関する保護処分を行うとともに，少年の刑事事件について特別の措置を講ずることを目的とする。

　このように少年法1条には，少年法の目的として，①少年の健全な育成　②非行少年に対して性格の矯正と環境調整に関する保護処分を行うこと　③少年の刑事事件に特別の措置を講ずること，の3つが規定されている。このうち「①少年の健全な育成」がいわば究極の目的であり，その目的を敷衍して，②と③の目的が定められていると読むことができる。

　少年法の究極の目的が「少年の健全な育成」であるとすれば，極論すると，少年

図　法の立法趣旨と各条文の関係

法のすべての条項は「少年の健全な育成をどうすれば実現できるのか」という視点から規定されているといえる。

たとえば少年の保護事件の審判にあたって，少年法8条は次のような規定を置いている。

> 少年法　第8条　家庭裁判所は，第六条第一項の通告又は前条第一項の報告により，審判に付すべき少年があると思料するときは，事件について調査しなければならない。(略)
> 2　家庭裁判所は，家庭裁判所調査官に命じて，少年，保護者又は参考人の取調その他の必要な調査を行わせることができる。

このように，家庭裁判所は少年審判にあたって調査を行わせることができると規定され，またその調査は家庭裁判所の調査官に行わせることができると定められている。つまり「少年の健全な育成をはかる」という少年法の究極の目的を達成するためには，心理学にも精通している家庭裁判所調査官の調査に基づき，少年の被養育環境や性格も含めて理解した上で保護処分を決定すべきだとしているのである。

法律の条文が目的に沿って規定されているということは，図のようなイメージと捉えられる。

このような図式を念頭において，目的 (立法趣旨) との関連で各条文を理解しようとするならば，その条文の意図するところが具体的にイメージできるのではないだろうか。

## ▶▶4＿　まとめ

ここまで，本書を読みやすくするための3つのヒントを提示した。ヒントの2と

3は，本書の読みかたというより「法律の条文の読みかた」であるが，本書で描かれている法制度は，基本的には条文によって構築されているシステムであり，その解説も関連する条文に基づいて行われている。実は法制度を理解するには，条文自体を読んでみることがかえってわかりやすいのである。

　ちなみに本書に解説されている法制度について実際の法律の条文を参照したい場合には，e-Gov 法令検索ウェブサイトで検索することができる（https://elaws.e-gov.go.jp）。

　このウェブサイトは，法律の略称でも検索ができて便利であるのに加え，条文冒頭の目次から直接，興味のある条項に飛んで読むことができる。

　最後に，本書を読むスタンスについて，一言付け加えたい。冒頭に述べた通り，私たち心理専門職の仕事の現場は，見えないところで法律によって骨組みが構築されている。ということは，その法的な骨組みのあり方によって，心理援助活動の可能性がうまれ，その制約が課されていることになる。だとすれば，心理職の視点からその心理援助活動の可能性を広げ，制約を取り除いていくためには，法制度の改正を国に求めていくことが必要な場合もある。本書を通じて，法制度について心理職として受け身的に理解するだけではなく，よりよい心理援助活動を実現するために法制度のあり方をどのように変えればよいかという，アクティヴな視点をもっていただけたらうれしい。

【岡田裕子】

# 序章＿＿公認心理師が，なぜ法律を学ぶのか

## ▶§0.1 ＿ はじめに

　心理学に基づき，人々の心理支援を実践する専門職は，総称して「実践心理職」（practitioner psychologists）と呼ばれる。欧米の国々における実践心理職は，通常は博士課程修了が前提となる。その中でも最も専門性が高いのは，臨床心理学の博士課程修了を前提とする臨床心理職（clinical psychologist）である（下山 2015）。ちなみに，日本の "臨床心理士" は，公益財団法人日本臨床心理士資格認定協会が認定した民間資格であり，上記臨床心理職とは異なるものである。臨床心理士は，修士課程修了を前提としており，しかも心理学を必ずしも学問的基盤としていない。

　公認心理師は，心理学を学問的基盤としているものの，学部卒でも一定の条件を満たせば受験資格が得られる。その点で公認心理師は，実践心理職としては比較的専門性の低い資格である。つまり，公認心理師は，大学院で心理学や臨床心理学を深く学び，専門性を高めることは必ずしも求められていない。それにもかかわらず公認心理師は，本来の専門外となる法律や制度を幅広く学ぶことが求められる。しかも，学部段階のカリキュラムにおいてである。

　では，実践心理職としては専門性の比較的低い公認心理師が，なぜ幅広く法律を学ばなければならないのであろうか。どのような理由で，公認心理師は心理学や臨床心理学を博士課程で学ぶかわりに，専門外の法律や制度を，学部段階で学ぶ必要があるのだろうか。しかも，公認心理師が学部段階で学ぶのは，メンタルヘルスと直接関連する保健医療の分野の関連法規だけではない。福祉分野，教育分野，司法・犯罪分野，産業・労働分野といった5分野の関連法規を幅広く学ばなければならない。それは，なぜなのだろうか。

## ▶§0.2 ＿ 5分野の汎用資格としての公認心理師

　公認心理師が幅広く関連法規を学ばなければいけないのは，公認心理師が公認心

理師法という法律によって規定された名称独占資格だからである。公認心理師法は2015年に成立し，2017年に施行となった。公認心理師の業務の目的は，第1章第1条で「国民の心の健康の保持増進に寄与すること」と規定されている。

　公認心理師法が成立する以前，日本の心理職においては精神分析やユング派の心理療法が主流モデルであった。このような心理療法モデルでは，クライエントとセラピストが個人契約を結び，クライエントがセラピストのオフィスに来談して治療を受けるという個人開業（プライベイト・プラクティス）の形態が基本となっていた。そこでは，心理支援は私的活動という意味合いが強かった。

　それに対して公認心理師法の目的は「国民の心の健康の保持増進に寄与すること」と規定されており，活動は国民から付託された公的な社会活動であることが明確に示されている。社会活動であるからこそ，社会の法律や制度を前提として行われるものとなる。

　また，公認心理師の義務として，公認心理師法42条で「業務を行うのにあたっては，その担当する者に対し，保健医療，福祉，教育等が密接な連携の下で総合的かつ適切に提供されるよう，これらを提供する者その他の関係者等との連携を保たなければならない」と記載されている。

　この点で公認心理師は分野間の連携，職種間（多種職）の連携，関係者との連携，地域との連携といった多様な連携を義務付けられている。つまり，つまり，公認心理師は，伝統的な個人対象の心理療法ではなく，協働やチームを含む連携を前提とする社会活動を実施する者であることが規定されている。

　したがって，公認心理師が適切な社会的連携を実施するためには，連携する他職や地域における活動の前提となっている法律や制度を共有できていることが必須となる。しかも，公認心理師は，5分野にわたる汎用資格となっているので，各分野間の境界を超えて多職種での連携に関連することが求められている。このような点で5分野の関連法規を幅広く学ぶことが求められることになる。


## ▶§0.3 ＿ 実務者として法律を学ぶ意味


　公認心理師法2条において「保健医療，福祉，教育その他の分野において，心理学に関する専門的知識及び技術をもって，次に掲げる行為を行うこと」と，公認心理師の業務内容が定義されている。ここでは，公認心理師の活動が心理学に基づくものであると規定され，心理査定，心理支援，関係者支援，健康教育活動の4種の活動を業務とされている。

　このような業務は，一見すると臨床心理職の実践活動と重なるようにもみえる。

しかし，公認心理師の特徴は，臨床心理学の専門性において本質的要素である「研究活動」が業務に含まれないことである。ここにおいて公認心理師が臨床心理学に基づく実践心理職ではないことが示されている。

さらに，公認心理師法42条第2号において「当該支援に係る主治の医師があるときは，その指示を受けなければならない」と公認心理師の業務のあり方が規定されている。ここでは，公認心理師は主治医の指示に従うという上下関係が規定されている。

メンタルヘルスの国際的趨勢としては，20世紀後半には医学モデルから生活支援モデルに移行する中で職種間の平等な関係を前提とする協働が前提となっている（Marzillier & Hall 1999）。ところが，公認心理師法では，世界的動向に逆行して医学モデルに基づき，医師の優位が明示されている。つまり，公認心理師は主治医の指示の下で働く立場に置かれている。

また，罰則としても，連携において主治医の指示に従わなかった場合には公認心理師の登録取消しになると規定されている。このように「主治医の指示に従わない」ことは，違法行為や倫理違反による信用失墜行為に匹敵する重大な行為とみなされている。公認心理師の独立性や専門性に制限を加える「主治医の指示に従う」が義務となっている点は，公認心理師の社会的位置づけの限定を示す非常に重要な特徴である。

このような点で公認心理師は，専門職としての独立性と主体性が認められていない。むしろ，専門職としてではなく，連携する医師の指示に従い，学部カリキュラムで法律や制度をしっかりと学び，行政の枠内で活動する実務者としての役割が期待されている（中嶋 2019）。そのような実務者として適切に機能するために，そして自らの実務者としての役割をわきまえるために法律を始めとする関連行政論を学ぶという意味がある。

### ▶ §0.4 ＿ 相談実践職として法律を学ぶ意味

本書第8章で論じられているように「心理学」と「法学」は，学問としての方法論は異なっている（岡田 2020）。しかし，対人関係における問題解決に向けての"相談"業務という実践活動の観点からみると，両者には共通点がある。心理職が行う心理相談は，心理的な葛藤や問題，つまり苦悩の解決を目指す。弁護士が行う法律相談は，社会的葛藤や問題，つまり紛争の解決を目指す。いずれも，葛藤や問題の解決を目指す点では共通している。

相談業務では，一回のセッションに通常30分〜1時間ほどの時間をかける。しかし，それで直ぐに問題が解決するというものではない。手間がかかるのは，来談す

るという事態に至るまでに既に様々な要因が複雑に絡み合って問題形成のストーリィが固定化してしまっているからである。相談を受ける実践職は，それが心理職であっても弁護士（法律職）であっても問題形成のストーリィを聴き取り，その筋を読み解くのに時間をかける。相談の対象となる問題では，心理的な要因や法的な要因を含めて多様な要因が複雑に絡み合って問題形成のストーリィが構成されていることが多いからである。

　心理職は，来談者と話し合いを積み重ね，協働して問題形成のストーリィを読み解き，心理的観点から問題解決の方向を探っていく（下山 2014）。それに対して法律相談とは，「相談者の抱える問題事案を理解し，その事実を法規に当てはめて権利義務に関する判断をなすとともに，問題解決のための法的手続を教示し，必要応じて代理人として受任する」ものである（菅原・下山 2007）。

　したがって，心理相談も法律相談もいずれも来談者が解決をしたいと思っている問題（法律相談の場合は紛争）に関するストーリィを聴き取り，問題の成り立ちを理解し，その解決に向けて方針を立てるという構造は共通している。ただし，心理相談の場合は問題の理解とその解決に向けての方針を立てる際に心理学の知見や理論を援用する。それに対して法律相談では，法規に当てはめ，その権利義務に関する判断をする。そこでは，判例などを参考にすることになる。しかし，いずれの相談でも来談者のストーリィをしっかりと聴き取り，問題の解決に向けての見立てをもつという点では共通している。

　その解決の方法として心理的観点から問題を理解し，問題解決に向けて介入するのか，法律的判断によって問題解決を図るのかが異なっているだけである。心理的葛藤の側面が強ければ心理相談の対象となる。逆に社会的紛争の側面が強ければ法律相談となる。ただし，多くの場合，「心理的葛藤」と「社会的紛争」はコインの裏表といった関係にある。たとえば，心理的葛藤から離婚調停といった社会的紛争が生じる。逆に，遺産相続に関する紛争と言った場合には，心理的葛藤がそこに生じている。そこで，心理的側面と法的側面の両側面に働きかけることで問題解決がより円滑に進むことが多い。

　したがって，公認心理師は，問題解決を支援する実践職として法律を学び，弁護士を始めとする他職と連携し，社会的側面も考慮して相談活動を進めることによって多角的でスムーズな問題解決を進めることが可能となる。

## ▶§*0.5*＿　専門職として法律を学ぶ意味

臨床心理学は，生物－心理－社会モデルと科学者－実践者モデルに基づく学問で

ある（Llewelyn & Aafjes-Van Doorn 2017）。したがって，臨床心理学を基盤とする専門職である臨床心理職は，心理的問題の解決に向けての活動をする際には，心理的要因だけでなく，生物的要因とともに社会的要因を考慮に入れて問題を理解し，介入をすることが専門性の基盤となる。

　生物的要因については，脳科学，神経科学，生理学，薬理学等の知識を学び，科学的視点をもって問題の成り立ちについて客観的に分析し，その結果に基づいて介入方針を立てる技能が必要となる。これは，検査や観察によって客観的データを収集し，分析する科学者としての態度や技能と結びつくものであり，科学者−実践者モデルの科学者の側面である。

　それに対して社会的基盤は，法律学，経済学，社会福祉学等の知識を学び，社会環境との関連で問題の成り立ちや問題解決の方法を探っていく技能が必要となる。多くの心理的問題は，家族関係を始めとする対人関係や社会関係のなかで形成されている。その点で心理的問題は，実は極めて社会的な現象となっている。また，問題解決のための実践活動は心理的な側面への介入であっても，それは社会的場面で行われる社会的な活動となる。その点で実践活動は，常に社会的ルールである法律や制度の制約を受けることになる。これは，科学者−実践者モデルの実践者と関連する側面である。なお，臨床心理職の実践活動がいかに社会的基盤の上に成立しているのかを示すものとして，有名な「タラソフ裁定」がある。これについては**コラム**として付記した。

　臨床心理職は，心理学に基づくという点では心理的要因を重視する。しかし，同時に生物的要因と社会的要因を含めた知識と技能を専門性の基盤を置く。そのために多種多様な知識と技能を学習する必要があり，博士課程における専門学習が求められる。医師を始めとする医療職は，生物的基盤の専門職である。弁護士や社会福祉士は，社会的基盤の専門職である。それに対して臨床心理職は，心理的基盤に基づきながらも生物的要因と社会的要因を含めて問題を理解し，解決を目指す専門職である。

　このように生物的要因と社会的要因への理解を併せもつことで，臨床心理職は，欧米諸国においては独立した専門職として医師や弁護士ともほぼ同等な立場で活動する役割を担っている。欧米の臨床心理職の多くは，精神障害を診断することができ，法廷で証言することもできる。また，米国の一部の地域や組織では薬物の処方権も認められている。

　しかし，日本の公認心理師は，専門職としての位置づけではなく，実務者としての位置づけとなっている。公認心理師だけで満足せずに，より専門性の高い心理専門職として活動するためには，研究活動を含めて臨床心理学を修士課程，そして博士課程で学ぶことが必要となる。

# ▶ §0.6 __ おわりに

　公認心理師は，「主治医の指示に従う」ことが罰則付きで規定されており，その点で専門職としての自律性は認められていない。したがって，公認心理師は，心理専門職として欧米諸国で活躍する実践心理職や臨床心理職とは異なる資格である。
　しかし，公認心理師は，実務者として法律を学ぶだけでよいというわけではない。実践心理職の，本来の専門性や専門活動は，主治医の指示に従う枠組みに収まるレベルではないからである。公認心理師の資質向上の責務は，残念ながら公認心理師法では努力義務に留まっている。そのような限界はあるとはいえ，公認心理師がより高い専門性を求めて努力し，実践心理職として発展していくことは可能である。したがって，公認心理師が幅広く法律を学ぶことは，実践職として，さらには専門職として発展していくことにつながるという点で，とても重要な意味を持つのである。

〔参考文献〕
Davison, G, C. Neale, J, M. & Kring, A, M. 2004　Abnormal Psychology 9$^{th}$ John Wiley & Sons　（下山晴彦（編訳）（2007）　テキスト臨床心理学 2——研究と倫理　誠信書房）
Llewelyn, S & Aafjes-Van Doom, K. (2017)　Clinical Psychology: A Very Short Introduction. Oxford University Press.(下山晴彦（編訳）（2019)臨床心理学入門　東京大学出版会)
Marzillier, J. & Hall, J. 1999What is clinical psychology. edition. Oxford University Press（下山晴彦（編訳）（2003）　専門職としての臨床心理士　東京大学出版会）
中嶋義文（2019）　公認心理師制度のこれから　東京大学大学院教育学研究科心理教 育相談室年報14号　p5-14
岡田裕子（2020）　法学と心理学—考え方の違い　本書第 8 章
下山晴彦（2015）　欧米における医療分野の心理職教育システムの調査　村瀬嘉代子　厚生労働科学研究費補助金(厚生労働科学特別研究事業)分担研究報告書　心理職の役割の明確化と育成に関する研究　p103-115.
下山晴彦（2014）　臨床心理学をまなぶ 2　実践の基本　東京大学出版会
菅原郁夫・下山晴彦（編）（2007）　実践 法律相談——面接技法のエッセンス——　東京大学出版会

【下山晴彦】

## ◆コラム◆　タラソフ裁定

　1968年の秋，カリフォルニア大学バークレイ校で学んでいたインド出身の大学院学生ポッダーは，フォーク・ダンスの授業で女子学生"タラソフ"に出会った。彼らは毎週会い，大晦日の夜，彼女は彼にキスをした。ポッダーは，これを正式な婚約のしるしと解釈した（インドでは，そのような慣習だったのかもしれない）。しかし，それに対してタラソフは，自分が他の男性と交際していることを理由に彼の申し出を断った。ポッダーは，自分の気持ちを拒否されたために抑うつ状態となった。翌年の春，彼は，タラソフと2〜3度会った。その後タラソフは，夏の間過ごすブラジルに出発した。ポッダーは，友人のすすめで学生保健センターを訪れた。センターの精神科医は，彼に心理療法を受けるように求めて心理職にリファーした。心理療法においてポッダーは，銃を購入すること，そしてそれはどのような意図によるのかを話していた。タラソフがブラジルから帰国した時点でポッダーは，心理療法をやめていた。しかし，臨床心理職は，大学の学内警察に口頭と書類の双方で，「ポッダーは危険であるので，地域の精神保健センターに連れていくべきだ」と報告した。学内警察は，ポッダーを尋問した。そのときポッダーは，理性的に対応し，タラソフには近づかないと約束した。警察は，彼を解放し，その旨保健センターに連絡した。それを受けてセンターの責任者である精神科医は，ポッダーを拘束する必要なしと決定し，拘留はなされなかった。むしろ，その精神科医は，守秘義務を理由に警察への手紙と心理療法の記録を破棄するよう要請した。ところが，10月27日ポッダーは，タラソフの家にピストルと台所用ナイフをもって押しかけた。彼女は，彼と話すことを拒んだ。それに対して彼は，ピストルで彼女を撃った。彼女は，家から逃げ出したが，追いかけられ，刺されて死亡した。

　この事例において臨床心理職は，ポッダーがきわめて危険であると判断し，守秘義務を破ってポッダーが民事拘束を受けるように手続きしている。しかし，裁判所の裁定では，それでは十分ではなかったとし，臨床心理職に対して「タラソフに直接警告すべきであった」と指摘している。つまり，「臨床心理職は，クライエントが他人に対して暴力をふるう危険があると判断したらすぐに，予測できる犠牲者を守るために相当の注意を払う義務を負っている」としたのである。タラソフ裁定の影響は，その後の臨床心理学の実践に大きな影響を及ぼすことになった。まず，臨床心理職は，心理療法を始めるのにあたって守秘義務には限界があることをクライエントに伝えなければならなくなった。つまり，自傷他害の恐れのある場合には，守秘義務は守れないということを付け加える必要が出てきた。その結果，クライエントは「死にたい」という希死念慮を語りにくくなった。

　なお，タラソフ裁定には後日談がある。ポッダーは，有罪と判決された。ただし，弁護士が3人の精神科医の専門的証言を援用して，ポッダーは妄想型統合失調症で心的能力が減退していたと主張し，殺意を欠いていたことを立証し，減刑されたのである。ポッダーは，刑期を終えて出所した後にインドに戻った。そこで，彼は，幸せな結婚生活を送ったとのことである。（Davison, Neale & Kring. 2004より，一部修正して引用）

【下山晴彦】

# 第 1 章 ____ 公認心理師の職責

## ▶ §1.1 ___ 公認心理師法と公認心理師の職責

### ▶▶1__公認心理師法の制定経緯

　複雑・多様化する現代の日本社会において，国民が抱える心の問題や，発達・健康上の問題は，国民生活の様々な場面で重要な課題となっており，学校，医療機関，福祉機関，司法・矯正機関，警察，その他企業をはじめとする様々な職場，さらには被災地支援などの様々な分野において，心理専門職の活用の促進は，喫緊の課題となっている。

　しかしながら，わが国においては，長年，心理専門職の国家資格がなく，国民が安心して心理的な支援を利用できるようにするため，国家資格によって裏付けられた一定の資質を備えた専門職が必要とされてきた。

　そこで，関係者の努力の結果，平成27（2015）年9月，心理専門職の国家資格として公認心理師の資格を定め，その業務の適性を図り，もって国民の健康の保持増進に寄与するための「公認心理師法」（以下，条文を引用する場合は「公認心理」と略記する）が成立し，平成29（2017）年9月に施行され，平成30（2018）年9月には最初の国家試験が実施されるに至った。このことは，同法の起草者の一人として，深く喜びとするところである。本章▶§1.1は，いわば筆者が「手塩にかけた」公認心理師制度の更なる発展を祈りつつ，その職責について概観するものである。

### ▶▶2__公認心理師の業務

　公認心理師とは，公認心理師登録簿への登録を受け，公認心理師の名称を用いて，保健医療，福祉，教育その他の分野において，心理学に関する専門的知識および技術をもって，
　① 心理に関する支援を要する者の心理状態の観察，その結果の分析
　② 心理に関する支援を要する者に対する，その心理に関する相談および助言，指導その他の援助
　③ 心理に関する支援を要する者の関係者に対する相談および助言，指導その他

の援助

④ 心の健康に関する知識の普及を図るための教育および情報の提供を行うことを業とする者をいう。(公認心理2条)

ここで,「心理状態の観察,その結果の分析」とは,要支援者の心理状態の判断に必要な知見を整理する行為をいい,「相談や助言,指導その他の援助」は,要支援者やその家族等からの相談を受け,例えば教育現場において当該要支援者の家族や学校関係者,関係機関等に対し助言や調整を行い,当該者が学校生活や家庭生活等において円滑に生活を送ることができるよう環境調整を行う行為をいう。

これらの業務は,法律上,公認心理師の独占業務ではなく,既存の民間資格者についても,保健師助産師看護師法等の法令に抵触せずに現在行っている業務は,引き続き行うことができる。なお,公認心理師は,「診療の補助」に当たる業務を行わない職種とされており,公認心理師が業務を行うに当たり,医師の医学的判断および技術をもってするのでなければ人体に危害を及ぼし,または危害を及ぼすおそれのあるものは行うことができない。

また,公認心理師でない者は,「公認心理師」という名称を使用してはならないほか,その名称中に「心理師」という文字を用いてはならない。この規定に違反した者は30万円以下の罰金が科される(公認心理44条・49条)。

なお,公認心理師試験に合格した者が公認心理師となるためには,公認心理師登録簿に氏名,生年月日等の登録を受けなければならない(公認心理28条)。

### ▶▶3__公認心理師の責務

公認心理師法では,公認心理師の義務または責務として,①信用失墜行為の禁止,②秘密保持義務,③保健医療等の関係者等との連携,④主治医との連携,⑤資質向上の責務を定めている。

① 信用失墜行為の禁止(公認心理40条)

公認心理師は,公認心理師の信用を傷つけるような行為をしてはならない。これに違反したときは,公認心理師の登録取消等事由となり得る(同32条2項)。

② 秘密保持義務(公認心理41条)

公認心理師は,正当な理由がなく,その業務に関して知り得た人の秘密を漏らしてはならない。公認心理師でなくなった後においても,同じである。

この規定に違反した者は,1年以下の懲役または30万円以下の罰金が科される(ただし,被害者等の告訴がなければ起訴されない)ほか,公認心理師の登録取消等事由となり得る(同32条2項・46条)。

③ 保健医療等の関係者等との連携(公認心理42条1項)

公認心理師は,その業務を行うに当たっては,その担当する者に対し,保健医療,

福祉，教育等が密接な連携の下で総合的かつ適切に提供されるよう，これらを提供する者その他の関係者等との連携を保たなければならない（同42条1項）。

④　主治医との連携（公認心理42条2項）

公認心理師は，その業務を行うに当たって心理に関する支援を要する者に当該支援に係る主治の医師があるときは，その指示を受けなければならない。これに違反したときは，公認心理師の登録取消等事由となり得る（同32条2項）。

公認心理師の業務は，診療の補助業務に当たらないが，公認心理師の意図によるものかどうかにかかわらず，当該公認心理師が要支援者に対して，主治の医師の治療方針とは異なる支援行為を行うこと等によって，結果として要支援者の状態に効果的な改善が図られない可能性があるため，要支援者に主治の医師がある場合には，その治療方針，指導内容等との齟齬を避ける必要があり，原則としてその指示を受けなければならないこととされたものである。この場合の公認心理師の行為は，保健指導の一種と位置づけられる。

なお，公認心理師の支援に直接関わらない傷病に関し主治医がいる場合にまで，その主治医の指示を受けなければならないことを意味するものではない。

公認心理師は，主治の医師の有無を確認するかどうかの判断に当たっては，要支援者に主治の医師が存在した場合に結果として要支援者が不利益を受けることのないよう，十分に注意を払う必要があり，把握された要支援者の状況から，要支援者に主治の医師があることが合理的に推測される場合には，その有無を確認する必要がある。

また，主治の医師の有無の確認は，原則として要支援者本人に直接行うものとする。それが困難な場合には，要支援者の状態や状況を踏まえ，その家族等に主治の医師の有無を確認することも考えられる。いずれの場合においても，要支援者の心情を踏まえた慎重な対応が必要である。

⑤　資質向上の責務（公認心理43条）

公認心理師は，国民の心の健康を取り巻く環境の変化による業務の内容の変化に適応するため，公認心理師が行う業務に関する知識および技能の向上に努めなければならない。

このほか，公認心理師は，臨床心理士をはじめとする既存の心理専門職およびそれらの資格の関係者がこれまで培ってきた社会的な信用と実績の上に築き上げられた資格であることを踏まえ，これら既存の心理専門職の信用と実績を尊重し，心理に関する支援を要する者等に不安や混乱を生じさせないように配慮しなければならない。

### ▶▶4__公認心理師の欠格事由および登録取消等事由

(1)　欠格事由（公認心理 3 条）

次のいずれかに該当する者は公認心理師になることができない。

①　心身の故障により公認心理師の業務を適正に行うことができない者として文部科学省令・厚生労働省令で定めるもの

②　禁錮以上の刑の執行終了後または執行を受けることがなくなった日から起算して 2 年を経過しない者

③　本法および保健医療，福祉または教育に関する法律の規定による罰金刑の執行終了後または執行を受けることがなくなった日から起算して 2 年を経過しない者

④　以下の事由により登録を取り消された後 2 年を経過しない者

　ⅰ）虚偽または不正の事実に基づいて登録を受けた場合（公認心理32条 1 項 2 号）

　ⅱ）信用失墜行為を行った場合（以下，同32条 2 項）

　ⅲ）秘密を漏えいした場合

　ⅳ）主治医がいる者に対する支援について主治医の指示を受けずに業務を行った場合

(2)　登録取消等事由（公認心理32条）

①　文部科学大臣および厚生労働大臣は，公認心理師が以下のいずれかに該当する場合には，その登録を取り消さなければならない（同条 1 項）。

　ⅰ）欠格事由（同法 3 条）の①から③に該当した場合

　ⅱ）虚偽または不正の事実に基づいて登録を受けた場合

②　文部科学大臣および厚生労働大臣は，公認心理師が以下のいずれかに該当する場合には，その登録を取り消し，または一定期間，公認心理師の名称使用を停止することができる（同法32条 2 項）。

　ⅰ）信用失墜行為を行った場合（同40条）

　ⅱ）秘密を漏えいした場合（同41条）

　ⅲ）主治医がいる者に対する支援について主治医の指示を受けずに業務を行った場合（同42条 2 項）

### ▶▶5__公認心理師と関連法

　上記のとおり，公認心理師については，関連法規に違反することにより処罰された場合には，欠格事由や登録取消事由ともなり得るし，違反行為が信用失墜行為となることもあり得る。したがって，日常の業務との関連する法制度の知識をしっかり身につけた上で，業務を行うことが求められている。

【山下貴司】

1

公認心理師の職責

## ▶§*1.2*__ 公認心理師の心理支援の内容と特徴

### ▶▶*1*__公認心理師の業務とは

　公認心理師は,「国民の心の健康の保持増進に寄与すること」を業務とする心理職である。心理学に関する専門的知識及び技術をもって, 前節に挙げられた4つの業務を担う (表1.2.1)。

　心理に関する支援を要する者 (以下, 要心理支援者), およびその関係者にとどまらず,「国民全体」を業務の対象とする点が, 公認心理師の特徴である。というのも, 表1④「心の健康に関する知識の普及を図るための教育及び情報の提供」は, 国民全体を対象とした業務だからである。この④「心の健康に関する知識の普及を図るための教育及び情報の提供」は, 従来の心理職の支援内容に含まれていなかったものだが, 今回公認心理師の誕生によって初めて業務として位置付けられた。

　主な活動分野として, a) 保健医療, b) 福祉, c) 教育, d) 司法・犯罪, e) 産業・労働の5分野 (表1.2.2) を想定した「汎用性」のある資格である点も, 公認心理師の特徴である。したがって, この5分野に関係する「法律・制度」についても, 十分な専門的知識が必要となる。

▶表1.2.1　公認心理師の4つの業務

| |
|---|
| ①　要心理支援者の心理状態の観察と, その結果の分析 (公認心理師法2条1号) |
| ②　要心理支援者に対する, 心理に関する相談, 助言, 指導その他の援助 (同2条2号) |
| ③　要心理支援者の関係者に対する, 相談助言, 指導その他の援助 (同2条3号) |
| ④　心の健康に関する知識の普及を図るための教育及び情報の提供 (同2条4号) |

▶表1.2.2　公認心理師が活動すると想定される主な5つの分野

| |
|---|
| a）　保健医療分野 |
| b）　教育分野 |
| c）　福祉分野 |
| d）　司法・犯罪分野 |
| e）　産業・労働分野 |

### ▶▶*2*__心理支援を行うに際して, 行政や司法その他の組織や, 他の専門職との間で, どのように連携しているか

　今日, 国民の心の健康問題は複雑かつ多様化している。これらの問題に対し, 他

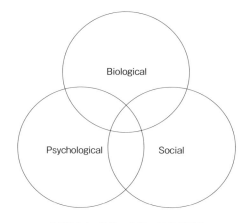

▶図1.2.1　生物－心理－社会モデル

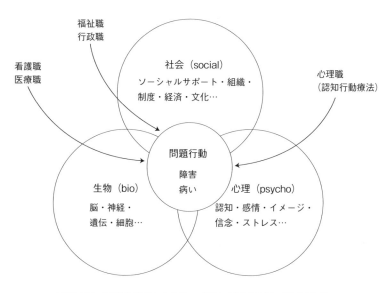

▶図1.2.2　連携を意識した生物－心理－社会モデル（下山 2010）

　の専門職と連携しながら支援を行う心理専門職の国家資格が，これまでわが国には
なかった。公認心理師は，「国民の心の健康の保持増進」に寄与することを目的と
する，メンタルヘルスの専門職（mental health professional）として，また心理専門職の
国家資格として，他の専門職と，あるいは地域の関係者等と，密接な連携関係を築
くことが求められている。

公認心理師が，要心理支援者を理解するにあたっては，Engel（1977）が提唱した，"生物－心理－社会モデル（Bio-Psycho-Social Model）"（図1.2.1）が参考となるだろう。同モデルは，要心理支援者のメンタルヘルスの問題を，心理学的要因だけでなく，生物学的要因や社会的要因も含めて検討する必要があることを示している。

① 生物学的要因：脳，神経，遺伝，細胞など
② 心理学的要因：認知，信念，感情，対処行動，ストレスなど
③ 社会的要因：ソーシャルネットワーク，組織，制度，経済，文化など

　同モデルは，行政や司法その他の組織や，他の専門職との間での連携関係，あるいは協力関係を形成する枠組みともなる（下山2010）。要心理支援者や，その関係者，その他さまざまな事柄が，法制度の中でどのように位置づけられているかも知っておくことが重要である（図1.2.2）。

## ▶▶3 心理支援を行うに際し，法律・制度をふまえて，どのように公認心理師の役割を果たしていくのか

　公認心理師は，公認心理師法第43条において，「国民の心の健康を取り巻く環境の変化による業務の内容の変化に適応するため，第2条各号に掲げる行為に関する知識及び技能の向上に努めなければならない」と定められている。第2条各号に掲げる行為とは，表1.2.2の4つの業務である。すなわち，資格取得後も研鑽を続けていく「生涯学習（life learning）」が職業倫理の一つとして位置づけられている。

　なお，公認心理師を養成するにあたっては，公認心理師の資格を取得したときの姿がどのようなものであるかを想定した上で，教育内容を検討していくことが重要である。この方法は "Outcome-based education" と呼ばれるものである。これは，卒業時到達目標を設定した上で，それを達成するようにカリキュラムを含む教育全体をデザイン，作成，文書化する教育法である。大学及び大学院における「公認心理師の職責」に関するカリキュラムの到達目標は，以下のように定められている。

1．公認心理師の役割について理解する。
2．公認心理師の法的義務を理解し，必要な倫理を身につける。
3．心理に関する支援を要する者等の安全を最優先し，常にその者中心の立場に立つことができる。
4．守秘義務および情報共有の重要性を理解し，情報を適切に取扱うことができる。
5．保健医療，福祉，教育その他の分野における公認心理師の具体的な業務の内容について説明できる。

　心理支援を行うに際し，関係する「法律・制度」を十分に理解することが，公認心理師の役割を果たしていく上で重要な「職業倫理」の礎となることが，ここから

も分かるだろう。

〔参考文献〕
Engel, G.（1977）　The need for a new medical model: a challenge for biomedicine. Science,
　　196, 129-136.
下山晴彦（2010）　これからの臨床心理学　東京大学出版会
【沢宮容子】

公認心理師の職責

1

## ◆コラム◆　名称独占資格としての公認心理師

　2015年に公認心理師法が成立したことにより，公認心理師という国家資格が誕生した。国家資格になったことで，公認心理師には「名称の使用制限」が課されることになった。公認心理師法では，44条1項に，「公認心理師でない者は，公認心理師という名称を使用してはならない」と規定されている。つまり，公認心理師の資格を持たない者が，公認心理師という名称を用いた活動をしてはならないということである。

　国家資格には，資格を持つ者のみが業務を行うことを許される「業務独占資格」と，資格がなくても業務を行うことはできるが，その名称を名乗ることはできない「名称独占資格」がある。医師，薬剤師，弁護士，公認会計士などは「業務独占資格」であり，公認心理師は，精神保健福祉士，介護福祉士，保育士，管理栄養士などと同じ「名称独占資格」である。具体的に言うと，心理的アセスメントや心理学的支援の業務は，臨床心理士，学校心理士，臨床発達心理士なども行うことはできるが，その場合には公認心理師という名称は使えないということである。

　公認心理師法では，先の44条2項で「公認心理師でない者は，その名称中に心理師という文字を用いてはならない」とも規定している。したがって，公認心理師の資格を持たない者は，「公認心理師」という名称はもちろんのこと，「心理師」の文字を含む名称も使えないということになる。この「名称の使用制限」に違反した場合には，「30万円以下の罰金」に処せられる（公認心理師法49条）。

　さらに，公認心理師法の40条には「公認心理師は，公認心理師の信用を傷つけるような行為をしてはならない」と規定されている。ここでいう「公認心理師の信用を傷つけるような行為」とは，単に違法行為や職場の規律違反となる行為にとどまらない。たとえ明確な違法ではなくても，不正行為や暴力行為，ハラスメントなど，社会的な信用を失わせる行為，また，職業倫理に抵触する行為もこれに含まれる。

　公認心理師には，上記のように，業務の適正な遂行が強く求められている。公認心理師は，これを「国民の負託」として重大に受け止め，国民からの信頼を得ることができるよう，たゆまず研鑽を続ける必要があるだろう。

【沢宮容子】

*1）公認心理師はなぜ「公認心理士」ではないのだろうか。これについては，既存の心理職の民間資格が，臨床心理士，学校心理士，臨床発達心理士など「士」のつくものであり，それらとの混同を避けるためという理由が考えられる。

# 第**2**章＿＿保健・医療分野

▶§**2.1.1**＿＿　一般医療法制　❶　【法律職の視点から】

## ▶▶**1**＿医療提供体制に関する法制度の全体的概要

　わが国の医療提供体制は，医師法，保健師助産師看護師法等，医療関係職種の資格・業務等について規定する法律（つまり「人」に関する法律）と，医療施設（病院・診療所・助産所）等について規定する医療法を中心として構築されている。

### 【1】　医療関係職種の資格・業務等を規定する法律について

　⑴　医療の高度専門化に伴い，医療に従事する多種多様な医療スタッフが，各々の高い専門性を前提に，目的と情報を共有し，業務を分担しつつも互いに連携・補完し合い，患者の状況に的確に対応した医療を提供するチーム医療体制がとられている（図2.1.1参照）。

　⑵　とはいえ，「医業」は医師の独占業務であり（医師法17条），各医療関係職種は，それぞれの法律によって，行える業務が限定して規定されている。

　看護師（保健師，助産師及び准看護師を含む）は，「主治の医師又は歯科医師の指示があつた場合」は，診療機械を使用し，医薬品を授与し，医薬品について指示をするなどの行為を行うことができる（保健師助産師看護師法37条）他，独占業務として「療養上の世話又は診療の補助業務」が定められている（同法31条・5条）。

　以上のように，「診療の補助業務」は看護師の独占業務であるが，例えば臨床検査技師等に関する法律では，「保健師助産師看護師法の規定にかかわらず，診療の補助業務のうち，医師又は歯科医師の具体的な指示を受けて行う採血及びある種の生理学的検査は行うことができる」と定められ（保健師助産師看護師法20条の2第1項），臨床検査技師は採血等を行うことができる。

　⑶　このように医療現場では，「医師の指示」が重要であり，公認心理師法においても「公認心理師は，その業務を行うに当たって心理に関する支援を要する者に当該支援に係る主治の医師があるときは，その指示を受けなければならない」（公認心理42条2項）と定められている。

　また，「公認心理師は，その業務を行うに当たっては，その担当する者に対し，

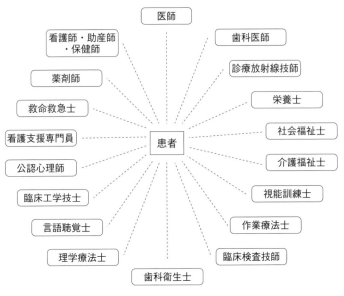

▶図2.1.1　チーム医療体制の概念図

保健医療，福祉，教育等が密接な連携の下で総合的かつ適切に提供されるよう，これらを提供する者その他の関係者等との連携を保たなければならない」と定められており（同法42条1項），チーム医療の一員として医療関係職種と連携をとることが必須である（図2.1.1参照）。

　(4)　なお，医療関係職種には皆，守秘義務が課せられているが，医師のみに課せられている義務として「応招義務」がある（医師法19条1項）。これは，「診療に従事する医師は，診療行為を求められたときに，正当な理由がない限り拒んではならない」というものである。

【2】　医療法について

　(1)　医療法の概要　　医療法には，①医療施設の開設や管理，②医療提供体制確保のための医療計画，③医療に関する適切な選択の支援，④医療の安全確保等について定められている。ここでは，②〜④について概観する。

　(2)　わが国の医療の課題と医療法の歴史　　(a)　昭和23（1948）年に医療法が制定された当初は，終戦後の医療機関の不足状態を解消することが急務とされ，病院や診療所（入院設備として20床以上を備えた施設を「病院」，19床以下の施設を「（有床）診療所」，入院機能がない施設を「（無床）診療所」という）の新設や規模拡大は，基準さえ満たせば自由に行われてきた（自由開業性）。そのため，昭和60（1985）年に医療法が大改正さ

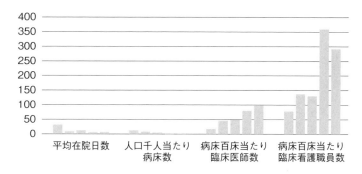

左から順に，日本，ドイツ，フランス，アメリカ，イギリス

▶図2.1.2　医療提供体制の各国比較

第1回新たな医療の在り方を踏まえた医師・看護師等の働き方ビジョン検討会参考資料（厚生労働省）（https://www.mhlw.go.jo/file/05-Shingikai-10801000-Iseikyoku-Soumuka/0000138747.pdf）をもとに作成

れるまで，医療機関数・病床数は増加した。

（b）そのため，わが国は先進諸外国と比較して，人口当たりの臨床医数はやや少なめであるのに対し，人口当たりの病床数が多く，その結果，病床数に対する臨床医師数は極端に少ない（図2.1.2参照）。なおかつ入院患者の平均在院日数が長いため，医師の負担が重くなっている。医療資源も分散されるため，非効率でもある。

なお，人口当たりの看護職員数は，先進諸外国と同等であるが，病床数が多いため，病床当たりの看護職員数は少なく，負担が重くなっている（図2.1.2参照）。

（c）わが国の医療制度の特徴は，「国民皆保険制度」「フリーアクセス」「自由開業制」「診療報酬出来高払い」であり，課題は，医療機関の機能未分化，病院・病床数が多いことによる医療資源の分散，過剰診療，過剰受診，高齢化および介護体制の未整備による社会的入院，そしてこれらによる医療費の増大である。

医療法は，上記課題点に対処しながら，安全で質の高い医療を提供するために改正を重ねて現在に至っている。

（3）医療提供体制確保のための医療計画　　（a）医療計画制度とは，<u>各都道府県が</u>，地域の実情に応じて，医療提供体制の確保（医療従事者の確保を含む）を図るために策定する（医療法30条の4）。

二次医療圏（入院レベルの医療を提供する単位。医療法30条の4第2項第14号）および三次医療圏（特殊・高度な医療を提供する単位。医療法30条の4第2項第15号）を定め，医療提供の量（基準病床数）を管理するとともに質（医療連携・医療安全）を評価する。なお，「一次医療圏」は身近な医療を提供する単位であるが，医療法上の規定はない。

また，「地域医療構想」（将来の医療提供体制に関する構想）を定め，「医療連携」（医療

機能の分化・連携）を推進することにより，急性期から回復期，在宅療養に至るまで，地域全体で切れ目なく必要な医療が提供される「地域完結型医療」を推進している。

(b) 医療計画制度は，まず，病床数のコントロールとして，昭和60（1985）年の大改正で導入された。

二次医療圏ごとに基本病床数（当時は「必要病床数」と言っていた）を定め，それに達している地域では，新たな増床は認めないという総量規制が始まり，これによって，病院の新設や規模拡大が自由にできなくなった。

次に，医療施設機能の体系化，機能分化を進めた。これにより，地域医療支援病院（病院，診療所などを後方支援するという形で，地域における医療の確保を目的とし，都道府県知事によって承認され，二次医療圏に1つ以上あることが望ましいとされる。医療法4条），特定機能病院（高度な医療を提供する病院として厚生労働大臣の承認を受けるもので，ほとんどが大学病院。医療法4条の2）が制度化された。

これと並行して，病床を，主に急性期に対応する一般病床と，慢性期に対応する療養病床に分け，療養病床には「包括医療費支払い制度（診療内容にかかわらず，入院1日当たりの基本料が設定される）」を導入し，入院基本料を低く設定した上，入院期間が一定以上になると，基本料を減額するなどして医療機関が患者を長期間入院させるメリットを減らして退院を促し，長期入院に対する医療費抑制および在宅介護への移行が図られた。なお，有床診療所の療養病床における入院1日当たりの基本料は，病院よりも低く設定されている。

(c) 以上のような政策の結果，総病床数，病院数および有床診療所が減少する一方で，無床診療所が増加している。

(d) しかし，このように階層化された医療計画が地域医療の質の向上や効率化にはつながらないことから，医療計画制度が見直され，各都道府県は①がん，②脳卒中，③急性心筋梗塞，④糖尿病の4大疾病に，①救急医療，②災害医療，③へき地医療，④周産期医療，⑤小児医療の5事業を加えた「4疾病5事業」ごとに，医療連携体制を医療計画に定めることとした。その後さらに精神疾患と在宅医療を加えた「5疾病・5事業および在宅医療」の医療連携体制の構築が進められることになった（医療法30条の4第2項1号～6号）。

また，各地域の医療機関は，医療機能の分化・連携を推進することによって，疾病が発症した「急性期」から集中的なリハビリなどをする「回復期」，生活機能維持のためのリハビリをする「維持期」まで，切れ目のない医療を提供し患者が早期に在宅生活へ復帰できるようにすることを目的とした「地域連携クリティカルパス（地域連携診療計画書）」を作成し，活用している（医療法1条の4第4項・6条の4第3項）。

(e) 地域医療構想の策定にあたり，地域の医療機関が担っている医療機能の現状を把握して分析を行う必要があるため，各医療機関が有する病床（一般病床および療

養病床）の機能を「高度急性期」「急性期」「回復期」「慢性期」の中から選択し，病棟単位を基本として都道府県に報告する「病床機能報告制度（医療法30条の13）」も創設された。

(4) 医療に関する適切な選択の支援および医療の安全確保

医療法は，患者が医療機関を選択するため等に必要な情報について，医療機関が都道府県知事に報告し，都道府県知事がそれを公表するように定めている（医療法6条の2以下）。このように住民・患者に対して，自分の住む地域の医療機能や医療機関の連携の状況を医療計画に明示することで，安心・信頼の医療が受けられる体制を構築している。

また，医療計画による医療機能の分化・地域医療連携の推進による切れ目のない医療の提供によっても，安全で質の高い医療を安心して受けられる体制の構築を図っている。

一方，病院等においては，安全管理および院内感染対策のための体制の確保として，委員会の開催や職員研修の実施等が義務づけられている。

医療機関で予期せぬ医療事故（死亡事故）が発生したときに，当該事故が発生した医療機関において院内調査を行い，その調査報告を民間の第三者機関（医療事故調査・支援センター）が収集・分析することで再発防止につなげるための調査の仕組みとして，医療事故調査制度が創設されている（医療法6条の10以下）。

【3】 医療過誤

(1) 「法制度」とは異なるが，医療過誤について言及しておく。

医療事故のうち，医療従事者の過失によって患者に不利益（死亡や後遺症など）が生じたものを医療過誤という（単に「医療事故」という場合，必ずしも医療従事者に過失があるとは限らない）。この場合，医療機関や医療従事者は，患者又はその遺族に対し，損害を金銭的に賠償する義務を負う。法律上の根拠は，民法の不法行為（故意または過失によって加害行為を行った結果に対する責任）又は診療契約義務違反（患者との間の「診療契約」上の義務（適切に診療を行う義務）に違反した責任）である。

過失および結果（患者に生じた不利益）が重大な場合には，刑事事件に発展し，医療従事者が，禁錮や罰金等の刑罰に処されることもある。

(2) 「過失」の内容については，例えば，薬剤の取り違えなどの単純なもの，採血時に神経を損傷するなど手技的なものなどの他に，医療行為が適切だったかどうか，すなわち診断，検査・治療方針の決定など医師の「判断」が適切だったかどうかを評価するような難しい事案もある。

(3) また，医療従事者が負う義務には，①診療契約上，診療経過の報告を説明する義務，②診療に関する患者の自己決定権を保証するために説明する義務（説明に基づく同意＝インフォームド・コンセント）もあり，これに違反した場合，患者が受けた

精神的苦痛に対して慰謝料の支払いをする義務が生じる。

(4) 次項において，実際の医療訴訟の事例を示す。

## ▶▶2__医療訴訟事例：大阪高裁平成25 (2013) 年12月11日判決

(1) うつ病で入院中のXが，閉鎖病棟内のトイレで黒紐を用いて自殺したのは，①Xに紐を与えていた過失，②監視を怠った過失，など病院の自殺防止義務違反によるものであるとして，Xの遺族 (父母) が，病院を訴えた。

裁判では，病院の自殺防止義務違反は認められなかったが，自殺に用いられた紐を病院が廃棄したため，説明が適切に行われなかったとして死因等の顛末について病院の説明義務違反が認められた。

(2) うつ病患者の自殺に対しては，①本事例のように監視義務を問題とするもの，②自殺防止のための医師の具体的指示・説明の不存在を問題とするもの，③診療行為自体 (投薬やカウンセリング) の不適切を問題とするもの，があり，医療訴訟の中でも，件数の多い訴訟類型である。

(3) 本事例においては，自殺に用いられた紐が廃棄されたことに加え，Xの死亡後，①病院側の説明担当者が何度も変わった，②各説明者が曖昧にしか把握していない事実を伝えた，③説明を聞く人 (遺族側) も毎回同じではなかった，というような問題もあり，死因等の顛末について，病院側と遺族側のコミュニケーションが不良であったことも大きな問題と考えられる。

(4) 公認心理師は，精神疾患患者に関与する場合，自殺には特に注意を払うとともに，不幸にもそのようなことが起こった場合には，主治医がいるときはその指示に従い，適切な対処をとることが求められる。

## ▶▶3__公認心理師に期待すること

【1】 医療事故が起きた場合，患者 (または遺族) も医療従事者もそれぞれに精神的負担を負う。しかし，それに対する支援は，ほとんどなされていないと言える。独自に相談窓口を設けている自治体や民間団体はあるが，精神的サポートを行う十分な人員が確保されているとは言い難い。

【2】 また，本節▶▶1で述べたように，医療現場は慢性的な極度の人手不足であり，時間をかけて話を聞いた方がよいと思われる患者がいたとしても，医師は十分な時間を割けないというのが実情であって，心理師職種に関与してもらいたいと思うことも多い。しかし，医療機関に心理師職種がいないか，いたとしても数名であったり，外部の心理師職種との連携もなされていなかったりするため，そのような機会はなかなか得られない。

【3】 医療分野においては，特に精神科領域での公認心理師の活躍が期待される

と考えるが，それにとどまらず，医療事故当事者の精神的サポート，重篤な疾患に罹患した患者の心理サポート，遺伝性疾患患者の結婚・出産問題，小児科領域における親子関係問題等，公認心理師が活躍できる領域は広範囲である。

　ぜひ，積極的にかかわっていただきたいと思う。

【神田知江美】

## ▶§ *2.1.2* __ 一般医療法制 ❷ 【心理職の視点から】

### ▶▶*1*__医療法と公認心理師

　医療法では「医療を受ける者の利益の保護及び良質かつ適切な医療を効率的に提供する体制の確保を図り，もつて国民の健康の保持に寄与することを目的」（1条）としてそれぞれの必要事項，および医療提供施設の機能や連携を定めている。さらに，「生命の尊重と個人の尊厳の保持を旨とし，医師，歯科医師，薬剤師，看護師その他の医療の担い手と医療を受ける者との信頼関係に基づき，（略）単に治療のみならず，疾病の予防のための措置及びリハビリテーションを含む良質かつ適切なものでなければならない」として医療を提供することの理念を謳っている。国家資格である公認心理師も医療の担い手として，この法律の下で良質かつ適切な支援を提供する必要がある。そのためには公認心理師が，どのような医療機関（施設）で，どのような医療の担い手（職種）とともに，どのような医療（支援）を受ける者に対して，どのような支援を提供できるのか，十分に自覚して期待される役割を果たすことが，従来以上に求められる。（下線は筆者による）

　例えば筆者は，総合病院（約600床）の精神神経科（入院・外来施設のある）に所属している。主に精神に障害のある人々（本人や家族，支援の関係者など）に対して，心理的アセスメントや心理専門療法（個人心理療法，集団認知行動療法，うつ病患者の復職支援プログラムなど）を提供し，精神科医師・看護師・作業療法士・薬剤師・精神保健福祉士・クラーク等と連携する。さらに院内各科とは，身体疾患の患者に，リエゾンやコンサルテーションを通して，他科医師・他科看護師・社会福祉士（ソーシャルワーカー）・理学療法士・言語聴覚士などと連携する。特に「主治医のあるときは，その指示を受けなければならない」と公認心理師法で医師の指示と連携が規定されている。医療機関で活動する各職種は，医師を中心とした指示や連携を，医療体制の基本と理解し業務を行っている。

### ▶▶*2*__医療保険制度における心理検査と各種療法

　日本医療制度の大きな特徴の一つは，健康保険法に基づき診療報酬が定められて

いることである。診療報酬とは，保険診療における医療行為などについて計算される報酬の対価のことであり，２年ごとに厚生労働省が告示する診療報酬点数表によって算定されている。昭和33(1958)年10月厚生省は，「健康保険法の規定に基づき，療養に要する費用の額の算定方法を次のように定める（略）」として，保険医療機関に係る診療や療養に要する費用の額を制定した。以降，現在に至る約半世紀の間に，厚生省は厚生労働省に統合され，医療の世界は飛躍的に変化し，何度か診療報酬体系の改革が行われたが，この診療報酬点数の考え方は（日本の保険医療制度は）基本的に一貫している。しかし心理職はながらく国家資格でなかったため，心理の主たる業務である心理検査やカウンセリングは，診療報酬の中で明確に位置づけられてこなかった。そのため，当の心理職が，診療報酬における心理検査やカウンセリングの歴史や現状について十分に理解ができていなかった。また臨床心理検査の内容（表2.1.1）は，この十数年で様変わりしている。心理の専門職として，各心理検査に習熟し，患者の状態や検査目的に沿ったテストバッテリーを組み，有効なアセスメントを提供する責任がある。公認心理師の資格が成立する以前，厚生労働省の文書には，精神科，児童・思春期病棟，精神科リエゾンチーム，緩和ケア関連で臨床心理技術者という文言が使われていたが，今後は公認心理師に置き換えられていくことになる。さらに令和２（2020）年度の診療報酬改定では，小児科または心療内科において，公認心理師による小児特定疾患カウンセリング料を新しく算定できるようになった。このように精神医療分野だけでなく一般診療科やリエゾン関連における心理職の支援が，診療報酬上新しく算定される可能性もある。公認心理師自身が，医療制度の動向や行政の施策をしっかり把握し，そこで発揮できる力を育てていかなければならない。

## ▶▶3 インフォームド・コンセント，相談内容の記録・開示請求

　インフォームド・コンセントは，対人支援にかかわるすべての専門職が，最優先に尊重することである。公認心理師の業務において，アセスメントや支援を提供するとき，対象となる要支援者（時には要支援者の関係者）との間でインフォームド・コンセントを取り交わす。提供する内容の十分な説明とともに，それに伴う個人情報などの取扱い，支援の記録について同意を得て，お互いに納得し共有できることが望ましい。

　1999年を機に医療分野では電子カルテが登場し，厚生労働省は「2020年度までに400床以上の一般病院における電子カルテの普及率を90%」にするとの目標を掲げている。これは情報共有の迅速化や多機関の連携など医療の発展に寄与する一方，情報の管理と取扱い次第では，守秘義務違反や個人情報の漏洩などの問題が起こりうる。また患者や家族からのカルテ開示請求や治療の情報開示など，裁判で取り上

▶表2.1.1　臨床心理・神経心理検査に関する医科診療報酬点数一覧（令和2（2020）年4月）

| | 1.操作が容易なもの（80点） | 2.操作が複雑なもの（280点） | 3.操作と処理が極めて複雑なもの（450点） |
|---|---|---|---|
| 発達および知能検査D283 | 津守式乳幼児精神発達検査<br>牛島幼児簡易検査<br>日本版ミラー幼児発達スクリーニング検査<br>遠城寺式乳幼児分析的発達検査<br>デンバー式発達スクリーニング<br>DAM　グッドイナフ人物画知能検査<br>フロスティッグ視知覚発達検査<br>脳研式知能検査<br>コース立方体組み合わせテスト<br>レーヴン色彩マトリックス<br>JART | MCCベビーテスト<br>PBTピクチュアー・ブロック知能検査<br>新版K式発達検査<br>WPPSI知能診断検査<br>全訂版田中ビネー知能検査<br>田中ビネー知能検査V<br>鈴木ビネー式知能検査<br>WISC-R知能検査<br>WAIS-R成人知能検査（WAISを含む）<br>大脇式盲人用知能検査<br>ベイリー発達検査<br>Vineland-II日本版 | WISC-III知能検査<br>WISC-IV知能検査<br>WAIS-III成人知能検査<br>WAIS-IV成人知能検査 |
| 人格検査D284 | パーソナリティーインベントリー<br>モーズレイ性格検査<br>Y-G矢田部ギルフォード性格検査<br>TEG-II東大式エゴグラム<br>新版TEG<br>新版TEGII<br>TEG 3 | バウムテスト<br>SCT<br>P-Fスタディ<br>MMPI<br>TPI<br>EPPS性格検査<br>16P-F人格検査<br>描画テスト<br>ゾンディーテスト<br>PILテスト | ロールシャッハテスト<br>CAPS<br>TAT絵画統覚検査<br>CAT幼児児童用絵画統覚検査 |
| 認知機能検査その他の心理検査D285 | イ：MAS不安尺度<br>MEDE多面的初期認知症判定検査<br>AQ日本語版<br>日本語版LSAS-J<br>M-CHAT<br>長谷川式知能評価スケール<br>MMSE<br><br>ロ：CAS不安測定検査<br>SDSうつ性自己評価尺度<br>CES-Dうつ病（抑うつ状態）自己評価尺度<br>HDRSハミルトンうつ病症状評価尺度<br>STAI状態・特性不安検査<br>POMS　POMS2<br>IES-R<br>PDS<br>TK式診断的新親子関係検査<br>CMI健康調査票<br>GHQ精神健康調査票<br>ブルドン抹消検査<br>WHO　QOL26<br>COGNISTAT<br>SIB<br>Coghea l th（医師，看護師，臨床心理技術者が検査に立ち合った場合のみ）<br>NPI<br>BEHAVE-AD<br>音読検査（特異的読字障害を対象にしたものに限る）<br>WURS<br>MCMI-II<br>MOCI邦語版<br>DES-II<br>EAT-26<br>STAI-C状態・特性不安検査（児童用）<br>DSRS-C<br>前頭葉評価バッテリー<br>ストループテスト<br>MoCA-J<br>Clinical Dementia Rating（CDR）" | ベントン視覚記銘検査<br>内田クレペリン精神検査<br>三宅式記銘力検査<br>標準言語性対連合学習検査（S-PA）<br>ベンダーゲシュタルトテスト<br>WCSTウィンスコンシン・カード分類検査<br>SCID構造化面接法<br>遂行機能障害症候群の行動評価（BADS）<br>リバーミード行動記憶検査<br>Ray-Osterrieth Complex Figure Test（ROCFT） | ITPA<br>標準失語症検査<br>標準失語症検査補助テスト<br>標準高次視知覚検査<br>標準高次動作性検査<br>標準注意検査法<br>標準意欲評価法<br>WAB失語症検査<br>老研版失語症検査<br>K-ABC<br>K-ABCII<br>WMS-R<br>ADAS<br>DN-CAS認知評価システム<br>小児自閉症評定尺度<br>発達障害の要支援度評価尺度（MSPA）<br>親面接式自閉スペクトラム症評定尺度改訂版（PARS-TR）<br>子ども版解離評価表 |

注1）　国立精研式認知症スクリーニングの費用は，基本診察料に含まれているものであり，別に算定できない。

注2）　1-イは早期発見を目的とし，3か月に1回算定できる。

げられることも多くなっている。従来，心理職のアセスメント報告書や相談記録の書き方は，看護記録のように書式の決まったものはなく，個人に委ねられることが多かった。電子カルテの情報管理というハード面が改善されていくことも大事であるが，カルテを記載する側にも，専門職としての責任と，根拠ある的確な記録のテクニックが必要となる。

〔参考文献〕
厚生労働省令和2年度診療報酬改定について
　　https://www.mhlw.go.jp/content/12400000/000603751.pdf
厚生労働省電子カルテ普及率
　　https://www.mhlw.go.jp/content/12601000/000643421.pdf
沼初枝（2021）　関連法規・制度　森田美弥子・金子一史（編）　心の専門家養成講座第6巻　医療心理臨床実践　ナカニシヤ出版，113-118頁
八木亜紀子（2012）　相談援助職の記録の書き方　中央法規

【沼　初枝】

## ▶§2.2.1 ＿ 精神医療 ❶ 【法律職の視点から】

　心理職は，様々な分野や環境でその専門的知識を活かして活動するが，精神科医療とは密接な関係にある。本章では，精神科医療の中でも特に入院治療に関わる精神保健福祉法と医療観察法について概説する。

### ▶［I］＿ 精神保健福祉法

#### ▶▶1＿精神保健福祉法のあらまし

【1】　精神保健福祉法の歴史

　戦後の昭和25（1950）年に精神衛生法が公布施行されたものの，昭和38年に全国調査が実施され，未治療のまま在宅している精神障害者の存在が浮かび上がり，精神障害者に対する一貫した施策を内容とする改正の準備がなされた。昭和39年3月，在日アメリカ大使ライシャワーが統合失調症の少年に刺され負傷する事件が発生し，昭和40年改正が実施された。同改正では保健所の相談機能の強化，警察官等の通報・届け出制度の実施，措置入院患者の無断退去時の届け出義務などの規定が設けられた。

　他方で，従前より精神科医療における人権保障を図るための法改正が求められていたが，昭和58（1983）年に入院中の精神障害者への看護職員による虐待死亡事故等が発生した，いわゆる宇都宮病院事件に端を発し，それまでの精神衛生法から精

神障害者への人権保障に重点を置いた精神保健法への改正（昭和62年改正）がなされた。ここでは，患者本人の同意に基づく任意入院制度の創設，入院時等における書面による権利告知制度，精神保健指定医制度，精神医療審査会制度，応急入院制度，精神病院に対する厚生大臣等による報告徴収・改善命令に関する規定などが設けられている。

　平成7（1983）年の精神保健法の改正において，法律の名称を「精神保健及び精神障害者福祉に関する法律（精神保健福祉法）」に改正し，平成25年には保護者制度廃止がなされた。

## 【2】　精神科医療の特殊性

　精神科医療も，他の医療行為と同様，本来的には患者の同意を得て行うべきである。しかし，精神障害者は精神疾患のために病識を欠いたり，意思能力が不十分な場合があり，真に必要な医療を受け入れない場合がある。精神障害者に必要な医療を提供し，保護のためには本人の意に反しても医療行為を行わなければならない場面がある。このような場面として，各種入院手続と入院中の処遇について概観する。

## ▶▶2　精神保健福祉法における入院形態と入院中の処遇

### 【1】　各種入院形態

　(1)　任意入院（精神保健福祉法22条の3）　　「精神科病院の管理者は，精神障害者を入院させる場合においては，本人の同意に基づいて入院が行われるように努めなければならない」と規定され，任意入院（本人の意思に基づく入院）が原則となっている。入院については，本人の意思を尊重することが人権保障の観点から重要であるし，入院後の治療においても，患者自身が治療を理解して受け入れることがよりよい治療効果を発揮するためである。同意は，入院について積極的に拒んでいない状態でも同意と評される。

　任意入院者は，原則として，開放的な環境での処遇を受ける。

　(2)　措置入院（同法29条の1）　　都道府県知事は，診察を受けた者が精神障害者であり，かつ，医療および保護のために入院させなければその精神障害のために自身を傷つけまたは他人に害を及ぼすおそれがあると認めたときは，その者を国等の設置した精神科病院または指定病院に入院させることができる。」（同法29条1項）と措置入院を規定する。措置入院には，2名以上の精神保健指定医が診察し，自傷他害のおそれがあると各指定医の診察結果が一致することが必要である。

　措置症状が消退した場合には退院をさせなければならないが，措置症状は消退していてもなお入院継続が必要な場合は，医療保護入院等への変更を行う。

　(3)　医療保護入院（同法33条）　　同法33条は，家族等の同意と精神保健指定医の診察を要件として，医療上の必要性と保護のため，本人の同意を得ることなく精神

科病院に入院させる医療保護入院制度を規定する。本人に病識がない等，入院の必要性について本人が適切な判断ができない場合の入院手続（非自発的入院）である。

　入院に際しては，「家族等」に入院の必要性等について十分な説明を行い，当該家族から同意を得ることが必要である（家族全員の同意は必要ないが一致が望ましい）。トラブルの起こりやすい入院形態であり，説明や手続の明確さ（書面の取得や記録化）が必要である。

　(4)　応急入院（同法33条の7）　医療および保護の依頼があつた者について，急速を要し，その家族等の同意を得ることができない場合において，本人の同意がなくても指定医の診察により72時間に限り応急入院指定病院に入院させることができるという入院形態である（同法33条の7）。

　単身者や昏迷等の状態にあって身元が判明せず家族等との連絡がつかない場合もあり，昭和62年改正により創設された。もっとも，本人の同意も，家族等の同意も得られない状態で専ら指定医の医学的判断のみに基づき入院を決定するため，患者の人権擁護の観点が脆弱と指摘されており，制度は厳正に運用される必要がある。

## 【2】　入院患者の処遇

　(1)　患者の処遇概論　同法36条は，精神科病院の管理者が，一定の条件下に，入院患者に行動制限を加えることができると規定する。行動制限は，「医療又は保護に欠くことのできない限度」においてのみ許されるため，医師が，もっぱら精神医学上の観点から患者の症状に照らして個別具体的に決定する。

　行動制限の重大性に鑑み，患者や家族等への告知や説明，理解を得るよう努め，行動制限の理由，方法，内容等を診療録に記載しなければならない。

　行動制限の詳細は，「昭和63年4月8日厚生省告示第130号」に規定されているが，基本理念として，「患者の個人としての尊厳を尊重し，その人権に配慮しつつ，適切な精神医療の確保及び社会復帰の促進に資するものでなければならないものとする」こと，「必要最小限」の制限とすべきことを掲げている。

　(2)　各論　①　通信・面会について　院外の者との通信や面会は，患者と家族，地域社会等との接触を保ち，医療上も重要な意義を有し，患者の人権の観点からも重要な意義があるため，原則として自由である。

　その旨，患者や家族に伝える必要があるが，電話や面会の制限は，病状の悪化を招き，治療効果を妨げる等，医療または保護の上で合理的な理由があり，合理的な方法および範囲の制限のみ許される。

　②　信書に関する事項　患者が躁状態となり人間関係の悪化を招く信書を発信する場合や，信書を読むことによって症状の悪化を招く場合など信書を制限する必要性はない訳ではない。しかし，信書の重要性に鑑み受発信の制限はできない。信書が治療効果を妨げる場合には，せいぜい，家族等の発信者に連絡して信書を差し

控えさせ，または主治医宛に発信させて病状に応じて患者に渡すなどの方法をとるなどが考え得る。

③　電話に関する事項　　電話の有用性から電話機は，患者が自由に利用できるような場所に設置される必要があり，閉鎖病棟内にも公衆電話等を設置しなければならない。また，患者の人権を擁護するため，都道府県精神保健福祉主管局や地方法務局人権擁護主管部局等の電話番号を，見やすいところに掲げる等の措置を講ずることとされている。

また，制限を行った場合は，理由を診療録に記載し，適切な時点において制限をした旨およびその理由を患者およびその家族等その他の関係者に知らせる。

④　面会に関する事項　　入院後は患者の病状に応じ，できる限り早期に患者に面会の機会を与えるべきとされる。制限した場合は，その理由等を診療録に記載するなどが必要である。

面会は原則として患者が立会いなく面会できるようにするものとする。

⑤　患者の隔離について　　隔離は本人または周囲の者に危険が及ぶ可能性が著しく高く，代替方法がない場合で，主として次のような場合に行われる。

ア）他の患者との人間関係を著しく損なうおそれがある等，その言動が患者の病状の経過や予後に著しく悪く影響する場合

イ）自殺企図又は自傷行為が切迫している場合

ウ）他の患者に対する暴力行為や著しい迷惑行為，器物破損行為が認められ，他の方法ではこれを防ぎきれない場合

エ）急性精神運動興奮等のため，不穏，多動，爆発性などが目立ち，一般の精神病室では医療または保護を図ることが著しく困難な場合

オ）身体的合併症を有する患者について，検査および処置等のため，隔離が必要な場合

隔離中は，定期的な会話等による注意深い臨床的観察が必要である。また，衛生管理に配慮し，医師は原則として少なくとも毎日1回診察を行うものとする。

⑥　身体的拘束について　　身体的拘束は，制限の程度が強く，また，二次的な身体的障害を生ぜしめる可能性もあるため，代替方法が見出されるまでの間のやむを得ない処置として行われる行動の制限で早期に他の方法に切り替えるよう努めるよう求められる。

身体的拘束は，当該患者の生命を保護することおよび重大な身体損傷を防ぐことに重点を置いた行動の制限で，主として次のような場合で，身体的拘束以外によい代替方法がない場合において行われる

ア）自殺企図または自傷行為が著しく切迫している場合

イ）多動または不穏が顕著である場合

ウ）ア）またはイ）のほか精神障害のために，そのまま放置すれば患者の生命にまで危険が及ぶおそれがある場合

身体拘束中は，開始と終了日時を記録に記載すること，身体拘束中は，原則として常時の臨床的観察を行うこと，医師の頻回の診察を要する。

⑦　隔離と身体拘束について　　隔離も身体拘束も医療上の必要性から実施する医療行為であり，医師の裁量的判断が認められるべき医療行為である。近時，身体拘束は肺塞栓血栓症等に罹患するリスクや人権上の観点から，身体拘束の指示や継続指示を出したことが違法と争われるケースが生じている。いっそう慎重に実施することが求められている。

## ▶▶3　精神保健福祉法における事例

### 【1】　問題事例の発生

家族から精神科病院XのY医師（精神保健指定医）に相談があった。Aは現在30歳半ばの男性。高校時代頃より社会生活がうまく行かず自宅に引きこもるようになった。家族に対しても暴言を吐いたり，脅迫的な言動が見られた。自分の思い通りにならないと家電や家具，室内の物品を壊す等の衝動行動が見られた。また，被害妄想様の発言があり，些細なことに強いこだわりを見せた。家族は受診を勧めるも，本人は拒絶していた。

その後，Aと家族間でトラブルが発生し，Aが衝動的に物品の損壊行為等をしたことから警察官が出動し，パトカーで病院Xに患者を連れてきた。Y医師は診察し，患者に被害妄想様の言辞や不穏状態等が見られたことから入院治療が必要と判断して患者に入院を勧めたが，患者に病識がなく，入院治療を拒み興奮するなどしたことから，やむなく父親の同意による医療保護入院となり，保護室にて身体拘束をした。

### 【2】　入院後から退院

身体拘束をして日々状態観察をしていたが，入院当初の興奮などが落ち着いたことから，2日後に身体拘束を解除した。もっとも，家族に電話を繰り返しかけて面会に来るよう求めたり，退院させるよう強要したため，Y医師は面会制限や電話制限をした。するとAは家族宛に退院を求めて脅迫的な内容の手紙を書き発送を求めた。また，Aは入院や処遇が不当として，面会制限ができない弁護士との面会を求め，退院請求の申立てを行った（精神保健福祉法38条の4。ただし，精神医療審査会では退院は認められなかった）。

この間Y医師は精神療法・薬物療法を続けたところAは次第に落ち着き，被害的な言動や衝動性が改善した。あわせて作業療法への参加，心理士が心理検査などを実施し，心理士は心理学的アセスメントを通じてAの抱える問題の分析，カウンセリングを行った。

Aも次第に自己の問題点を受け止め，治療の必要性をある程度理解し，症状の改善や家族関係が良好となり，自宅に退院した。

▶▶**4**__精神科医療における心理職の役割

**【1】　総説**

　心理職は心理学的なアセスメントを行っている。心理学的なアセスメントは面接や観察，心理検査などを通して行われる。各種心理検査から得られる情報を医療チームに提供し，患者の課題や治療に役立てることは極めて重要である。

　近年精神医学の分野で問題となっている脳の認知機能障害では，記憶，注意，流暢性などの高次脳機能の障害が認められ，当事者は生活における困難に直面している。神経心理学検査によって脳機能をアセスメントすることで治療の標的がより明らかとなり，心理学的なアセスメントを通して当事者の抱える問題を多角的に分析していくことが可能となる。

**【2】　公認心理師に法律職が求めること**

　精神科は，身体疾患とは異なり精神症状や診断が必ずしも数値化できるものではないため，曖昧な部分，主観的な側面が見られる。その中で神経心理学検査は，うつ病や統合失調症といった精神疾患や自閉症スペクトラム障害，器質的な脳機能障害，認知症などにみられる機能障害を数値化し，定量的・客観的に評価し，診断や治療計画の補助，治療効果の評価などに用いることができるとされている。

　患者は自己の疾患について理解や受け入れが困難なものであっても，受け入れざるを得ないのであれば，できる限り客観的な根拠を知りたいと思うものであろう。そのような観点でいえば，心理職が行う神経心理学検査やアセスメントは重要といえるのではないであろうか。しかし，必ずしもこれらの検査が実施されておらず，より積極的な心理職の関与があることが望ましい場面も少なくないと思われる。

▶　［Ⅱ］__　心神喪失者等医療観察法

▶▶**1**__心神喪失者等医療観察法制度の概要

　刑法39条の心神喪失により不起訴または無罪判決となった場合，従来は精神保健及び精神障害者福祉に関する法律29条による，精神保健指定医の「措置入院制度」が適用されてきた。

　しかし，措置入院や緊急措置入院制度は，症状によって他害のおそれがなくなった場合には，精神保健福祉法により直ちに症状消退の届出をして，退院させることが義務づけられており，症状が出現してはすぐに消えた後に，再び症状が出現するといった場合には対応できていなかった。

　「心神喪失等の状態で重大な他害行為を行った者の医療及び観察等に関する法律

2

保健・医療分野

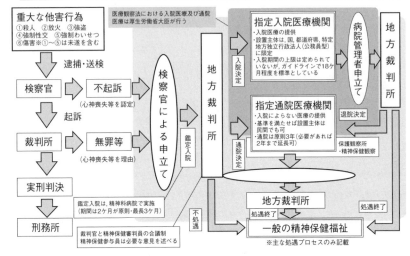

心神喪失等の状態で重大な他害行為を行った者の医療及び観察等に関する法律（医療観察法）の仕組み
（制度は，法務省・厚生労働省共管）　平成15年7月成立・公布，平成17年7月15日施行

心神喪失等の状態で重大な他害行為を行った者に対して，継続的かつ適切な医療並びにその確保のために必要な観察及び指導を行うことによって，病状の改善及び同様の行為の再発防止を図り，その社会復帰を促進するよう，対象者の処遇を決定する手続等を定めるもの。

出所）厚生労働省ウエブサイトより。

図2.2.1　医療観察法制度の仕組み

（心神喪失者等医療観察法，以下単に医療観察法とする）」は，心神喪失または心神耗弱の状態（精神障害のために刑事責任を問えない状態）で，重大な他害行為（殺人，放火，強盗，強制性交等，強制わいせつ，傷害の6つの犯罪。傷害罪を除き未遂を含む。傷害罪は重いものに限るとされている。）を行った人に対して，専門的な医療を提供して病状の改善と他害行為の再発を防止し，社会復帰を促進することを目的とした制度であり，平成17（2005）年7月より施行されている。

## ▶▶2＿医療観察法の手続の流れ

### 【1】　手続の開始から審判

　上記の6つの重大犯罪をした精神障害者（「対象者」といわれる）のうち，①不起訴となった場合，②起訴されたが裁判で無罪判決となった場合，③有罪判決であるが刑の執行が猶予された場合に医療観察法の手続に乗る。

　検察官が各地方裁判所に対し，医療観察法による処遇の申立を行い，手続が開始する。検察官の申立てがあると，地方裁判所の裁判官は対象者に鑑定入院を命じる。鑑定期間は原則として2か月以内で，必要に応じて最大1か月の延長が可能である。

　対象者は，都道府県・指定都市が推薦する「鑑定入院医療機関」に入院し，精神

保健福祉法に基づく入院と同様の標準的な治療を受けつつ鑑定のための面接や検査を受ける。

　鑑定では，医療観察法による入通院治療が必要かを判断するため鑑定医が対象者に面談し，必要な検査を実施するなどして，鑑定意見を作成する。医療観察法の処遇（入通院治療の要否）には「疾病性」，「治療反応性」を満たす必要がある。

　あわせて保護観察所に所属する「社会復帰調整官」に対象者の生活歴，家族の状況，地域の状況などの調査を求める。

　対象者の権利擁護のために，当初審判では必ず弁護士である「付添人」を付ける。

　処遇を決定するための審判は，通常の刑事裁判とは異なり，地方裁判所の裁判官1名と，精神科医師1名の合議体で判断する。また，裁判所は，処遇の要否と内容について，「精神保健参与員」に精神保健福祉の観点に基づく意見を求める。

　審判の結果，①入院処遇，②通院処遇，③不処遇のいずれかを合議体で決定する。なお，対象者は審判の結果について不服申立て（高等裁判所に対する「抗告」手続，最高裁判所に対する「再抗告」）をして判断の当否を争うことができる。

## 【2】　入院処遇について

　指定入院医療機関への入院処遇が決定された場合，対象者は指定の医療機関に入院し，治療を受ける。法律上は入院期間の定めはないが，ガイドラインでは18か月を標準としている。治療には，精神科医，看護師，公認心理師，作業療法士，精神保健福祉士や必要に応じて選任されるその他の専門職による多職種チームが関わる。

　治療は，急性期（3か月），回復期（9か月），社会復帰期（6か月）の3ステージに分かれる。各ステージの目標を定め，それを達成しながら次のステージに上がっていくが，ステージアップは病棟の「運営会議」で評価する。また，指定入院医療機関は6か月ごとに裁判所に入院継続の申立てを行い，裁判所が入院継続の要否を決定する。

　治療の過程で，一定の周期で社会復帰調整官，保健所や福祉課の職員等地域の関係機関の職員などが集まって治療の方向性等を検討する「ケア会議」を行う。外出・外泊等の重要な決定は院内の「運営会議」で決定するなど内容の軽重によって検討する会議が異なる。

　薬物療法，作業療法，心理社会的な治療プログラムを行う。治療ステージが上がり，社会復帰が視野に入ってきた段階で外出・外泊を行い退院を目指す。

## 【3】　通院処遇について

　当初審判で通院処遇と判断された場合，あるいは，退院後に通院が決定された場合には「指定医通院医療機関」において通院処遇を受ける（原則として3年以内であるが，症状等により期間の短縮または2年を超えない範囲で延長をすることができる）。

通院処遇中は，継続的に通院治療を受けるとともに，社会復帰調整官による「精神保健観察」を受ける。保護観察所は，関係機関と協議し，「処遇の実施計画」を作成し，地域社会における処遇は，この実施計画に基づいて，関係機関が相互に連携協力し，訪問援助，施設通所等を進めることとなる。

また，保護観察所は指定医療機関や精神保健や福祉関係者等と「ケア会議」を定期的に行い，関係機関と情報共有を行い，処遇方針の統一を図り，処遇終了（医療観察法手続からの終了）に向かう。

## ▶▶3__医療観察法の事例

### 【1】 事件の発生

マンションで自室を放火したという事件が発生した。被疑者Aは30歳の男性で，単身で生活していた賃貸マンションの大家や他の住人がエレベーターに乗り合わせた機会や，すれ違いざまに自分の悪口を言っている，大家や他の住人が許せなくなり，また，死にたい気持ちもあって自室に放火した。すぐに消防車が駆けつけたが，室内の壁や天井が燃え，被疑者は現住建造物放火罪で逮捕された。

### 【2】 刑事事件から医療観察法へ

被疑者は逮捕・勾留され放火の動機などを尋ねられた。被疑者は，周辺の人々が自分の悪口を言っているので許せなかったと述べたが，大家や近隣住民はいずれも発言を否定した。被疑者の話を聞いていると悪口は被害妄想の疑いがあり，警察が簡易の精神鑑定を行ったところ，被疑者は過去に精神科受診歴があり，幻覚妄想状態に基づき責任能力がない，または減弱した状態で放火をした可能性が高いと判断した。

検察官は，起訴しても責任能力がないと判断されれば無罪となるため（刑法39条），不起訴処分にした上で医療観察法の審判申立てを行った。裁判所は，被疑者Aを「対象者」として，鑑定入院命令を発してAを鑑定するためにX精神科病院に入院させるとともに，精神科医を鑑定人に選任した。また，対象者の権利擁護の観点から法律上求められている付添人（弁護士）を選任した。Aは2か月間，鑑定入院することとなった。

（1）鑑定人による鑑定　　鑑定人はAの鑑定を行った。鑑定を行うに当たって，複数回の面接を行うとともに，刑事事件記録，生活歴，家族歴，病歴（精神疾患，身体疾患）や，社会心理テストを実施した。

鑑定人はAには妄想性障害があり，被害妄想に基づき放火をしたこと，医療観察法に基づく入院治療が必要とする鑑定書を作成した。

犯罪事実についてはAも争わず，申立てから約1か月半後に審判が行われた。

付添人は，医療観察法上の入通院医療は不要で，対象者自ら一般精神医療上の精

神医療を受けると約束しているため，不処遇が相当と意見を述べた。

（2）審判手続から決定まで　裁判所（裁判官1名と精神保健審判員1名）は，Aにも種々の質問を行い，付添人や検察官の意見を聞いた。審判から10日後，対象者と付添人にAには医療観察法による入院が必要との決定が下され，Aは医療観察法病棟のあるY病院に移った。

（3）入院処遇　Aは，精神的な病気ではないと入院処遇に納得せず，不服申立て（抗告）をした。不服申立がなされても決定の効力は生じるため，濃厚な入院プログラムが開始した。治療期間は概ね1年半以内での退院を目指しており，医師，看護師，作業療法士，心理療法士，精神保健福祉士などからなる専門的他職種チーム治療による治療が行われている。

Aは「急性期」「回復期」「社会復帰期」3期約18か月を通じて，A自らが疾患を理解して（病識の獲得），病気への対応能力を会得し，退院後の生活に必要な技術や対人能力を身につけ，Aがこれまで生活していた地域への退院を目指した。また，自治体，精神保健福祉の関連機関や保護観察所（社会復帰調整官）などとの連携し，関係機関と定期的にケア会議を実施してクライシスプランの構築，Aに困りごとが生じた場合に周囲に必要な支援を求めることができる等の課題を克服していった。Aは社会復帰に向け，外出や新たに借りた自宅　マンションへの外泊を実施するなど退院に向けて必要な活動をした。

これらを経て，退院への準備が整ったと判断し，Y病院の管理者が裁判所に退院許可の申立てを行った。裁判所は退院を認め，引き続き退院後通院決定（通院処遇の決定）をした。

（4）通院処遇から処遇終了　退院後，Aは自身が借りた賃貸マンションで単身生活を行っている。通院処遇を受ける期間（原則3年以内），Aは指定された通院医療機関Zに定期通院し，訪問看護やデイケアなどを通じて精神症状の安定を図るとともに（医療），社会生活が円滑に送ることができるよう，必要な精神保健福祉サービス（援助）を受け，社会復帰調整官は面接等を通じてAの治療状況や生活状況を見守り・必要な指導を行った（精神保健観察）。

Aが主治医の指導に従い必要な受診・服薬ができ，社会生活能力や環境が整い，支援体制が確立していること，安定した精神症状で生活が送れる能力が備わっていることから，保護観察所の長が裁判所に処遇終了の申立てを行った。裁判所の処遇終了の決定を受け，Aは本法の手続から外れることとなる。

#### ▶▶4＿医療観察法における心理職の役割

鑑定において心理士は，精神科医と協働し，被疑者への神経心理学検査の実施，鑑別診断の補助的検査としての役割を担っている。また，入通院処遇開始後は，対

象者に対して，各種心理検査やカウンセリング技法等を用いて対象者の特性や疾患への理解を促進し，再発防止のための対象行為（他害行為）の振り返り等を行う立場にある。

## ▶▶5＿心理職に求めること（法律家より）

　医療観察法の審判手続において対象行為の存否や事実関係を争う事案がある。

　しかしながら，いわゆる刑事裁判手続とは異なり，医療観察法における裁判所の事実認定は極めて不十分である。刑事裁判手続であれば，事実を争いたい場合には被害者や目撃者の供述調書を証拠として扱うことに同意せず，証人尋問を求めることができる。しかし，医療観察法においては，本法が対象者の再発防止と社会復帰の促進という名の下，これらの手続が権利として当然に認められているものではなく厳密さに欠ける（冤罪の余地）。

　入通院処遇においても不本意な事実認定を引きずっている対象者もいるが，審判を経ているからといって再発防止の観点から過度に内省を求めることは問題があると言わざるを得ない。事案に応じた対応を求めたい。

【浅田眞弓】

## ▶§**2.2.2**＿ 精神医療 ❷ 【心理職の視点から】

## ▶▶**1**＿精神医療における人権とその歴史

　精神医療における基本的法律である「精神保健及び精神障害者福祉に関する法律」（精神保健福祉法と略）と「心神喪失等の状態で重大な他害行為を行った者の医療及び観察等に関する法律」（医療観察法と略）は，常に「患者の人権」と絡まって難しい問題を含んでいる。特に精神保健福祉法は，法改正のつど精神医療政策の方向転換が行われ，支援の仕組みが変化している。例えば，ライシャワー事件を契機に精神衛生法が改正（1965年）され，精神衛生センターの設置や地域精神衛生の整備が図られた。1983年宇都宮病院事件に発端する精神障害者への人権侵害の報道は国際的にも批判を浴び，入院患者の人権擁護や社会復帰の推進を目的として，精神衛生法が精神保健法（1987年）に改正された。1993年障害者基本法においてそれまで身体障害のみであった障害の定義に，知的障害と精神障害が含まれたこともあり，精神障害の保健医療施策に加え，福祉施策を組み入れた精神保健福祉法（1995年）が制定された。入院医療中心から地域での生活という基本方針に基づき，障害を持つ者の，社会復帰の促進と自立（障害者自立支援法 2005年）を目指し，さまざまな施策がとられている。一方池田小学校事件（2001年）を契機として，多くの議論を踏まえ，

心神喪失等の状態で重大な他害行為を行った者を対象に，厚生労働省と法務省共管の制度である医療観察法が成立した（2003年）。この法律に関する心理職の視点は，第5章§**5.3.3**でとりあげる。

精神医療分野に従事する各職種は，患者の人権に密接にかかわらざるを得ない場合が多く，この法律の変遷を十分理解し，「患者の人権」と「患者の同意なく行われる入院や処遇」といった，相反すると思われる治療について，誤ることなく適切に対応する必要がある。公認心理師も然りである。職業倫理のみならず，法律の下における専門性と責任が要求されることになる。

**【1】　精神障害者の入院形態や処遇の理解**

精神障害者の入院形態には，任意入院，医療保護入院，応急入院，措置入院があり，任意入院以外は患者の同意によらない非自発的入院である。精神症状としての興奮，自傷他害に関連する暴力，幻覚妄想による行動化など患者の安全が図れない場合に，隔離・拘束などの処遇がある。いずれも精神保健指定医の診察や判断に基づく指示により，患者の同意よりも患者の命の安全確保を優先する。この場合は精神保健指定医を中心に，入院にかかわるスタッフは適切な医療と保護のため，毎日頻回の診察や症状把握によって必要最小限の行動制限に留めることが明文化されている（精神保健福祉法36条）。

**【2】　患者の安全確保と守秘義務**

公認心理師は人権にかかわる治療の最前線で活動するわけではないが，よく起きうることとして，心理療法場面で「誰にも言わないで欲しい」という言葉と一緒に，患者から自傷や自殺念慮が打ち明けられることがある。カウンセリングにおける守秘義務は，法的義務においても（公認心理師法41条），職業倫理においても，患者との信頼関係の構築においても，最も重要とされる要件である。しかし患者の身の安全確保と事態の緊急性の判断を誤ることは，患者の死や訴訟問題など重大な結果を招きかねない。アセスメントや支援に関するインフォームド・コンセント取り交わしていても，守秘義務を越えて優先させるべき状況の判断を迫られ，人権にかかわる難しい問題に遭遇することがある。

### ▶▶**2**＿精神医療における支援───心理職の立場から

ここでは総合病院や精神科病院といった医療分野の公認心理師の業務について述べる。

**【1】　心理的アセスメント**

心理的アセスメントとは，心理に関する支援を要する者の心理状態を観察し，その結果を分析すること（公認心理師法2条1号）をさす。

心理的アセスメントとは患者の状態を理解し，援助の必要度や治療目標を明確に

するためにおこなわれる。患者の個人的特徴——知的能力，性格特徴，葛藤の在り方，自己概念など——だけでなく，患者をとりまく家族，職場，対人関係など環境的要因も明らかにしていく。医学的診断とは別に，臨床心理学の理論や技術に基づいた人間理解を基礎としているのが大きな特徴である。アセスメントの方法にはインテーク面接や行動観察，各種の心理検査がある。特に心理検査を通しての患者理解は，心理職に大きく期待されているものである。医科診療報酬に基づく臨床心理検査・認知機能検査について，常に新しい検査の情報を収集・習得し，多種多様な検査の中から目的に適した検査を選び，時には数種類の検査を組み合わせ（テストバッテリー）実施する。

## 【2】 心理療法・カウンセリング

　心理療法・カウンセリングとは，要支援者に対し，その心理に関する相談に応じ，助言，指導その他の援助を行うこと（公認心理師法2条2号）および要支援者の関係者に対し，その相談に応じ，助言，指導その他の援助を行うこと（公認心理師法2条3号）をさす。

　一般に，心理療法・カウンセリングは公認心理師が最もその専門性を発揮できる心理的援助である。支持的心理療法，力動的心理療法，認知行動療法，マインドフルネス，表現（絵画・音楽）療法，森田療法など，心理療法の技法やアプローチはきわめて幅広く多様であり，公認心理師のよって立つ理論や立場，対象となる患者の病気や症状によって使い分けられている。しかし，患者の話に耳を傾ける−患者をあるがままに受けとめる−患者とともに感じる，という基本を貫く姿勢は変わらない。患者に対する人間的姿勢を持ちつつ，患者に適した心理的支援を行う。

　個人を対象とするだけでなく，幾人かの患者の集団に対して同時に援助したり，患者と関係ある人々（家族など）を含めて治療的に働きかける集団心理療法（家族療法）という形態がとられることもある。アルコール依存・摂食障害・うつ病など，集団を構成するメンバーを同質にして，同じ症状や問題を話し合うことで患者同士が支えあい自分の問題を洞察していくこの支援は，公認心理師が中心となってより発展していく可能性がある。家族療法は，家族を一つのシステムとみなし，家族間の人間関係に望ましい変化を生じさせ家族としての機能を改善するための心理的援助方法である。家庭内暴力・引きこもり・摂食障害など思春期の患者やその家族に効果を上げている。

## 【3】 精神科リハビリテーション

　精神科病院では，他科に比して入院治療が長期化しやすいという問題がある。病気が長期化することで，患者は精神機能の障害だけでなく，生活能力の低下や社会生活上の不利という二次的問題も抱えることになる。慢性精神疾患に対するリハビリテーションとして，患者の自立と社会経済活動への参加（ノーマライゼイション）は

大きな課題である。患者の症状の改善と同時に，一人の人間として生きていく際の生活力や社会的不利の改善を目指し，精神科デイケア，復職支援，SST，心理教育といった治療プログラムが重要となる。患者をとりまく環境を調整し，家族支援も含め，地域の精神保健医療（精神保健福祉センター，就労移行支援など）と密接な連携をとりながら行われる。リハビリテーションには，精神科医，看護師，ソーシャルワーカー，作業療法士，保健師などと一緒に公認心理師も加わり，チームを組み，お互いの役割を活かし，協働し連携する。

### 【4】 総合病院における公認心理師

　総合病院でも心理職は精神科に所属することが多いが，児童精神科，心療内科のみならず小児科，産婦人科，ペインクリニック科，緩和ケア科など身体科でも心理職は活動している。特定の科には属さず，総合相談室や心理相談室で保健師やソーシャルワーカーなどとともに，各科の要請に応じて医療福祉相談や心理相談といった支援を行うところもある。近年は，緩和ケアチーム，精神科リエゾンチームのようにチームを組んで病院の各科を支援することも多くなり，公認心理師（従来は臨床心理技術者）がチームの一員であることで診療加算がつく。人は病気にかかるとさまざまな心理的反応を示す。心理的反応は患者自身の治療意欲や，治療方針を左右することもあり，病気の経過に大きく影響する。リエゾン・コンサルテーションの対象となる患者は，①身体疾患や薬剤の作用に起因し，不安焦燥，抑うつ，不穏・興奮などの精神症状を呈する場合，②消化性潰瘍，気管支喘息，糖尿病など心身症の患者，③がん，腎透析，術前術後など医療的ストレス状態に置かれている患者，④精神疾患を持っている患者に身体疾患が合併し身体科で治療を受ける場合，⑤治療を拒否したり入院状況に適応できないなど対応が難しい場合である。

### ▶▶3　連携において公認心理師に求められること

　医療の高度化や複雑化にともない，厚生労働省は2009年に「チーム医療の推進に関する検討会」を立ち上げ，チーム医療は広く医療の現場に周知されていくことになる。公認心理師法42条1項では，他職種や関係者との連携を保つことが義務づけられ，チーム医療における心理職の役割が法的にも位置づけられた。

　医療分野では多職種がそれぞれの関わりや援助を行うが，特に精神科では，身体科のような手術や特効薬という「治療の決定的決め手」がなく，患者とスタッフ相互の「支援の積み重ね」が主要な治療手段となる。さらに患者の障害や問題行動の背景には，生物的（身体，脳，神経，遺伝）——心理的（ストレス，認知，感情，イメージ）——社会的（家族，社会，経済，文化）側面があり，異なった専門職スタッフの働きかけが有効に機能する必要がある。チーム医療がうまくいくかどうかが，治療のレベルに大きな影響を及ぼす。公認心理師がチーム医療の現場において，具体的にどの

ように機能し貢献しうるか，質と内容が問われることになる。公認心理師としてどのように連携や協働を図っていくのか考えてみたい。

## 【1】 心理の専門性，患者に向かう姿勢

公認心理師はその学びの課程で，「悩み苦しむ人の全存在に配慮し，語る言葉に耳を傾け，うけとめる」というこころの内面にかかわる専門的な訓練を受けている。

## 【2】 他職種に何を提供できるか

公認心理師が他職種に寄与できることは，患者のこころの物語に耳を傾ける訓練を受けていることである。病にかかる前，その人の生きてきた歩みや物語があり，それは病気にも大きな影響を与えている。その人のさまざまな物語を背景に，病気を理解する姿勢や視点こそが公認心理師の大きな強みといえる。現代医学は急速に高度な発展を続ける一方，患者の病的な部分のみに焦点を当ててきた。各職種がその専門性とともに患者の物語を大事にする視点も持てるように，心理的アセスメントや支援から患者の物語を提供できるのではないか。

## 【3】 チーム医療におけるアセスメント

心理的アセスメントとしての心理検査は，医療スタッフから一番期待されている。しかし心理検査に表れた患者のパーソナリティ特徴，防衛機制，対人関係，知的水準などは，検査をとおして浮かびあがった患者の一面でしかない。また心理検査の報告書に「自我境界が脆弱である」と書くとする。その「自我境界の脆弱さ」は患者の日常生活における行動や状態にどう表れているか。ケースカンファレンスやミーティングを通して，他職種が心理アセスメントを理解し活用できるように，心理の専門的な見解を，具体的かつ共有できる言葉で説明する必要がある。一方，他職種のアセスメント（看護場面や作業療法場面で得られた対人交流，普段の会話，問題行動など）からは，心理アセスメントとはまた異なった患者の側面がみえてくる。それぞれの職種が患者のさまざまな側面を理解し，治療や援助に生かせるように伝達し合う，お互いを刺激しあえるシステムこそ，チーム医療が有効性を発揮できる。

## 【4】 連携における守秘義務と情報の共有化

多職種がうまく機能し協働するために，大橋（2007）は次のような提言をしている。①多職種間で理解できる共通言語を用いる，②チーム内の目標を明確にする，③各職種の役割を明確にする，④各職種は自分の専門性やアイデンティティをもちつつも固執せず柔軟に対応する，⑤情報はチームで共有しカンファレンスを行う，そのために常にチーム内のコミュニケーションを円滑にする。

チーム医療の基本に情報の共有化がある。しかしカウンセリングにおける守秘義務と連携における情報の共有化は一見相反することであり，心理職と他職種のあいだに齟齬を生みだし，患者とスタッフの間に混乱を引き起こすこともある。チーム医療においては，守秘義務の範囲や例外（自傷他害や虐待の通報義務など）が法律で規

定されている。また公認心理師としての職業倫理に添って，カウンセリングや心理療法の特徴を他職種が理解できるよう働きかけ，チームとして守秘義務をどう扱うか，スタッフ同士が十分に話し合い共有する必要もある。この点については，公認心理師から積極的にカウンセリングの特殊性を知ってもらう啓蒙的な活動も必要である。どのような場面で守秘義務を優先し，例外が起きうるか，常にシュミレーションするという，公認心理師の柔軟性が要求される。

〔引用・参考文献〕
大橋秀行（2007）　多職種チーム――私たちチームはどうすればうまく協力できるか――良いチームが育つ条件　精神科臨床サービス　7，92-99頁
沼初枝（2017）　チーム医療における心理臨床　矢永由里子編著　心理臨床実践　誠信書房，54-63頁

【沼　初枝】

## ▶ §*2.3.1* __ 地域保健　❶　【法律職の視点から】

## ▶ ［I］ __ 地域保健に関連する法律・制度の概要

### ▶▶*1* __ はじめに
「地域保健」に関連する法律・制度は，国民の健康の保持および増進を目的として，国および地方公共団体（都道府県，市町村），その他関係機関が実施すべき施策等を定めている。これらが目指すところは個人の健康だけでなく，それらの総体としての地域住民と地域社会の健康水準の向上にある点が特徴である。

### ▶▶*2* __ 地域保健法
本法は，「母子保健法その他の地域保健対策に関する法律による対策が地域において総合的に推進されることを確保」（同法1条）することを目的として，国および地方公共団体等の責務を定めた法律である。地域住民の健康に対する責任機関である「保健所」の設置等を定めた「保健所法」（昭和22〔1947〕年）の改正法として，平成6（1994）年に制定された。主な内容は「地域保健対策の推進に関する基本的な指針」の制定（同法4条），保健所の設置および保健所の業務（同法5～17条），市町村保健センター（健康相談，保健指導および健康診査などの事業を行う施設）の設置（同法18～20条）である。
保健所は，都道府県，指定都市，中核市，その他の政令で定める市，特別区によって設置され，地域保健に関する思想の普及および向上，人口動態統計等地域保健に係る統計，栄養の改善および食品衛生，住宅，水道，下水道，廃棄物の処理，清掃

その他の環境の衛生，医事および薬事，保健師，公共医療事業の向上および増進，母性および乳幼児ならびに老人の保健，歯科保健，精神保健，治療方法が確立していない疾病その他の特殊の疾病により長期に療養を必要とする者の保健，エイズ，結核，性病，伝染病その他の疾病の予防，衛生上の試験および検査など，地域住民の健康に関わる業務を管轄地域において幅広く実施する役割をもつ。その他に，専門的・技術的業務，情報の収集・整理・活用，調査研究，市町村に対する援助および市町村相互間の連絡調整（都道府県保健所の場合），企画調整などの役割を担い，さらに阪神・淡路大震災等の健康危機事象が頻発したことを受けて「地域における健康危機管理の拠点としての機能の強化」が図られている。

#### ▶▶3 母子保健法

本法は，「母性並びに乳児及び幼児の健康の保持及び増進を図る」（同法1条）ことを目的として，母子保健に関する原理（母性の尊重（同法2条），乳幼児の健康の保持増進（同法3条），母性及び保護者の努力（同法4条）），国および地方公共団体等の責務等を定めた法律で，昭和40（1965）年に制定された。主に市町村を実施主体として，妊娠の届出に対する母子健康手帳の交付，妊娠・出産・育児に関する保健指導，新生児への訪問指導，健康診査（1歳6か月児健診，3歳児健診，妊産婦健診等）の実施，未熟児への支援（訪問指導，養育医療の給付）などを行う。

#### ▶▶4 感染症の予防及び感染症の患者に対する医療に関する法律（感染症法）

本法は，「感染症の発生を予防し，及びそのまん延の防止を図り，もって公衆衛生の向上及び増進を図ること」（同法1条）を目的として平成10（1998）年に制定された。感染症対策の推進にあたっては，感染症の発生に対して迅速かつ適確に対応すると同時に，感染症の患者等の人権を尊重することが求められる（同法2～4条）。これは，過去にハンセン病，後天性免疫不全症候群（エイズ）等の感染症の患者等に対するいわれのない差別や偏見が存在したことを教訓としている。国は「感染症の予防の総合的な推進を図るための基本的な指針」（同法9条），都道府県はそれに即した「感染症の予防のための施策の実施に関する計画（予防計画）」（同法10条）を策定し，対策を進める。また「特定感染症予防指針」（同法11条）として，結核，エイズ，性感染症，インフルエンザ，蚊媒介感染症，麻しん，風しんに関する指針を定め，それぞれの感染症の特性に応じた対策を進める。

医師は，指定された感染症（感染力が強く症状が重篤な感染症）の患者を診断した場合，保健所を経由して都道府県に届け出る義務があり，また都道府県はそれらを国に報告する義務がある。都道府県は，必要に応じて，患者等に対して，検体の採取等への協力，健康診断の受診，就業の制限，入院等を行うよう勧告することができる。

また都道府県は，感染症の病原体に汚染された場所等の消毒，ねずみ族，昆虫等の駆除，飲食物，衣類，寝具その他の物件の移動制限，死体の移動制限，生活の用に供される水の使用制限，建物への立入り制限，交通の制限などを行うことができる。

　令和元（2019）年末に発生した新型コロナウイルス感染症がわが国を含めて世界に蔓延した状況を鑑みて，令和3〔2021〕年2月に本法は改正され，新型コロナウイルス感染症が本法に明記されるとともに，宿泊療養・自宅療養等の対策の実効性の確保，国と地方公共団体の役割・権限の強化などが図られた。

#### ▶▶5__健康増進法（受動喫煙防止）

　本法は，「国民の健康の増進の総合的な推進に関し基本的な事項を定めるとともに，国民の栄養の改善その他の国民の健康の増進を図るための措置を講じ，もって国民保健の向上を図ること」（同法1条）を目的として，国および地方公共団体，健康増進事業実施者（健康保険組合，国民健康保険組合，共済組合，市町村等，健康教育，健康相談などを実施する者）の責務等を定めた法律である。国民の栄養改善思想の普及，栄養状態の把握，栄養改善対策の実施等を定めた「栄養改善法」（昭和27〔1952〕年）を廃止し，平成14（2002）年に制定された。

　国は「国民の健康の増進の総合的な推進を図るための基本的な方針」を策定し（同法7条），地方公共団体はそれを勘案して「都道府県健康増進計画」，「市町村健康増進計画」を策定する（同法8条）。またこの指針に基づいて平成15（2003）年度から「21世紀における国民健康づくり運動（健康日本21）」，平成25〔2013〕年度から「健康日本21（第2次）」が推進され，健康寿命の延伸と健康格差の縮小，生活習慣病の発症予防と重症化予防の徹底，社会生活を営むために必要な機能の維持および向上，健康を支え，守るための社会環境の整備，栄養・食生活，身体活動・運動，休養，飲酒，喫煙および歯・口腔の健康に関する生活習慣および社会環境の改善を目指して，具体的な目標（死亡率，メタボリックシンドローム該当者数等の減少，特定健康診査・特定保健指導の実施率の向上など）を設定して各種施策が進められている。

　その他，国民健康・栄養調査の実施，食事による栄養摂取量の基準（食事摂取基準）の設定，生活習慣相談，栄養指導，保健指導および健康増進事業の実施，特定給食施設（特定かつ多数の者に対して継続的に食事を供給する施設のうち栄養管理が必要なもの），受動喫煙の防止，特別用途表示（販売に供する食品につき，乳児用，幼児用，妊産婦用，病者用等特別の用途に適する旨の表示）などが定められている。

　受動喫煙の防止（同法25～42条）については，多数の者が利用する施設等における受動喫煙の防止が「努力義務」として定められていたが，平成30（2018）年に大幅に改正され，施設等の区分に応じて，当該施設等の一定の場所を除き喫煙を禁止するとともに，当該施設等の管理者が講ずべき措置および違反した者に対する罰則等

が定められた。これによって，学校・病院・児童福祉施設等，行政機関，旅客運送事業自動車・航空機は禁煙（敷地内禁煙），その他多数の者が利用する施設（飲食店を含む），旅客運送事業船舶・鉄道は原則屋内禁煙（喫煙専用室内でのみ喫煙可）となった。なお経過措置として，既存の飲食店のうち経営規模の小さい店舗については，喫煙専用室を設置できない等の理由により，標識の掲示により喫煙可能となっている。

### ▶▶6__アルコール健康障害対策基本法

　本法は，「アルコール健康障害（アルコール依存症その他の多量の飲酒，未成年者の飲酒，妊婦の飲酒等の不適切な飲酒の影響による心身の健康障害）の発生，進行および再発の防止，アルコール健康障害を有する者等に対する支援の充実」（同法1条）を目的として平成25（2013）年に制定された。アルコール健康障害は，飲酒運転，暴力，虐待，自殺等の問題に密接に関連することから，これらに関する施策との有機的な連携が図られる必要がある（同法3条2項）。具体的には，国のアルコール健康障害対策推進基本計画の策定，都道府県アルコール健康障害対策推進計画の策定，酒類の製造または販売を行う事業者の自主的な取組みを尊重した上での不適切な飲酒の誘引（酒類の表示，広告その他販売の方法）の防止，アルコール健康障害に係る医療の充実，アルコール健康障害に関連して飲酒運転等をした者に対する指導，助言，支援，アルコール依存症にかかった者の円滑な社会復帰に向けた就労等の支援などが定められている。

### ▶▶7__難病の患者に対する医療等に関する法律

　本法は，「難病（①発病の機構が明らかでない，②治療方法が確立していない，③希少な疾病である，④長期の療養を必要とする，の要件を満たす疾病）の患者に対する良質かつ適切な医療の確保および難病の患者の療養生活の質の維持向上」（同法1条）を目的として平成26（2014）年に制定された。これまで，昭和47（1972）年に策定された「難病対策要綱」に基づいて，調査研究の推進，医療施設の整備，医療費の自己負担の解消（医療費の助成）などが実施されてきたが，本法によって難病患者に対する医療や支援の法的基盤が確立された。

　国は「難病の患者に対する医療等の総合的な推進を図るための基本的な方針」を策定し（同法4条），国および地方公共団体が各種施策を行う。主な施策は特定医療費の支給（同法5条）で，「指定難病（①患者数が本邦において一定の人数に達しない，②客観的な診断基準（またはそれに準ずるもの）が確立している，の要件を満たす難病）」の患者が，都道府県が指定する「指定医療機関」が提供する医療を受けた場合，それに要した医療費（特定医療費）が支給される。支給額は指定難病の治療状況や世帯の所得の状況などを勘案して算定される。患者は都道府県が定める「指定医」の診断書を添付して申請し，都道府県は，指定難病審査会を設置し，患者の病状の程度や治療状況

などを勘案して審査を行った上で指定難病の認定を行い，患者に医療受給者証を交付する。

　その他，難病の発病の機構，診断および治療方法に関する調査研究の推進，療養生活環境整備事業（患者等からの相談への対応，訪問看護事業，難病相談支援センターの設置等）などを行う。

#### ▶▶*8*__がん対策基本法

　本法は，「がん対策を総合的かつ計画的に推進すること」（同法1条）を目的として平成18（2006）年に制定された。基本理念として，がん研究の推進およびその成果の活用，がん医療の均てん化（患者の居住地にかかわらず等しく適切な医療が受けられるようにすること），がん患者の意向の尊重，尊厳の保持，個人情報の保護などが規定されている（同法2条）。国は「がん対策推進基本計画」（同法10条），都道府県は「都道府県がん対策推進計画」（同法12条）を策定し，それらに基づいて，がんの予防の推進（喫煙，食生活，運動等の生活習慣等の影響に関する知識の普及等），がん検診の質の向上，専門的な知識および技能を有する医師その他の医療従事者の育成，医療機関（がん診療連携拠点病院等）の整備，がん患者の療養生活の質の維持向上（緩和ケア，リハビリテーションの提供体制の整備等），がん医療に関する情報の収集提供体制の整備（がん登録等），研究の推進，がん患者の雇用の継続，がん患者（小児等）における学習と治療との両立，民間団体の活動に対する支援，がんに関する教育の推進などを行う。

### ▶［Ⅱ］__地域保健における支援の事例——難病を例として

　48歳男性，会社員，営業。左手の力が入りにくくなり，コップをもちにくくなった。やがて営業の外回りで走りにくくなり，階段を踏み外すことも多くなった。神経内科に受診したが，現時点では診断を確定できないので様子をみることになった。その後，全身の筋肉に力が入りにくくなり，歩くことが困難になった。声も出しづらく，食べ物を飲み込むこともできなくなった。この時点で「筋萎縮性側索硬化症（ALS）」と診断された。主治医から，ALSは神経の機能が変性・消失する病気で，治療で進行を遅らせることはできるが治ることはなく，人工呼吸器を用いなければ2〜5年で死亡する，と説明を受けた。いつ死ぬのだろうか，不安でいっぱいになった。

　指定難病を申請し，医療受給者証を受け取った。さらに病状が進行し，仕事もやめることとなった。日常生活や療養に関して難病相談支援センターに相談に行ったところ，「在宅人工呼吸器使用患者支援事業」によって，人工呼吸器の装着が必要となった場合，訪問看護を受けられるということであった。またALSは，全身が動かなくなるが，視力，聴力などの障害はなく，意識ははっきりしているため，訓練すればコミュニケーションボード，意思伝達装置などを用いてコミュニケーション

することができるそうだ。実際，それらを活用して仕事や社会生活を営んでいる人もいることがわかり，少し励みになった。病気は治らないが，前向きに生きていくしかないな，と思った。

ALSを代表とする神経難病は，症状が不可逆的に進行すること，診断が確定するまでに時間を要すること，などによって，難病と認定されるまでに様々な不安を体験する。また認定されてからも，医療費助成をはじめ様々な支援を受けることができるが，予後などに常に不安を抱えながら生活していくことになる。

### ▶ ［Ⅲ］　地域保健において連携する公認心理師に期待すること

上述したように，地域保健に関連する法律・制度が目指すところは地域社会の健康水準の向上である。公認心理師は，目の前の支援対象だけでなく，彼らを含む地域住民全体，そして彼らを取り巻く地域社会全体にも目を向け，自身が提供する心理的支援が地域社会においてどのような役割を果たしているのかを俯瞰することが重要である。

国民の健康水準の向上は特定の機関のみで達成できるわけではなく，様々な関係機関の関与が必要である。また法律によって国民を支援する枠組みは構築されているが，実際の支援は地域の実状に応じてきめ細やかに実施されなければならないため，地域の様々な関係機関（保健所，医療機関，各種事業者，民間団体等）の間の連携が不可欠である。したがって公認心理師は，専門職として獲得している支援対象に対するコミュニケーション技術だけでなく，関係機関に所属する様々な専門職（医師，歯科医師，薬剤師，獣医師，保健師，助産師，看護師，管理栄養士等）との連携を構築するためのコミュニケーション技術もあわせもつ必要がある。

地域保健の中核的な機関は保健所であるが，地域保健法（施行令）には保健所に配置する職員として心理職は明記されておらず，ほとんど配置されていないのが現状である。したがって公認心理師は，保健所などの地域保健の現場に積極的に参加し，「心理」というこれまでの地域保健にはなかった新しい視点で，地域における支援の現場の仕組み，そして国の地域保健に係る法律・制度の改善に向けた提言を行うことが期待される。

【武村真治】

### ▶ §2.3.2　地域保健 ❷　【心理職の視点から（A）】

#### ▶▶1　はじめに

これまで地域保健の分野において心理職が常勤職として配置されていた機関は，

各都道府県の精神保健福祉センター以外では，政令指定都市，中核市および特別区のうちのいくつかの自治体の保健所に限られていた。一方，非常勤職としては，精神保健デイケア事業や乳幼児の健診事業で重要な役割を果たしてきている。平成12年に厚生労働省が全国に通知した「保健所及び市町村における精神保健福祉業務運営要領」では，保健所設置自治体だけでなく市町村に対しても，「精神保健福祉士に加え，保健師や臨床心理技術者で精神保健福祉の知識経験を有する者を含めたチームアプローチにも配慮した配置が必要である」とされたが，「臨床心理技術者」は国家資格ではなかったことも一因となって心理職の配置は進まなかった。

### ▶▶2__地域保健分野の心理支援

　筆者は，こうした状況の中で保健所の数少ない常勤職員として，こころの健康（精神保健）に関する業務を行ってきた。それらを列記するならば，精神保健福祉相談・訪問，精神保健デイケア，アルコール依存症の個別相談と家族および本人のためのミーティング，ひきこもり相談および家族教室，うつ病家族教室，精神障害者やアルコール依存症者の地域に根ざした自主活動の支援，保健師や福祉事務所ケースワーカー，地域の障害福祉サービス事業所との連携協働やコンサルテーション，地域の病院やクリニックと障害福祉サービス事業所等のネットワークづくり，自殺対策，こころの健康サポーター（精神保健ボランティア）の養成と自主活動支援，精神保健福祉法のおける入退院に関する事務などである。また，短期的，スポット的な仕事では，禁煙教室や母子保健事業の両親学級等の講師などのほか健康日本21の計画策定会議や，障害者総合支援法による自立支援協議会，自殺対策東京会議等の委員を務めた。

　このように地域保健の分野においては，コミュニティが直面するさまざまな課題に対して，第一次予防から第三次予防に至るまで，個別支援，グループワーク，コミュニティアプローチの支援技法を駆使して地域で暮らす人々のこころの健康を保持増進することが求められる。これらは公認心理師の業務として法律に謳われている4業務の，①心理支援を要する者の観察/分析，②心理支援を要する者への援助，③コンサルテーション等による要支援者の関係者への援助，そして，④ボランティア養成や地域関係機関のネットワークづくり，自殺対策等における普及啓発の活動などのこころの健康に関する教育や情報の提供のすべての業務にわたっている。

### ▶▶3__他の組織や専門職との連携協働

　アルコール依存症対策およびアルコール関連問題対策に着目して連携協働の実際を紹介しよう。保健所が実施するアルコール対策事業は，「保健所及び市町村における精神保健福祉業務運営要領」において，普及啓発と相談の項に，「統合失調症，

アルコール，薬物，思春期，青年期，認知症等について，その家族や障害者本人に対する教室等を行い，疾患等についての正しい知識や社会資源の活用等について学習する機会を設ける」また，「相談の結果に基づき，病院，診療所，障害福祉サービス事業所や，自助グループ等への紹介，福祉事務所，児童相談所，職業安定所その他の関係機関への紹介，医学的指導，ケースワーク等を行う」とされていることが実施根拠となっている。普及啓発のためには自治体の広報紙，ホームページや街頭掲示板などを活用するが，これらは自治体組織内ではあるが広報課や地域課など他部署との連携が必要となる。広報紙の第一面に「お酒の問題でなやんでいませんか？」といった記事を掲載するためには，広報課担当者にアルコール問題を正しく理解してもらうことから始める必要がある。相談支援事業では，第一線窓口である保健師や福祉事務所ケースワーカーがアルコール問題の相談に適切に対応できるよう情報提供やコンサルテーションを行なったり，心理師が担当する本人・家族のミーティングを来所者に適切に案内できるよう利用方法や開催日がわかるチラシを配布するなどをとおして，困難事例にも対処できる相談支援体制を整えている。

　また，アルコール専門医療機関との連携も必須であり，専門看護師等を保健所ミーティングに招いて，参加者への入院治療の動機付けを図ったり，一般住民向けの講演を依頼している。加えて，アディクションにおいては，自助グループ（断酒会やA.A（アルコホリクス・アノニマス等））の役割はたいへん大きく，保健所ミーティングやアディクションセミナーの実施において長年，連携協働を続けている。

### ▶▶4＿今後の公認心理師の役割

　地域保健分野では，公認心理師は，保健師や精神保健福祉士とともに，相談支援を必要とする人の心に寄り添って，その人を理解し，支援制度等も含めた多角的な見立てを行い，医療や福祉などの関連機関，職種と適切な連携協働ができる総合的な心理支援能力が求められる。そのためには，個別心理支援に加えてグループワークとコミュニティアプローチに精通していることが必要である。また，地域特性や時代のニーズに応じて変化していくこころの健康の課題を敏感に捉えて，タイムリーに事業化を実現する企画調整力も期待されている。

【徳丸　享】

## ▶§**2.3.3** __ 地域保健 ❸ 【心理職の視点から（B）】

### ▶▶**1** __地域保健領域で実践されている心理支援の内容と特徴

**【1】 難病の患者に対する医療等に関する法律**

　難病という疾患の特徴から，患者は，不確実な将来や，情報の少なさといった問題と，長期にわたり向き合っていくことが求められる。難病患者は様々な病院，診療科に分散しているということもあり，体系的な支援は行われていない。また，在宅療養中の患者に対しては，十分な心理支援が提供できていないのが現状である。支援の内容としては，疾患の原因がわからないことへのもどかしさや怒り，不確実な予後に対する不安，死への恐怖といった感情に対する支持的な関わりが主となる。また，疾患が生命に関わる場合があること，介護負担が大きい場合があること，遺伝性の疾患が含まれることなどから，患者本人ではなく，その家族が支援の対象となることも少なくない。

**【2】 がん対策基本法**

　がんについては患者数の多さから，様々な体制が整えられている。しかし，病名から死を連想することがめずらしくないこと，様々な身体症状や治療による多様な副作用を伴うこと，治療が長期にわたることなどのため，身体的・心理的・社会的に負担を抱える患者は多い。長引く抑うつ症状や，せん妄などの専門的な介入を要する精神症状を呈する場合もあり，心理師には的確なアセスメントが求められる。心理的な問題についても，身体症状や社会経済的な問題等と密接に関連するため，他職種と連携しながら支援にあたることが不可欠である。また，治療や医療的・社会福祉的な制度が多様化している分，患者が行う意思決定が複雑化しており，心理面の支援の一環として，意思決定支援が重要な課題となる場合も多い。

**【3】 生殖補助医療**

　近年生殖補助医療の利用者は増加の傾向にあるが，現時点で生殖補助医療に係る法律は整備されていない。治療の種類によっては身体的な苦痛や負担を伴う他，経済的負担が大きいこと，社会的な偏見があること，夫婦・家族内での葛藤が生じ得ることなどの要因から，ストレスを伴うことが報告されている。こうした背景から，夫婦や家族の単位で行う支援が求められる場合もある。また，倫理的な課題を伴う事例が生じることもあるため，倫理の専門家との連携が必要になることもある。

### ▶▶**2** __地域保健領域における心理支援と連携

　本領域において心理支援を行う際には，行政や司法その他の組織や，他の専門職

との間で，以下のような連携がはかられている。

## 【1】 難病の患者に対する医療等に関する法律

難病と指定されている疾患の多くが，長期に渡る治療や療養を要し，身体面，精神・心理面，社会・経済面を含む包括的な支援が必要となる。入院や通院を行っている場合は病院の医師等が，在宅で療養を行っている場合はケアマネージャー等が連携のキーパーソンとなっていることが多いため，早い段階でキーパーソンを把握し，情報共有等の連携を行うことでより状況に即した支援を行うことができる。

## 【2】 がん対策基本法

がん患者の抱える心理的な問題は，病状や疾患の予後，行っている治療等によって影響を受けるため，主治医が連携のキーパーソンとなる。また，他の領域と比較し，がん医療の領域は，法律や制度の整備が進んでいるため，様々なかたちで支援が提供され得る。制度に関しては特に，仕事との両立や，介護保険等を含む経済的な措置などの面で，社会福祉士や社会保険労務士等との連携が考えられる。

## 【3】 生殖補助医療

生殖補助医療については，各自治体が様々な補助制度を設けている場合がある。利用者の心理的負担に関わる要因のひとつに経済的な負担があるため，補助制度を活用することが心理的負担の軽減にもつながる場合がある。こうした制度については治療を行う医療機関の医師が説明を行っている場合もあるが，心理師もまた知識を得たり，行政を含む他職種との連携をはかったりすることが重要である。

### ▶▶3 地域保健領域における心理支援と法律・制度

本領域において心理支援を行うに際しては，法律・制度を踏まえて，以下のように公認心理師の役割を果たしていくことが期待されると考えられる。

## 【1】 難病の患者に対する医療等に関する法律

難病患者への社会的，福祉的な制度との連携は，主に主治医を中心とした医療者がすでに行なっていることが多い。したがって，心理師がこれらのリソースにつなげる役割を担うことは少ないと考えられ，他職種と情報共有を行いながら患者の支援にあたるという役割が求められると考えられる。

## 【2】 がん対策基本法

がん相談支援センターや，精神科リエゾンチーム加算の整備等により，がん患者は比較的早期から心理師につながることがある。患者の抱える心理的問題の中には，自然に軽快するストレス反応もあれば，薬物療法が有効な精神症状，明確な解決策のないスピリチュアルな問題など，様々な課題が混在する。まずは，身体面，社会面の状況を把握し，必要に応じて他職種への紹介やフィードバックを行うことで，医療的な介入や社会福祉制度の利用等で解決可能な問題を扱う。その上で，残され

た心理的な問題に焦点を当てて心理支援を行うという，包括的アセスメントの視点が重要である。

## 【3】 生殖補助医療

　生殖補助医療についても難病と同様，必要な制度の紹介等は医療者が行っている場合が多く，役割も難病の場合と類似する。加えて，心理面接の中で，治療の継続や中止に関連するような葛藤について述べられる場合もあるため，そうした際には適宜治療を担っている医療者との連携をはかりながら，意思決定や治療のサポートを行うことが必要となる。

【吉田沙蘭】

## ▶§**2.4.1** ＿ 自殺対策 ❶ 【法律職の視点から】

### ▶▶**1**＿自殺対策に関する法律と制度について

　わが国の年間の自殺者数は1997年に2万4391人であったものの，翌年の1998年に8500人以上増加して3万2863名ととなり，その後年間3万人を超える高い水準が続いた。

　このような自殺者数の急増を受け，2006年6月に自殺対策基本法が成立し，2007年6月に自殺総合対策大綱が閣議決定された。

　その後，総合的な自殺対策が行われた結果，わが国の年間の自殺者数は2012年に27,858人となり3万人を切ったものの，未だ自殺死亡率は先進諸国と比較では高いレベルにある。そこで，自殺対策の更なる前進を図るため，2016年3月に自殺対策基本法が改正され，2017年7月に新たな自殺総合対策大綱（以下「新大綱」という）が閣議決定された。

### ▶▶**2**＿新大綱に基づく新たな自殺総合対策の概要

## 【1】 自殺の多くは追い込まれた末の死である

　自殺は，人が自ら命を絶つ瞬間的な行為としてだけでなく，人が命を絶たざるを得ない状況に追い込まれるプロセスとして捉える必要がある。自殺に至る心理としては，様々な悩みが原因で心理的に追い詰められるなどして，自殺以外の選択肢が考えられない危機的な状態にまで追い込まれてしまう過程と見ることができるからである。

　自殺行動に至った人の直前の心の健康状態を見ると，大多数は，様々な悩みにより心理的に追い詰められると共に，うつ病やアルコール依存症等の精神疾患を発症することにより，正常な判断を行うことができない状態となっていることが明らか

になっている。

このように，個人の自由な意思や選択の結果ではなく，「自殺は，その多くが追い込まれた末の死」ということができる。

**【2】 「生きることの阻害要因」の削減と「生きることの促進要因」の増加**

失業，多重債務，および生活苦等の「生きることの阻害要因」と，自己肯定感，信頼できる人間関係，および危機回避能力等の「生きることの促進要因」を比較して，前者が上回れば自殺リスクは高くなり，後者が上回れば自殺リスクは高まらない。

そのため，自殺対策は「生きることの阻害要因」を減らす取組みに加えて，「生きることの促進要因」を増やす取組みを行い，双方の取組みを通じて自殺リスクを低下させる方向で，生きることの包括的な支援として推進する必要がある。具体的には，地域における相談体制の充実と支援策や相談窓口情報等のわかりやすい発信，法的問題解決のための情報提供の充実，ICTを活用した自殺対策の強化，介護者への支援の充実，ひきこもりへの支援の充実，児童虐待や性犯罪・性暴力の被害者への支援の充実，生活困窮者への支援の充実，ひとり親家庭に対する相談窓口の充実等，性的マイノリティへの支援の充実などが重要となる。

**【3】 関連施策との有機的連携**

（Ａ） 様々な分野の生きる支援との連携　　自殺には様々な背景要因が存在していることから，自殺に追い込まれようとしている人が安心して生きられるようにして自殺を防ぐためには，精神保健的な視点だけでなく，社会・経済的な視点を含む包括的な取組みが重要である。

また，このような包括的な取組を実施するためには，保健，医療，福祉，労働，法律，教育，心理などの様々な分野の施策，人々や組織が密接に連携する必要がある。

（Ｂ） 他の制度との連携　　制度の狭間にある人，複合的な課題を抱え自ら相談に行くことが困難な人などを地域において早期に発見し，確実に支援していくため，「我が事・丸ごと」地域共生社会の実現に向けた取組みを始めとした各種施策との連携を図ることが必要となる。

また，自殺の背景ともなる生活困窮に対して対応していくためには，自殺対策の相談窓口で把握した生活困窮者を自立相談支援の窓口につなぐことや，自立相談支援の窓口で把握した自殺の危険性の高い人に対して自殺対策の相談窓口と協働して適切な支援を行うなどの取組みを引き続き進めるなど，生活困窮者自立支援制度も含めて一体的に取り組む必要がある。

（Ｃ） レベルごとの対応の連動

ア）対人支援，地域連携，社会制度のレベル　　自殺対策に係る個別の施策は，空間的に見て以下の３つのレベルに分けて考え，これらを有機的に連動させることで，総合的に推進されている。

(a) 対人支援のレベル　　個々人の問題解決に取り組む相談支援を行う

(b) 地域連携のレベル　　問題を複合的に抱える人に対して包括的な支援を行うための関係機関等による実務連携

(c) 社会制度のレベル　　法律，大綱，計画等の枠組みの整備や修正

イ）事前対応，自殺発生の危機対応，事後対応のレベル

上記ア）の自殺対策に係る3つのレベルの個別の施策は，時間的に見て以下の3つの段階ごとに効果的な施策を講じる必要がある。

(a) 事前対応　　心身の健康の保持増進についての取組，自殺や精神疾患等についての正しい知識の普及啓発等自殺の危険性が低い段階で対応を行うこと

(b) 自殺発生の危機対応　　現に起こりつつある自殺発生の危険に介入し，自殺を発生させないこと

(c) 事後対応　　不幸にして自殺や自殺未遂が生じてしまった場合に家族や職場の同僚等に与える影響を最小限とし，新たな自殺を発生させないこと

ウ）SOSの出し方に関する教育等　　地域の相談機関や抱えた問題の解決策を知らないがゆえに支援を得ることができず自殺に追い込まれる人が少なくない。そこで，自殺の事前対応の更に前段階での取組を推進するという観点から，学校において，命や暮らしの危機に直面したとき，誰にどうやって助けを求めればよいかの具体的かつ実践的な方法を学ぶと同時に，つらいときや苦しいときには助けを求めてもよいということを学ぶ教育（SOSの出し方に関する教育）を推進する。

また，SOSの出し方に関する教育と併せて，孤立を防ぐための居場所づくり等を推進していく。

## 【4】　社会全体で回すPDCAサイクル

国は，社会全体で自殺対策のPDCAサイクルを回すことを通じて，「誰も自殺に追い込まれることのない社会」の実現に向けた取組みを推進する。

具体的には，まず国は，自殺総合対策推進センターにおいて，すべての都道府県および市町村ごとに自殺の実態を分析し，地域特性を考慮した自殺対策事業をまとめた政策パッケージを提供する。

都道府県および市町村は，提供を受けた政策パッケージ等を活用して地域自殺対策計画を策定（PLAN）し，それに基づいて対策を推進（DO）する。

そのようにして全国で実施された政策パッケージ等の成果を，自殺総合対策推進センターが収集・分析（CHECK）し，分析結果を踏まえて政策パッケージの改善を図る（ACT）という流れが採用されている。

## 【5】　自殺総合対策における当面の重点施策

新大綱は，当面の重点施策として，①地域レベルの実践的な取組みへの支援を強化する，②国民一人ひとりの気づきと見守りを促す，③自殺総合対策の推進に資す

2

保健・医療分野

る調査研究等を推進する，④自殺対策に係る人材の確保，養成および資質の向上を図る，⑤心の健康を支援する環境の整備と心の健康づくりを推進する，⑥適切な精神保健医療福祉サービスを受けられるようにする，⑦社会全体の自殺リスクを低下させる，⑧自殺未遂者の再度の自殺企図を防ぐ，⑨遺された人への支援を充実する，の9つを上げている。

## ▶▶3__弁護士として公認心理師に期待すること

### 【1】 ゲートキーパーとしての役割

公認心理師が，相談の過程で心理的な悩みの背景に法的問題が存在していると認識した場合，相談者の状態を踏まえつつ弁護士への相談を勧めるというゲートキーパーとしての役割が期待される。可能であるならば，各地域の各分野の弁護士とネットワークを形成し，法律問題の分野に応じて紹介することが望ましい。

### 【2】 主訴にとらわれない

自殺の直前まで追い込まれた相談者は複数の法律問題を抱えている場合であっても，筆者の経験上，心理的に追い詰められれば追い詰められるほど，時間的に近接した問題しか相談しない傾向にある。例えば，パワハラ→うつ病→休職→退職→生活苦による借金→家族との不和→自殺という危機経路を考えた場合，相談者は直近の家族の不和という問題を主訴にする場合が多い。しかし，この例で言えば，家族の不和が生じる前に，勤務問題や借金の問題が生じていることになる。

このように，公認心理師は，相談者の主訴にとらわれず，自殺の危機経路全体を把握することが期待される。

### 【3】 法的な手続は痛みを伴う

法的手続は，それ自体が相談者を心理的に追い詰めてしまう場合が少なくない。そもそも弁護士は敷居が高いと言われているし，いざ訴訟を提起しても1年や2年で終わらない場合もある。相手方から相談者の主張と全く逆の主張が繰り返されることも少なくない。尋問となれば厳しい反対尋問を受けることもある。さらに，結論が相談者の望むとおりであればよいが，長期間訴訟を続けて最終的に負けてしまうこともある。

また，弁護士の自殺に対する理解が不十分なため，自殺に追い込まれつつある相談者や自死遺族の相談者に対し，心情を理解しない不適切な言動を行うこともある。

そのため，公認心理師は，相談者が法的手続を行っている間も，その推移を注意深く見守りつつ心理的なフォローを行い，法的手続による心理的負荷があまりに強く逆に自殺の危険性を高めかねない場合や，弁護士側に問題がある場合などは，法的手続の中止や弁護士の交代などを相談者に対してアドバイスすることが期待される。

【生越照幸】

▶§**2.4.2**__　自殺対策　❷　【心理職の視点から】

#### ▶▶**1**__状況ごとの心理的支援の態様

　まず，自殺総合対策大綱にならって，事前対応，自殺発生の危機対応，事後対応ごとに心理的支援を示す。

#### 【1】　事前対応

　地域や学校，企業などで，心の健康教育が実践されており，心理職が講師を担っている。従来は，自殺の危険因子であるうつ病，依存症（アルコールや薬物，ギャンブル）などをテーマとして実施されてきた。一方，ゲートキーパー研修は直接的に自殺対策に由来する事前予防である。悩みやストレス状況を背景に心理的視野狭窄に陥り，周囲にある助けや可能性が目に入らなくなっている当事者に対して，いつもと違う様子に気づいて，一歩踏み込んで声をかけ，面接の時間と場所を整えて話を聞いて課題を整理し，より専門性の高い職種につなぎ，ゲートキーパー自身も孤立することのないように連携しながら，その後も継続して関わることを当事者に伝えて見守っていく。この研修では，心理職が訓練を積んでいる「気づき，声かけ，傾聴」であっても，自殺リスクのある場合を考慮して内容を吟味する必要があり，「つなぎ，見守り」の部分では，社会資源や制度利用についての知識が求められる。

　また，自殺対策の会議に参加して意見を述べること，予防教育の提案，データを使っての地域診断や対策の評価などでもその専門性を発揮できる。

#### 【2】　自殺発生の危機対応

　心理職が危機対応に関わるのは，自殺念慮を抱えた本人に対する心理療法の場面である。自殺のリスクアセスメント，本人が抱えるリスク要因や保護要因への専門的対応，的確な情報収集と多職種間連携の工夫などが求められる。特に連携については，学校や企業，地域といったコミュニティにおいて，キーパーソンとしての役割やコンサルテーションが期待される。

#### 【3】　事後対応

　不幸にして自殺が起こってしまった後にもコンサルテーションや介入の役割がある。クリティカルレスポンスチームのように短期間で介入して，学校（あるいは職場）機能の低下の防止，教員や在校生（従業員）へのケアの提供，他の専門職へのつなぎを担う。ここで，自殺事例が多くの関係者に「責任」を感じさせることに留意したい。誰のせいなのか，誰なら防げたのかという関係者の恐れと不安を的確に扱う必要がある。同時に（あるいは優先して），信頼関係を築きながら遺族への支援を行うべきである。そこでは遺族の抱える「なぜ」と向き合うことになる。学校関係者と

遺族の双方を支援することは，時として対立する二つの視点を持つことを意味する。しかし，本来どちらも関係者であることを忘れてはならない。

### ▶▶2＿自殺対策の領域における行政・司法との連携

　自殺対策においては，行政・司法との連携は少なくない。まず，全国の自治体では自殺対策のアクションプランを計画しており，これを把握しておくことで地域での自殺対策リソースを知り，活用することができる。また，相談窓口では，多重債務や生活苦，失業など，様々な制度や法律の知識が早急に必要になる場合がある。ただし，本人の状態によっては適切に法律相談に取り組めないので，つなぐこと自体に工夫が必要になる。

　逆に行政・法律専門職への相談において，メンタルヘルスの不調などが心配されるときにコンサルテーションがあれば，心理職は見立てを共有し，必要に応じて心理や医療の継続的支援を提案するなど重要な役割を担う。

　さらに自死遺族支援においても，行政・司法との連携は重要である。葬儀，届出，財産管理（放棄）など，遺族はなれない仕事に追われ，自らの悲しみの体験に向き合えないこともある。アパートの不動産瑕疵や他者の巻き込みなどでの賠償請求がなされているなら，司法の支援が不可欠であり，過重労働が背景の自殺では裁判になることもあるので，心理職も機会をみつけて関連する制度や法律を学び，相談できる行政，司法関係者との関係を普段から作っておきたい。組織への事後対応も含め，行政・司法との連携は，適切なタイミングで入ることが重要である。

### ▶▶3＿自殺対策において心理職に求められる役割

　ここまで見てきたように，心理職には自殺対策において多様な場面で活躍の場がある。事前予防も多いが，特に専門性が期待されるのは介入時の見たての提供や相談技法だろう。希死念慮者への理解と基本的対応，自殺のリスクアセスメントの技術が不可欠であり，医療や行政・司法との連携方法もあらかじめ検討しておきたい。背景にあるメンタルヘルスの問題によっては，支援が長期になることや，逆に衝動的な自殺の可能性ついて，専門的知識を共有しながら連携を促進する役割がある。また支援者支援を担うことも重要である。事後対応においては，学校と遺族など，複数の関係者の視点を考慮できる。自らも孤立しないように周囲と相談しながら，短期・中長期に大切にすべきことは何か，誰に寄り添うべきなのかを，常に多面的に考慮しながら関わりたい。

【川野健治】

▶§**2.5.1** __ 依存症 ❶ 【法律職の視点から】

▶▶**1**__薬物犯罪と刑事司法手続
【1】 薬物犯罪の規制と現状
　薬物の濫用については，覚醒剤取締法，麻薬及び向精神薬取締法（モルヒネ，ヘロイン，コカイン，LSD，MDMA等），大麻取締法，あへん法などによって規制されている。近年は犯罪の認知件数自体が減少の一途をたどっているため，薬物犯罪による検挙人数も減少傾向にあるものの，薬物犯罪が刑事司法全体の中で多数を占める状況に変わりはない。
　使用薬物の種類については，刑事司法の現場では，かつては覚醒剤取締法違反が圧倒的多数を占めていたが，近年の若者は覚醒剤より大麻を好む傾向があり，少年や20代の若年層では大麻使用者の方が多く，他方，40代以上の中高年層では，覚醒剤使用者が多いという状況にある。若者は大麻，中高年者は覚醒剤といった傾向があるといえるが，大麻使用がゲートウエイとなって，麻薬や覚醒剤使用へと拡大していくことも多いとされている。
　この点，統計をみると，覚醒剤取締法違反，大麻取締法違反，麻薬取締法およびあへん法の各違反の総数は，平成12年（2000年）には2万人を超えていたが，その後，減少傾向を示し，令和元年は1万3860人となっている。また，薬物ごとの構成比をみると，覚醒剤取締法違反は，平成12・13年頃には約90％を占めていたが，令和元年度には63.0％と低下する一方で，大麻取締法違反は，平成12〜14年頃の10％未満から，令和元年度には33.0％へと増加した。また，麻薬取締法違反は4％程度とされている。
　検察官の処分の重さや，裁判所による判決の量刑の重さについては，薬物の種類によって異なってくる面がある。特に，大麻取締法違反では，覚醒剤取締法違反より法定刑が軽いこともあって，検察官の処分の際に不起訴処分になるケースも意外に多い。（令和2（2020）年度の犯罪白書では，大麻の検察庁終局処理人員の処理区分別構成比は，起訴処分45.9％，起訴猶予処分25.5％，その他の不起訴処分19.4％，家裁送致9.3％となっている）。起訴されて公判になった場合でも，覚醒剤に比べると量刑は軽い傾向がみてとれる。
　なお，近年では，検挙人員に占める再犯者の割合である「再犯者率」を下げて，安全で安心して暮らせる社会を構築していくために，平成28（2016）年に再犯の防止等の推進に関する法律が制定・施行されたこともあって，薬物犯の再犯防止が大きな課題とされている。特に，覚醒剤使用者については，再犯により5年以内の刑務所への再入率が他の罪名の者と比べて高いとされており，いかにして再犯を防い

2
保健・医療分野

でいくかが大きな課題とされている。

　ここでは，弁護士と公認心理師が連携する場合の具体的イメージをもてるように，覚醒剤の事案を念頭に論述していくこととする。覚醒剤事案を考える上での判断の分かれ目は，①自己使用・所持にとどまっているのか，売人などのように，営利性があるのか，②薬物事犯のみにとどまるのか，症状が進行して，窃盗や強盗，暴行，傷害，道路交通法違反など，他罪へ拡大しているのか，③密輸犯罪か否か，といった点にある。①営利性が認められれば，違法薬物を社会に拡大して利益を得ているわけであるから，悪質であるし，当然，量刑は重くなる。また，②他罪へ拡大している場合も，他罪に関して被害者を出しているわけであるから，量刑は重くなる。薬物依存症が悪化して，交通違反や交通事故を起こしたり，金銭に窮して窃盗・強盗に出ているようなケースである。③組織的に行われる密輸犯罪は，自己使用・所持罪とは全く罪質の異なる犯罪であり，裁判員裁判対象事件となる重大犯罪である。公認心理師と弁護士が連携して，被告人の更生を支援する場面は，営利性がないのはもちろんのこと，いまだ他罪へ拡大していない，「自己使用・所持」に留まるケースが主たるターゲットといえよう（ただし，他罪へ拡大している場合であっても，その犯行態様が比較的軽微で，本人の更生への意思が強い場合など，支援の対象となるケースは多数存在している）。

## 【２】　刑事施設と社会を往復する人生から，薬物依存症者と家族を救済する必要性

　薬物犯の性格傾向は，一概に決めつけることはできないものの，優しい人物が多く（ただし，自分に甘いことも多い），対人コミュニケーションを苦手とする者が多い。暴力団関係者ではなく，自己使用・所持に留まる末端使用者については，特に悪質性はなく，単なる一般市民にすぎないため，改善更生の余地は大きい。しかし，他方で，「薬物依存症」の特性から容易に薬物を断ちがたく，刑務所へ入れても，刑罰は治療ではないため，症状が改善することはない。むしろ，負のレッテルを張られ，受刑により社会と断絶されてしまうことで，出所後のストレスが増し，その結果，社会に戻った後，短期間で薬物を再使用してしまい，刑務所と社会を何度も往復する事態に陥る。薬物犯の再犯率や再入所率は他の罪名に比べて高く，負の連鎖の中で，本人は社会での居場所を失っていき，家族も疲弊し，社会的に孤立して追い詰められていく。特に，若年者が長期受刑に陥ってしまった場合の影響は深刻である。若年時に薬物を使用することで脳へのダメージが大きい上，本来，学業や就職により社会経験を積むべき10代，20代の時期を薬物により失い，社会経験を積めないまま30代，40代を迎えてしまうと，その後，社会の中に居場所を見つけることは極めて困難であり，家族も社会的に追い詰められていく。支援しようにも手の打ちようがない深刻な事態に陥ってしまうのである。

　このような負の連鎖を断ち切り，深刻な事態に陥ってしまうことを回避するため

には，早期の段階で，医療と心理につなぎ，「治療」を行うことが重要である。まずは医療で体調面を整えた後，薬物への「依存原因」について，心理分析を加え，彼らが自らの問題点に気づいて，考え方や生き方を変えることによって，薬物依存症を根本的に克服していけるように支援する必要がある。薬物使用を「規範意識の欠如」や「意志の弱さ」の問題として非難するのではなく，本人達の生きにくさに向き合い，支援して，心理面に踏み込んだ根本的な解決が求められているといえよう。

【3】 刑事司法手続の流れ

① 刑事司法手続の概要

身体拘束の始まりである「逮捕・勾留」から，「裁判」「判決」までの刑事手続きの流れは，おおむね次頁の図2.5.1のとおりである（あわせて179頁も参照）。

弁護人と公認心理師と連携の上で重要な訴訟手続は，起訴された後の「保釈」である。保釈とは，一定金額の保釈保証金を逃走の担保として裁判所に納付して，判決までの間，被告人を身体拘束から解放する制度である。これにより，被告人は，裁判を受ける間，自由に訴訟準備活動ができるようになる。被告人は，量刑を少しでも軽くしたいという思いや，刑務所に行かねばならない重大な事態になってしまった，何とかせねば……という思いから，今まで目をそらしてきた自己の薬物依存問題に向き合い，病院で治療を受けたり，ダルクのような回復支援施設に入通所を開始したり，各地の公民館や教会などで無料で開催されているNA（ナルコティクス・アノニマス）という自助グループに通ったりして，回復へ向けた活動を始めることも多い。刑事裁判という強制の契機にさらされることは，辛い経験ではあるが，同時に薬物依存症と向き合うきっかけにもなり得るのである。この絶好の機会をとらえ，治療と回復を目指すための選択肢の1つとして，「公認心理師によるカウンセリング」があるといえる。筆者は，専門知識を有する公認心理師が，薬物依存原因について心理分析を加えることが，回復への扉を開くことへつながり，他の回復支援活動（NAやダルクなど）へスムーズに移行できる可能性が高まると考えている。

② 保釈の活用と回復支援の輪の広がり

薬物事件に限らず，他の罪名を含んだ刑事事件全般についていえることであるが，最近では，昔に比べて，保釈が認められやすくなり，身体拘束から解放されやすくなった。これにより，治療の機会は拡大している。また，薬物依存者の再犯率の高さを改善しようと，平成28（2016）年6月に，「刑の一部執行猶予制度」という制度が導入され，刑事施設内処遇から社会内処遇への移行をスムーズにしようという試みが開始されている。このような社会的関心の高まりを受け，薬物依存症の回復支援をする機関は増加している。かつては，薬物依存症というと「ダルク」しかなかったが，現在では，各地の医療機関がそれぞれの専門治療プログラムに従っ

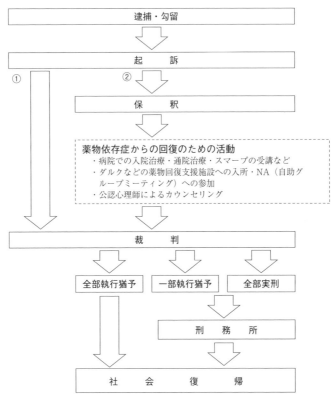

```
                    ┌─────────────────────────────┐
                    │         逮捕・勾留           │
                    └─────────────────────────────┘
                                 ⬇
                    ┌─────────────────────────────┐
                    │         起  訴               │
                    └─────────────────────────────┘
              ①            ②    ⬇
                          ┌───────────────────────┐
                          │      保  釈            │
                          └───────────────────────┘
                                 ⬇
              ┌─────────────────────────────────────────────┐
              │ 薬物依存症からの回復のための活動             │
              │  ・病院での入院治療・通院治療・スマープの受講など │
              │  ・ダルクなどの薬物回復支援施設への入所・NA（自助 │
              │    グループミーティング）への参加             │
              │  ・公認心理師によるカウンセリング             │
              └─────────────────────────────────────────────┘
                                 ⬇
              ┌─────────────────────────────────────────────┐
              │                裁  判                        │
              └─────────────────────────────────────────────┘
              ⬇              ⬇              ⬇
        ┌──────────┐   ┌──────────┐   ┌──────────┐
        │ 全部執行猶予 │   │ 一部執行猶予 │   │ 全部実刑 │
        └──────────┘   └──────────┘   └──────────┘
                                           ⬇
                          ┌───────────────────────┐
                          │      刑  務  所        │
                          └───────────────────────┘
                                           ⬇
              ┌─────────────────────────────────────────────┐
              │         社    会    復    帰                 │
              └─────────────────────────────────────────────┘
```

▶図2.5.1　刑事手続の流れ

注）①は，身体拘束から解放されない場合
　　②は，身体拘束から解放された場合

て治療を行っていたり，スマープ（もしくは，そこから派生した地元ごとのバージョンがある）という薬物依存症からの回復プログラムを実施していたりする。各地の精神保健センターなどが，家族教室などを開催していることも多く，ダルク以外の回復支援団体も多くなった。また，都心部を中心に，NA（ナルコティクス・アノニマス）という薬物依存症者の自助グループによるミーティングも増えている。受け皿が増えることで，各専門職や支援団体が連携して，役割分担をしながら，薬物依存症者に対して回復支援をしやすい環境が整ってきたといえるだろう。その中で，専門的知識をもって，依存の背景にある心理分析を行うことができる公認心理師が果たす役割は大きい。より多くの公認心理師が，薬物依存症者の支援に関わり，ひいては，薬物事案

に限らず，他の罪名の被疑者・被告人も含めて，刑事司法における「治療的支援」の輪が広がることを願っている。

### ▶▶2__公認心理師・心理職と弁護士の連携による具体的事例

【1】　典型的な薬物事案における連携のパターン

　連携事案の典型的な流れは，①弁護士が薬物事件を受任後，本人の治療への意欲を確認した上で，自宅，ダルクなどの依存症回復施設や，重症者の場合は，入院先の病院を制限住居（保釈許可の上で，裁判所に指定された住所）にして，裁判所の保釈許可決定を得る。②自宅で保釈ができるほど心身の状態が安定している場合は，すぐにカウンセリングを開始できる。入院治療を要する場合は，医師の外出許可を得られるようになってから，カウンセリングを開始する。このときは，親族に送迎してもらうことが多い。③カウンセリングの必要回数は，被告人が抱える問題の大きさにより異なる。1回あたりのカウンセリング時間にもよっても異なるであろう。④カウンセリング料金は各心理職の定めによる。比較的安価に設定していただけると利用しやすいようである。⑤必要回数を経た後，裁判所に証拠として提出するための「カウンセリング（治療経過）報告書」を作成してもらう。だいたい，1通3万円程度（消費税別）で作成してもらっている。⑥もし証人としての法廷への出廷が必要になった場合には，別途3万円程度（消費税別）で出廷していただいている。しかし，書面に検察官が同意するなど，出廷までは不要な場合も多い。出廷の要否は，患者の抱える問題の大きさや訴訟の流れによるので，弁護士と個別に相談していただきたい。⑦心理職との連携を目指して活動に取り組んできた筆者としては，刑事裁判を機に心理分析を受けることは，受刑をくり返して人生を失う事態を防止するという長期的視点からみると，費用対効果は極めて大きいと考えている。薬物依存症が重症化してしまうと，最初の依存原因はわからなくなり，ひたすら薬理効果のために薬物を使用する状態になって治療が困難になるため，自分を振り返って思考する能力が残っている者についてはすべて，心理職によるカウンセリングを受けさせるべきだと考えているくらいである。最初の段階で心理職による専門的な心理分析を受けることで，依存原因を自覚しやすくなり，その後の治療方針が立てやすくなる。刑事裁判後は，受刑によってカウンセリングが強制的に終了してしまうことも多いが，執行猶予事案などでは，長期的にカウンセリングを継続している事例もある。経済的理由から長期的なカウンセリングは続けられない場合でも，カウンセリング後に，無料で各地の地元で開かれているNA（自助ミーティング）につながっていくことで，もともと自分の話をするのが苦手な薬物依存者であっても，自己の過去や内面を振り返って話をしやすくなるといった効果がある。つまり，他の支援につながりやすくなるのである。

## 【2】 父親による虐待の影響があった事例について

　具体的事例は，挙げるときりがないが，薬物事犯の中で公認心理師の協力がなければ解決不可能だった事例として，幼少期の父親による虐待の影響が，断薬を阻害する方向で働いていたケースがある。身体的虐待，心理的虐待，ネグレクトと，性的虐待以外のすべての虐待類型を満たしていたが，被告人本人は父親に虐待されて育った自覚はなかった。それどころか，自分は死んだ父親を深く愛しており，父親がいかに自分を想ってくれていたかを語り，妻や弁護人が父親の悪口を言うことを極度に嫌がった。父親に絶対的に服従してきた彼は，20代前半で薬物を勧められるままに使用して，薬物依存症に陥っていた。その後，出所しては真面目に働くものの，他人，特に年上の男性から利用される関係になりやすく，無理な要求も断れないままストレスをため，薬物を再使用するという悪循環から逃れられずにいた。このような事案で，弁護人を通じて，心理職に心理分析を依頼したところ，虐待経験のある被告人にとって，心理職は圧倒的に話しやすかったらしく，弁護人が聞き出せなかった事実が多数出てきた。虐待を生き延びる手段として，相手の顔色をうかがうこと，けっしてノーと言わないこと，自分の内面的葛藤を認識することが苦手なこと，葛藤を感じた場合も忘れるといった対処法しか持っていないこと，適切なロールモデルがいないこと，といった特徴があるため，それらが薬物をやめようとする際に阻害する方向へ働くという心理分析結果であった。この事案では，法曹関係者にとっては，薬物依存症と虐待の影響がどうつながるのか，全くわからなかったため，心理職に証人として出廷していただいた。このようなプロセスを経た結果，それまで父親のことをほめることしかできなかった被告人が，裁判の最後の被告人質問では，「お父さんのことは今でも好きだけど，自分が父親だったら，あんなことはしなかったと思う」と言えるようになったことは，大きな成果だったと思う。判決では一部執行猶予判決をいただいた。しかしながら，この事例では，2年数か月間の受刑を経て出所した後，再犯し，被告人は現在も受刑している。再犯後の裁判も筆者が弁護人を務め，妻およびダルク関係者らと支援し続けているが，虐待の影響の根深さを感じるともに，真に重症の事例では，心理職による長期カウンセリングが必須であると強く感じている。

## 【3】 母親との関係性が薬物依存症につながっていた女性被告人たちの事例

　紙幅の関係上，多くを語ることはできないが，女性被告人についても，少し触れておきたい。女性の薬物事犯というと，刑事司法の世界では，男性との関係やセックスでの使用が多いと思われがちなのだが，弁護人が取り扱ったケースでは，必ずしも男性がらみの原因とは限らず，母親への思いや葛藤が薬物依存症へつながっていたケースがあった。一人は，母親を恋しく思う気持ちから，年上の女性が勧めてくる薬物をどうしても断ることができずに薬物依存症に陥っていた。また，別の一

人は，例えていえば，タンポポの花のように飾らない人柄が長所であるにもかかわらず，母親が，白いブラウスを着て本を読んでいる清楚な百合の花のような女性像を求めて，彼女に否定的対応をすることに対して，被告人が感情を高ぶらせ，過酷な労働環境の中での子育ての苦労も加わって，薬物へ依存していた。

薬物への依存が激しくなり，その態様が重くなってくると，被告人達の内面的な問題はわかりにくくなり，法曹関係者は表面的な印象しか見ない傾向が強まるが，心理職による分析を受けることで，彼女達が内面に抱える問題が明らかになってくる。いずれの女性被告人も受刑はまぬかれなかったが，心理分析結果をもとに，薬物依存を根源から絶てるように環境を変えていく対応をした。

**【4】 弁護人としての思い——個別性の尊重こそが，真の回復へと導く**

薬物事犯は，刑事司法の現場では，過去の前科回数や薬物所持量だけで，あたかも金太郎飴のように，量刑を決められてしまう処理がなされており，対応も刑務所へ入れるだけで，被告人たちが抱える内面への個別的な対応は何もなされていない。

しかし，薬物依存症から真に立ち直るためには，一人一人が抱える問題に焦点をあてた対応こそが重要である。弁護士と公認心理師との連携により，薬物犯を真の更生へと支援する道が開かれることを望んでいる。

### ▶▶3 連携する公認心理師に期待すること

**【1】 自己が薬物に依存する原因に気づかせ言語化させること**

薬物依存症者は，自分がなぜ違法薬物を使用し，依存しているのか，その原因について，明確に理解していないことが多い。漠然と，「こういう時に，こんな気持ちになって，使ってしまう」程度のことはわかっていても，自分自身の深い感情や心の動きについては，明確に把握できておらず，違法薬物の使用が他人に話せない秘密の事柄であることもあって，自分の感情を言語化して表現できない場合が多い。自己の感情を自覚し，言語化することが，回復のための第一歩となるのではないかと感じている。

**【2】 法曹関係者では対応できない心理学的な現象の分析と解説** (例えば，虐待の影響など)

法曹関係者は心理分析には疎いことが多く，内面の問題に対応できないことが多い。ましてや虐待の影響のような難しい問題がからむと，その犯行への影響を分析したり，今後の対処法を検討しようにもお手上げという状態に陥る。心理分野の専門知識を有する公認心理師の力を借りなければ，問題解決は不可能とさえいえるだろう。弁護士と公認心理師の連携を広げていかねばならない分野だと感じている。

**【3】 真の更生と再犯防止にむけて，生き方を変えていくための入口支援**

刑事司法では，人間を合理的存在としてとらえ，犯罪を意思決定の問題としてとらえているが，実際は，人間は不合理な存在で，自己の意思決定だけで犯罪を犯す

わけではなく，感情に引きずられながら，周囲の人間や環境との関係性の中で犯罪へ至ってしまうのではないかと思う。真の更生と再犯防止のためには，自己が陥っている思考パターンや価値観に気づき，生き方そのものを変えていかねばならない場合が多い。その立ち直りのための入り口支援を行っていただければと思う。

【西谷裕子】

## ▶§**2.5.2**＿ 依存症 ❷ 【心理職の視点から】

### ▶▶**1**＿依存症への心理支援

　違法薬物は，国連麻薬3条約（麻薬単一条約，向精神薬条約，麻薬及び向精神薬の不正取引条約），そして国内法での覚醒剤取締法，麻薬及び向精神薬取締法などの薬物関連法規によって取り締まりの対象となっている。したがって，その所持や使用は刑事罰の対象となり，薬物使用者は「犯罪者」の烙印を押される。

　これは法治国家である以上，当然のことという見方もあるだろうが，わが国の場合，たとえば芸能人やスポーツ選手が薬物事件で逮捕されたときの反応に見られるように，ことさらにバッシングをして社会的制裁を加えたり，家族までもが厳しい批判の的となったりすることはめずらしいことではない。

　しかし，これでは社会的孤立を招き，本人や家族は支援や治療を求めることすら回避してしまうことになりかねない。さらに，公認心理師や精神科医など，メンタルヘルスの専門家でさえ，支援や治療を求める人々を門前払いすることすらある。ここで強調したいことは，公認心理師自身が，薬物使用者に対するスティグマ，差別などについて自己点検をするとともに，意識改革を行うことの必要性である。

　一度は過ちを犯したかもしれないが，その本人が支援を求めたとき，1人のクライエントとして受け入れることは当然のことである。そして，過去を悔い，問題の克服に向かおうとしているその気持ちに深い敬意をもって支援を行うことが公認心理師の責任である。

### ▶▶**2**＿依存症への心理療法と関係機関との連携

　現時点で治療の第1選択肢は心理療法であり，なかでもエビデンスがあるのは認知行動療法である。依存症治療に特化した認知行動療法として，リラプス・プリベンション・モデルがある（Marlatt & Donovan 2005）。これは，薬物使用の引き金を引く刺激や感情を同定し，それに対するコーピングスキルを訓練することが中心的介入となる。また，治療への動機づけが乏しい場合は，動機づけ面接を併用することで，治療効果を高めることができる。さらに治療後のフォローアップとして，自助

グループとの連携も必須である。治療期間中から，自助グループの情報提供をしたり，既にグループにつながっているクライエントに同行してもらったりするような調整を行うとスムーズである。

また，薬物によって心身の障害が生じているときや，うつ病，睡眠障害などの併存疾患がある場合は，医療との連携が欠かせない。症状が重篤な場合は，まず医療を優先し，症状が落ち着いてから心理療法を開始するようにすべきである（原田 2010）。

さらに，裁判中であったり，執行猶予中であったりする者も多い。また，刑の一部執行猶予の対象となって，早期に釈放されている場合もある。このようなケースでは，弁護士や司法機関との連携，情報提供が求められる。このとき悩ましい問題は，薬物の再使用が起きた際の対処である。実際，治療中でも一度や二度の再使用は現実的によく生じることである。しかし治療者は，それを失敗とみなさず，新たな学習の契機と考えて，治療につながっている以上は，治療を優先することが望ましい対処である（Marlatt & Donovan 2005）。

#### ▶▶3 依存症支援の国際的動向と公認心理師の役割

薬物使用者がこれほどの厳しい非難にさらされ，重い刑事罰を受けているのは，先進国のなかではわが国くらいのものである。欧米諸国では，まず単純な薬物所持・使用と，営利目的の製造・譲渡などを区別し，前者については治療，教育，福祉が優先される。しかも，多くの西欧諸国では，薬物使用の非犯罪化，非刑罰化が進んでいる（原田 2019）。

2016年国連総会の薬物問題特別セッションにおいて，薬物使用者の人権の尊重，治療・教育・ハームリダクションなどのヒューマンサービスの重視が合意された。したがって，わが国がこのまま薬物使用者に対する差別的，非人道的対処を続けるならば，それは重大な国連総会決議違反である。

このように，国際社会は薬物問題に対して，従来の「刑事司法モデル」から，「医療モデル」「公衆衛生モデル」への転換を遂げつつある。その流れは，長年のエビデンスの蓄積によって，依存症には処罰や「強い意志を持て」といった説教などではなく，予防・治療などの公衆衛生的な対処にこそ効果があることが明確になったためである（Strang et al. 2011）。そして，その支援において中心的な役割を果たすのは公認心理師をおいてほかにない。

〔引用・参考文献〕

原田隆之（2010） 薬物依存症治療に対する新しい戦略：Matrixモデルの理論と実際 日本アルコール・薬物医学会雑誌, 45, 557-568.

2

保健・医療分野

原田隆之(2019)　EBPとしてのアディクションアプローチ：国際的な視座から　信田さよ子(編)　アディクションアプローチ　金剛出版

Marlatt, G.A., & Witkiewitz, K. (2005). Relapse prevention for alcohol and drug problems. In G.A. Marlatt & D.M. Donovan (Eds.), Relapse prevention: maintenance strategies in the treatment of addictive behaviors (2nd ed., pp.1-44). New York, NY: Guilford Press.　原田隆之(訳) (2011)　リラプス・プリベンション：依存症の新しい治療　日本評論社.

Strang, J., Babor, T., Caulkins, J., Fischer, B., Foxcroft, D., & Humphreys, K. (2011). Drug policy and the public good: Evidence for effective interventions. Lancet, 379, 71- 91.

【原田隆之】

## ▶ § *2.6.1*　　災害復興　❶　【法律職の立場から】

### ▶▶*1*　災害復興に関わる法律・制度の概要について

#### 【1】　はじめに——災害復興における支援の必要性

　日本の歴史は災害とともにある。地震，火山の噴火，台風などによる水害，豪雪被害など，災害は数多く発生してきた。関東大震災（1923年）をはじめ，近年に限っても，雲仙普賢岳噴火災害（1991年），奥尻島津波災害（1993年），阪神・淡路大震災（1995年），新潟県中越沖地震（2007年），東日本大震災（2011年），平成26年8月豪雨による広島市の土砂災害（2014年），熊本地震（2016年），北海道胆振東部地震（2018年）など，立て続けに自然災害が発生している。

　災害は突然発生し，多くの被害が発生する。それは人命であったり，不動産や家財などの財産であったり，地域コミュニティそのものであったりする。災害により，被災者は大きな衝撃を受け極めて過酷な状況に置かれるが，その状況は多様であり，経済的な不安もあれば精神的な不安もある。

　このような被害を減らすため，また，発生してしまった被害による不安を少しでも取り除く支援をすることが，災害に関する法や法に関わる者に与えられた使命である。災害に関わる法律は数多く存在し，災害について言及する法律は1000を超えるものであるが，公認心理師として知るべき法律や制度について，発災時の支援に役立つものを中心に概観する。

#### 【2】　災害復興に関する法制度

##### （1）　災害対策基本法　　ア）災害対策の基本

　現在の災害復興に関する法律の基本となるのが，1961年に成立した災害対策基本法である。災害対策基本法は，防災計画の作成，災害予防，災害応急対策，災害復旧および防災に関する財政金融措置その他必要な災害対策の基本を定めるものである。

災害対策基本法は，その基本理念として①わが国の自然的特性に鑑み，災害の発生を常に想定して，災害が発生した場合における被害の最小化と迅速な回復を図ること，②国や地方公共団体などの適切な役割分担と相互の連携協力に併せて，住民一人一人が防災活動を行うべきであること，③災害の発生直後は，人の生命身体を最優先に保護するべきこと，④災害が発生したときは施設の復旧や被災者の援護により災害復興を図るべきことを掲げている（同法第2条の2）。この理念から分かる通り，災害対策基本法は，災害の発生前の防災や減災を目指すとともに，災害の発生後の復旧や復興を目指すものであり，災害の各フェーズを通じての基本となる法律である。

イ）発災前の対応　　災害の発生前の防災の観点から，災害対策基本法は多くの規定を割いているが，その仕組として，第一に組織的な防災体制，第二に防災計画の策定，第三に防災計画の実施の規定を置いている。

この中で，第二の防災計画の策定においては，まず国の中央防災会議が「防災基本計画」を作成し，中央省庁は「防災業務計画」を作成する。都道府県は，この防災基本計画に基づき，これに抵触しないようにして「都道府県地域防災計画」を作成し，さらに市町村も，防災基本計画と都道府県地域防災計画に抵触しないようにして「市町村地域防災計画」を作成する。

地域の防災計画に定められる内容は避難計画の策定や備蓄の内容，道路や建物の安全対策など幅広いものであるが，その中では災害時の応急救護活動の事前対策の充実も図られており，精神保健領域の内容としては，都道府県及び政令指定都市において災害派遣精神医療チーム（DPAT）の整備を行うことが定められている。

第三の防災計画の実施は，防災計画に定められた設備や備蓄の整備や確認を行い，地域での防災訓練などを行うことが含まれる。上記述べた災害派遣精神医療チーム（DPAT）の整備についても，この防災計画の実施の一内容であり，より具体的には発災時に備えた各種研修が行われることとなる。サイコロジカル・ファーストエイド（PFA）に関する研修も，防災計画の実施の一内容と位置づけられるべきものである。

ウ）発災後の対応　　発災後の対応として，災害対策基本法は，市町村が住民の生命，身体および財産を災害から保護するために計画を定めこれを実施すること，避難勧告，避難指示をすることなどを定め，さらに都道府県や国が行うべき措置についても定める。物資の運搬，罹災証明書の交付義務も災害対策基本法に定められている事柄である。発災後の具体的な対応や被災者支援については以下に述べる各法律や支援制度がより具体的に関わってくる。

（2）災害救助法　　災害救助法は，避難所の開設，炊き出し，物資提供，応急仮設住宅の供与，障害物除去，応急修理といった，具体的な災害救助を誰がどのよう

に実施するのか，その費用を誰が負担するのかを規定している。災害救助法には，救助として医療および助産（災害救助法4条1項4号）を行うことが規定されているため，災害救助法が適用されて災害派遣精神医療チーム（DPAT）の出動要請がなされる場合には，被災都道府県がその費用を負担することとなる。

(3) 被災者生活再建支援法　被災者生活再建支援法は，自然災害による住宅の全半壊が生じたときに，公的な援助として支援金の支給を行うことを定める。支援金には基礎支援金（最高100万円）と加算支援金（最高200万円）の二種類がある。基礎支援金は世帯の人数や住宅の損壊の程度により異なり，複数世帯であれば全壊は100万円，大規模半壊は50万円が支給される。加算支援金も，世帯の人数や損壊の程度で異なり，全壊や大規模半壊の場合，複数世帯であれば新築や購入の場合は200万円，補修だと100万円，賃借する場合は50万円が支給される。損壊の程度により支援金の金額が異なるため，被災者にとってはその認定が切実な問題となる。

(4) 災害弔慰金の支給等に関する法律　災害弔慰金の支給等に関する法律は，①災害によって家族を喪った遺族に対して災害弔慰金を支給すること，②災害で重い障害を負った者に災害障害見舞金を支給すること，③被災者に対して災害援護資金の貸付を行うことを内容としている。支給額は，死亡者が主たる生計維持者であれば500万円，それ以外だと250万円である。災害による直接死だけではなく，災害に起因して亡くなった災害関連死の場合にも弔慰金が支払われることに注意が必要である。

(5) 被災ローン減免制度（自然災害による被災者の債務整理に関するガイドライン）　自然災害の影響によって，住宅ローン等を借りている個人や事業性ローンを借りている個人事業主が，発災前からの債務を抱えたままでは，新たに住宅ローンを借りて住宅を建築するとか，新たな運転資金を借り入れるといった再スタートができないといった事態に直面し得る。他方で，これらの発災前からの債務を破産等の法的手続により免責を得ても，信用情報に登録されることから新たな借入ができないということにもなりかねない。

そこで，「自然災害による被災者の債務整理に関するガイドライン」は，このような被災者の既往債務を，破産手続等の法的倒産手続によらずに，債権者と債務者の合意にもとづき，債務の減免などの債務整理を行うための準則として取りまとめられたものである。このガイドラインに定められる条件を満たせば，ガイドラインに基づいて債権者と合意を行うことにより，被災者は再スタートを切るための財産を手元に残しながら，債務の減額や免除を受けられることになる。

(6) 生活保護　被災地では，憲法で保障される「健康で文化的な最低限度の生活」を下回る状況が数多く現れる。生活保護の制度は，被災者の人権を守るための制度に他ならない。また，生活保護の受給は，資産と収入が生活保護基準を下回る

か否かによるところであるが，災害に際して受け取ることがある義援金や被災者生活支援金などは資産や収入には当たらないことについても留意が必要である。

### ▶▶2__災害復興支援の事例

【1】　X県沿岸部は，震災により大きな津波に襲われた。被災者のAさんは，被災後に近くの避難所に身を寄せたが，多くのものを失ったショックから先のことを考えられなかった。震災発生から1週間が経過し，避難所でも弁護士や司法書士による法律相談が行われるようになったが，Aさんは誰かに相談をする気持ちにもなれなかった。弁護士の一人が「何か困っていることはありませんか。」と聞いても，「大丈夫です。」と答えるばかりだった。

【2】　同じ頃，こころのケアのために訪れた公認心理師のBさんがサイコロジカル・ファーストエイドを提供し，Aさんと話をすると，Aさんは次第に自分の状況を話し始めた。Aさんは津波により妻と子どもを亡くし，住宅ローンを借りて買ったばかりの家も流されてしまい家がないのに住宅ローンを返していかなくてはならないのか，これから住む家の家賃もかかるのに住宅ローンを返せそうにない，勤務先も津波の被害があり，仕事を続けていけるのかも分からない，銀行の通帳やカードも流されてしまったので，自分の預金も無くなってしまったのではないかと不安で仕方がないということだった。

　Bさんは，Aさんの心の苦痛を和らげるとともに，Aさんの現実的な問題の中には，住宅ローンの減免制度や，災害弔慰金，被災者生活再建支援法による支援金の支給の可能性などがあるのではないかと考え，詳しい話を弁護士に相談してみることを勧めた。AさんはBさんと話すことによってストレスが和らぎ，法律相談をしてみようという気持ちになった。

### ▶▶3__災害復興支援において公認心理師に期待されること

　災害による被災という極限の状況においては心に大きなストレスや不安を抱え，また経済的な問題など現実的な問題を抱えることが多い。しかし，被災者の悩みが心の問題，経済的な問題と整理されているわけではなく，その人自身が抱える一体としての「悩み，不安」がそこにある。法的な問題や税金の問題などの相談に応じる弁護士や税理士等の専門家が，被災者の心のケアに十分に配慮が行き渡らない場合もありうるし，公認心理師が聞いた相談の中には，法的な解決が必要な問題もありうる。

　そこで，災害復興支援においては，様々な専門家の連携が求められ，被災者の悩みに接しやすい公認心理師の役割は大きい。公認心理師が悩みを聞き，そこから必要な専門家に繋いでいくということ，あるいは逆に弁護士などの専門家から公認心

理師に繋いでいくということができれば，被災者支援の効果は大きいものとなる（また，被災者が何度も様々な相談場所に足を運ぶのはそれ自体が苦労や苦痛を伴うこともあるから，ワンストップ相談のように，一回で必要な相談ができるような取り組みも有益である）。そのために，災害復興における一連の法制度について，ある程度の知識を有しておくことが期待される。

【米村俊彦】

### ▶ §**2.6.2** 災害復興 ❷ 【心理職の視点から】

#### ▶▶**1** 防災計画・減災への公認心理師の役割

　災害対策基本法には，組織的な防災体制，防災計画の策定と実施が規定され，中央防災会議が防災基本計画を策定し，都道府県や市町は地域防災計画を策定している。この防災と減災にはこれまで心理専門家の貢献はかぎられていた。しかし，片田ら（2005）は，宮城県沖地震の気仙沼住民への調査研究により，住民は津波の襲来を想起しつつも，自らには危険は及ばないと考える「正常性バイアス」があり，この正常性バイアスを払拭することが津波防災教育の主要な目標の1つと考えた。片田教授の防災教育の取り組みは，東日本大震災で釜石の小学生が祖父母の命を救い，中学生が小学生の命を救うことにつながった。

　公認心理師は，危機が迫っても逃げない心理があることや，周りの人が逃げなければ「大丈夫」と思ってしまう同調性バイアスがあること，また，家族を助けたいとの愛他行動が，命を落とすことにつながることを発信していく必要がある。災害により命を落とすことは，遺された家族や友人のストレス障害のリスクを高めることにつながることも，防災・減災の取り組みで紹介することも必要であろう。

#### ▶▶**2** 災害復興に果たす公認心理師の役割

　1995年阪神・淡路大震災以来，災害後の心のケアが国民に浸透し，精神医療の敷居を下げ，今日に至っている。災害時のトラウマ体験，災害による喪失体験，災害後の過酷な避難所生活などの日常ストレスにより，大人ではうつ・心身症・アルコール依存が，子どもでは不登校などのストレス関連障害のリスクが高まる。災害の場合，PTSD（Post Traumatic Stress Disorder；外傷後ストレス障害）の症状が全面に現れ，病院受診する者は少ないが，それらのストレス関連障害の状態にある人の話を聴いていくと，つらいことを思い出さないようにお酒を飲んでいる，こわかったことを思い出して勉強に集中できない，なにもかも信用できない，といったトラウマ反応が潜んでいることが多い。そして，大規模災害では，急性期のみならず，中長期の

支援が必要である。

## 【1】 急性期支援 (仮設住宅建設まで)

　災害派遣精神医療チーム (Disaster Psychiatric Assistance Team ; DPAT) は，大規模災害などで被災した精神科病院の患者への対応や，被災者のPTSDをはじめとする精神疾患発症の予防などを支援する専門チームであり，公認心理師はこのチームの構成員になるであろう。被災住民は「心のケアチーム」への相談に抵抗があり，カフェの開設やリラックス法の提供などの工夫が必要である。また，集団でのリラクセーションや心理教育も公認心理師に期待されている。すなわち，公認心理師は，医療チームの一員として活動するだけでなく，生活支援をしているボランティア団体と連携して活動をする必要がある。

　子どもの心のケアには，被災していない他府県のスクールカウンセラーを被災地に派遣する予算を文部科学省が確保し，東日本大震災，熊本地震，西日本豪雨災害では，臨床心理士が派遣された。今後は，公認心理師もこの活動に期待されている。いずれ，教員・公認心理師・医師らにより構成される「災害後子ども心のケアチーム」が組織化されていくであろう。災害後子どもの心のケアチームは被災県教育委員会と協議し，中長期の子どもの心のケア体制－ストレスチェックとストレスマネジメント授業，心のケアを取り入れた避難訓練や防災学習，被災地のスクールカウンセラーの増員，スクールカウンセラーや教師へのスーパーバイズ－とそれにかかる経費の確保は，急性期にしかできないことである。

　公認心理師は，被災した住民や子どもの心のケアだけでなく，ボランティアや行政職者や支援者の二次的外傷性ストレスの予防とケアも期待されている。

## 【2】 中長期支援

　中長期支援が必要な理由は3つある。①災害時のトラウマだけでなく災害後の生活ストレスが心身に影響を及ぼす。②災害時幼児だった子どもが小学生になるころに恐怖体験を言葉や行動で表す。③ずっと我慢を続けてがんばってきた人が症状化する。西洋では，心理的応急法 (Psychological First Aid) のように急性期支援のガイドラインは整備されてきたが，中長期の被災体験の表現と分かち合い，防災教育と心のケアの一体的活動は，まだガイドラインになっていない。今後，公認心理師は調査研究にも尽力し，中長期の災害後の心のケアのガイドライン作成に貢献することも期待されている。

〔参考文献〕
　片田敏孝・児玉真・桑沢敬行・越村俊一 (2005)　住民の避難行動にみる津波防災の現状と課題. 2003年宮城県沖地震の気仙沼住民意識調査より　土木学会論文集　789, 93-104

【冨永良喜】

2

保健・医療分野

# 第**3**章＿＿福祉分野

▶ **§3.1.1**＿＿精神障害者 ❶ 【法律職の視点から】
障害者基本法，障害者総合支援法など

## ▶▶**1**＿はじめに

　公認心理師が心の専門家として，相談を受け，支援に関わる中で，精神障害者や知的障害者が対象となる場合も多い。特に精神障害者は，薬の服用など適切な治療を受けていれば，ほぼ健常者と同様な反応であるため，その精神疾患を見過ごし，適切な支援に結びつかないこともあり得る。それゆえ，まずは各法令上，精神障害者や知的障害者がどのように定義されているかを理解するとともに，その人達にとって必要な法制度等を理解して対応しなければならない。

　そこで，まず精神障害者を主に，①障害者には国際的にどのような権利が定められ，各国に何が求められているのか（障害者権利条約），②それを受けて，わが国では障害者に対してどのような基本方針が定められているのか（障害者基本法），③障害者が差別されてきた歴史的背景の中で，どのような差別が禁止され，また何が求められているのか（障害者差別解消法），④雇用の分野における障害者と健常者との均等な機会および待遇の確保や障害者がその有する能力を有効に発揮することができるようにするためにはどのような施策が必要か（障害者雇用促進法），⑤高齢者においては介護保険法による福祉サービスが規定されているが，障害者に対してはどのような福祉サービスが規定されているのか（障害者総合支援法）に関して，それぞれの法制度を取り上げて検討する。なお，上記①および②は多分に理念的内容であり，歴史的経緯や障害概念の変遷等を理解しておけば足りるが，上記③以降は，公認心理師の職務において，具体的な相談内容として現れるケースが多いものと思われる。

## ▶▶**2**＿国際人権規範

### 【1】 国内法の整備と障害者権利条約の批准

　国際人権規範の中で障害者の人権に関して最も重要な規範は，2006年12月13日に第61回国際連合総会において採択された障害者権利条約である。わが国は，2007年9月28日，この条約に署名したものの（署名は条約の内容に基本的に賛成している

ことを表す），長らく国内法の整備が進まないことから批准できなかった。しかし，わが国は，2011年7月の障害者基本法の改正，2012年6月の障害者総合支援法の成立，2013年6月の障害者雇用促進法の改正，2013年6月の障害者差別解消法の制定などにより，障害者権利条約を批准できる国内法整備が進んだことから，2014年1月20日にこの条約を批准し（批准とは国が条約の内容を守ることを約束することを表す），同年2月19日に国内法の効力を生じた。なお，条約は批准されると国内法の効力を有し，かかる条約に違反する国内法はすべて無効となり，また国内法の解釈基準ともなる（効力的には，憲法＞条約＞法律という順になる）。

【2】 障害者権利条約の主な内容

（ア） 障害者権利条約は，すべての障害者によるあらゆる人権および基本的自由の完全かつ平等な享有を促進し，保護し，および確保することならびに障害者の固有の尊厳の尊重を促進することを目的とし，前文から50条まで規定されている。締約国は，障害に基づくいかなる差別もなしに，すべての障害者のあらゆる人権および基本的自由を完全に実現することを確保し，および促進することを約束するために，この条約において認められる権利の実現のために適切な立法措置，行政措置その他の措置を取ること，障害者に対する差別となる既存の法律，規則，慣習および慣行を修正し，または廃止するための適切な措置（立法を含む）を取ることなどが求められている。

（イ） このように障害者権利条約は，障害者を治療や保護の客体としてではなく，人権享有主体として捉えている。そして，障害者の多様性を認め，すべての障害者の人権を促進し，保護することが必要であるとし，障害者の自立の尊重，無差別，社会への完全かつ効果的な参加および包容などを一般原則として規定する他，平等および無差別（5条），生命に対する権利（10条），法律の前に等しく認められる権利（12条），司法手続の利用の機会（13条），身体の自由および安全（14条）など様々な事項に関して詳細かつ具体的な人権規定をおき，障害者の権利および締約国の義務を規定している。

（ウ） 障害者権利条約の特筆すべき点の一つは，障害概念において，医学モデルではなく，社会モデルと呼ばれる考え方を反映していることである。従来の障害のとらえ方は，病気や外傷などの機能的損傷などから生じるという，障害者の内面からとらえた医学モデルにより考えられていた。しかし，障害者権利条約では，障害は機能的損傷などによって生じた個人の内面にあるのではなく，障害を障害と評価する社会的障壁（社会，慣習，慣行，個人の意識など）によって作り出されたものであるととらえている。例えば，足に障害をもつ人が建物を利用しづらい場合，足に障害があることが原因ではなく，段差がある，エレベーターがない，といった建物の状況に原因（社会的障壁）があるという考え方である。かかる障害概念の変遷により，

3

福祉分野

障害は超えることができない絶対的な機能的損傷ではなく，社会により生み出される相対的な偏見であって，一般人の意識により，また，合理的配慮の導入により，如何様にでも克服できるものとなったのである。

### ▶▶3＿障害者基本法

【1】　障害者基本法は，障害者に関する法律の中で，最も基本的な法律であり，障害者の権利や制度等について基本的な考え方を示している（全36条）。この法律は，心身障害者対策基本法を改正する形で，1993年12月に成立し，その後，2011年7月29日に一部改正された。かかる改正では，わが国が障害者権利条約を批准するに当たり，わが国の法律や制度を同条約の内容に合わせるため，2009年12月，内閣府に障害者制度改革推進本部が設置され，その下に設置された障害者制度改革推進会議において，障害当事者らの参加により，法律内容が策定された。

【2】　障害者基本法の目的は，「すべての国民が，障害の有無にかかわらず，等しく基本的人権を享有するかけがえのない個人として尊重されるものであるとの理念にのっとり，すべての国民が，障害の有無によって分け隔てられることなく，相互に人格と個性を尊重し合いながら共生する社会を実現するため，障害者の自立および社会参加の支援等のための施策に関し，基本事項を定め，および国，地方公共団体等の責務を明らかにするとともに，障害者の自立および社会参加の支援等のための施策の基本となる事項を定めること等により，障害者の自立および社会参加の支援等のための施策を総合的かつ計画的に推進すること」（1条）にある。そして，障害者の人権享有主体性，障害による差別禁止，障害者の尊厳の確保，共生社会の実現，障害者の自立および社会参加の支援施策の推進が規定されている。また，この目的を達成するため，政府は，障害者のための施策に関する基本的な計画（障害者基本計画）を策定しなければならず，都道府県も，かかる障害者基本計画を基本として，都道府県障害者計画を策定しなければならず，市町村も，上記2つの基本計画を基本として，市町村障害者計画を策定しなければならないものとされている（11条1項～3項）。また，国および地方公共団体は，障害者の自立および社会参加の支援等のための基本施策として，例えば，医療の給付およびリハビリテーションの提供，年金，手当等に関する施策等，様々な事項に関して，必要な施策を講じなければならないと規定している。

【3】　障害者基本法は，障害者の定義として，「身体障害，知的障害，精神障害（発達障害を含む）その他の心身の機能の障害がある者であって，障害および社会的障壁により継続的に日常生活または社会生活に相当な制限を受ける状態にあるもの」（2条1号）と規定し，①精神障害者を障害者と位置付け，②障害概念において社会モデルを採用し，③障害者をその他の心身の機能の障害がある者に拡大したことに大

きな意義がある。なお，社会的障壁とは，「障害がある者にとって日常生活または社会生活を営む上で障壁となるような社会における事物，制度，慣行，観念その他一切のものという。」と規定されている（2条2号）。例えば，事物としては，階段，字幕のないテレビ番組，音のならない信号機，段差など。制度とは，障害者が同意していないのに強制入院させられる，医療費が高くて必要な医療を受けられない，友人と一緒に学校に行くことが認められないなど。慣行とは，障害者が結婚式や葬式に呼ばれない，障害者が子供扱いされるなど。観念とは，障害者は施設や病院で暮らした方が幸せである，精神障害者は精神科病院に閉じ込めるべき，障害者は結婚や子育てができない，障害者は危ないのでアパートを貸さないなどである。このような社会や一般人の障害者に対する偏見等が社会的障壁を作っていると言えるのである。

【4】　また，差別の禁止として，「何人も障害者に対して，障害を理由として，差別することその他の権利利益を侵害する行為をしてはならない。」（4条1項）と規定し，さらに「社会的障壁の除去は，それを必要としている障害者が現に存在し，かつ，その実施に伴う負担が過重でないときは，それを怠ることによって前項の規定に違反することとならないよう，その実施について必要かつ合理的な配慮がなされなければならない。」（4条2項）と規定され，合理的配慮の提供が法的に義務付けられたことも重要である。かかる規定をより具体的に規定したのが，次の障害者差別解消法である。

### ▶▶4＿障害者差別解消法

【1】　障害者権利条約の批准に向けた国内法の整備の一環として，すべての国民が障害の有無によって分け隔てられることなく，相互に人格と個性を尊重し合いながら共生する社会の実現に向け，障害を理由とする差別の解消の推進を目指して，障害者差別解消法（全26条）が2013年6月19日に成立し，2016年4月1日に施行された。この法律は，障害者基本法の基本的な理念にのっとり，障害を理由とする差別の解消の推進に関する基本的な事項，行政機関等および事業者における障害を理由とする差別を解消するための措置等を定めることにより，障害を理由とする差別の解消を推進し，もってすべての国民が，障害の有無によって分け隔てられることなく，相互に人格と個性を尊重し合いながら共生する社会の実現に資することを目的としている（1条）。そして，国および地方公共団体は，この法律の趣旨にのっとり，障害を理由とする差別の解消の推進に関して必要な施策を策定し，実施しなければならず（3条1項），国民は共生社会を実現する上で障害を理由とする差別の解消が重要であることに鑑み，障害を理由とする差別の解消の推進に寄与するよう努めなければならない（4条）。また，この法律でも，障害者の定義として，障害者基本法と

同一の定義がなされ，社会モデルが採用されている。

【2】　障害者差別解消法は，以下のとおり，行政機関等や事業者に対して，不当な差別的取扱いの禁止（7条1項・8条1項）と合理的配慮の提供（7条2項・8条2項）を求めている。

　（ア）　不当な差別的取扱いの禁止　　行政機関等（国の行政機関，独立行政法人等，地方公共団体および地方独立行政法人）は，その事務または事業を行うに当たり，障害を理由として障害者でない者と不当な差別的取扱いをすることにより，障害者の権利利益を侵害してはならない（7条1項）。また，事業者（商業その他の事業を行う者。国，独立行政法人等，地方公共団体および地方独立行政法人を除く）は，その事業を行うに当たり，障害を理由として障害者でない者と不当な差別的取扱いをすることにより，障害者の権利利益を侵害してはならない（8条1項）。事業者とは，障害を理由とする差別の解消の推進に関する基本方針によれば，目的の営利・非営利，個人・法人の別を問わず，同種の行為を反復継続する意思をもって行う者であるとされている。したがって，例えば，個人事業者や対価を得ない無報酬の事業を行う者，非営利事業を行う社会福祉法人や特定非営利活動法人も対象となる。なお，障害者差別解消法では，行政機関等と事業者と分けて規定されているが，ともに不当な差別的取扱いが法的に禁止されており，内容は同じである。

　不当な差別的取扱いとは，上記基本方針によれば，障害者に対して，正当な理由なく，障害を理由として，財・サービスや各種機会の提供を拒否したり，提供に当たって場所・時間帯などを制限したり，障害者でない者に対しては付さない条件を付したりするなどにより，障害者の権利利益を侵害することである。障害者にはアパートを賃貸しないなど，障害者を明示した基準により，障害者でない者と異なる扱いをする場合に限らず，例えば，入学試験でヒアリング試験が行われるのであれば，実質的には聴覚障害のある受験者は障害者でない者と異なる扱いをされることになるなど，障害者を明示しない場合でも，実質的に障害者でない者と異なる扱いになる場合も差別的取扱いになる。また，差別的取扱いをすることにより，障害者の権利利益が侵害されることを認識し，認識しうる状態にあったかなどの取扱者の主観的要素は問題とならず，権利を侵害する目的をもって差別の取扱いをした場合だけでなく，結果として差別取扱いとなり，権利を侵害した場合も含まれる。もっとも，障害者を障害者でない者と比べて優遇する取扱い（いわゆる積極的改善措置），法に規定された障害者に対する合理的配慮の提供によってした障害者でない者と異なる取扱い，合理的配慮を提供するために必要な範囲でプライバシーに配慮しつつ障害者に障害の状況等を確認することは，不当な差別的取扱いに当たらない。このように不当な差別的取扱いは，正当な理由がない場合に禁止されるのであるが，正当な理由とは，障害者に対して，障害を理由として，財・サービスや各種機会の提供を拒

否するなどの取扱いが客観的に見て正当な目的の下に行われたものであり，その目的に照らしてやむを得ないと言える場合であり，その有無を判断するに当たっては，個別の事案ごとに，障害者，事業者，第三者の権利利益（例えば，安全の確保，財産の保全，事業の目的・内容・機能の維持，損害発生の防止等）および行政機関等の事務・事業の目的・内容・機能の維持等の観点に鑑み，具体的場面や状況に応じて総合的・客観的に判断することが必要である。このように正当な理由の判断においては，目的の正当性と手段の必要不可欠性を要件とする厳格な判断基準を求めており，差別を正当化する行政機関等および事業者において十分に立証できるような場合でなければ，差別が正当化されることはないものと考えられる。

　公認心理師としては，上記基本方針を熟読し，自らが障害者に対して不当な差別的取扱いとならないよう注意するとともに，障害者からの不当な差別的取扱いに関する相談に適切に対応できるように理解しておかなければならない。

　（イ）　合理的配慮の提供　　行政機関等は，その事務または事業を行うに当たり，障害者から現に社会的障壁の除去を必要としている旨の意思の表明があった場合において，その実施に伴う負担が過重でないときは，障害者の権利利益を侵害することにならないよう，当該障害者の性別，年齢および障害の状態に応じて，社会的障壁の除去の実施について必要かつ合理的な配慮をしなければならない法的義務が課せられている（7条2項）。また，事業者は，制定当時は「合理的な配慮をするように努めなければならない。」と規定され，努力義務に止められていたが，令和3年5月改正により行政機関等と同様「合理的な配慮をしなければならない」と法的義務に改正された（8条2項）。この改正法は，公布日（2021年6月4日）から起算して3年以内に施行される。

　この合理的配慮は，例えば，①車椅子利用者のために段差に携帯スロープを渡す，高いところに陳列された商品を取って渡すなどの物理的環境への配慮，②筆談，読み上げ，手話などによるコミュニケーション，分かりやすい表現を使って説明するなどの意思疎通の配慮，③障害の特性に応じた休憩時間の調整などのルール・慣行の柔軟な変更などの配慮であり，障害者が個々の場面において必要としている社会的障壁を除去するための必要かつ合理的なものであり，障害者でない者との比較において同等の機会の提供を受けるためのものである。

　また，社会的障壁除去の必要性に関する障害者の意思の表明については，上記基本方針によれば，言語（手話を含む）のほか，点字，拡大文字，筆談，実物の提示や身振りサイン等による合図，触覚による意思伝達など，障害者が他人とコミュニケーションを図る際に必要な手段（通訳を介するものを含む）により伝えられることになるとしつつも，障害者からの意思表明のみでなく，知的障害や精神障害（発達障害を含む）等により本人の意思表明が困難な場合には，障害者の家族，介助者等，コミュニケー

ションを支援する者が本人を補佐して行う意思の表明も含まれるとされている。さらに意思の表明が困難な障害者が，家族，介助者等を伴っていない場合など，意思の表明がない場合であっても，当該障害者が社会的障壁の除去を必要としていることが明白である場合には，法の趣旨に鑑みれば，当該障害者に対して適切と思われる配慮を提案するために建設的対話を働きかけるなど，自主的な取組に努めることが望ましいとされており，かなり広く捉えられている。もっとも，障害者権利条約でも，障害者基本法でも，障害者による意思表明は規定されておらず，また，障害者が意思表明しなければ日常生活や社会生活に制限を受けている状態が放置されてしまうことになることを考えると，かかる意思表明規定は，むしろ行政機関等や事業者が，障害者にとって何が社会的障壁になっているのかわからない場合があるため，障害者から意思表明をしてもらうことによって，対応策を早く把握するための規定と考えるべきである。行政機関等や事業者は，障害者にとって何が社会的障壁かを知りうる場合には，障害者からの意思表明がなくても，合理的配慮を提案するなどの対応を取ることが必要である。

　また，合理的配慮の提供が求められるのは，その実施に伴う負担が過重でない場合であるが，過重な負担とは，上記基本方針によれば，行政機関等および事業者において，個別の事案ごとに，①事務・事業への影響の程度（事務・事業の目的・内容・機能を損なうか否か），②実現可能性の程度（物理的・技術的制約，人的・体制上の制約），③費用・負担の程度，④事務・事業規模，④財政・財務状況等を考慮し，具体的場面や状況に応じて総合的・客観的に判断することが必要であるとされている。過重な負担となれば，合理的配慮を提供しなくても許されるということを意味するため，上記各要件は厳格に判断しなければならない。例えば，事務・事業への影響度においても，合理的配慮を提供していたのでは，事務や事業が廃業に追い込まれるほどの重大な影響を与えるような場合に限定されるだろうし，費用・負担程度においても，他の一般管理費との対比においてかなりの部分を占めるような多額な場合に限定して考えるべきである。そして，合理的配慮は，障害特性が個々人により異なることからすれば，個々の障害者の性別，年齢および障害の状態に応じて考えることが重要である（7条2項・8条2項）。

　公認心理師としては，上記基本方針を熟読し，例えば，相談者が障害者の場合には時間をかけてゆっくり話を聞くなどの合理的配慮が必要である。また，例えば聴覚障害者からある講演を聞きに行きたいが，字幕スーパーも手話もないことからどうしたらよいかと相談されたときには，字幕スーパーも手話もないことは，合理的配慮の不提供にあたる可能性が高いことから，まずは主催者に字幕スーパーか手話を入れてくれるよう意思表明をすることが必要との回答ができるよう合理的配慮の提供に関する理解が必要である。

（ウ）　不当な差別的取扱の禁止と合理的配慮の提供の具体例　　例えば，聴覚障害者が出張に行き，ホテルに宿泊を申し込んだところ，聴覚障害者は緊急の連絡に対応ができず，室内電話にも出ることができないことから，職員が部屋にまで連絡に行くなどの負担がかかることを理由に宿泊を拒否された。この場合どのように判断すべきか。何らかの事態が発生した場合，職員が当該聴覚障害者の部屋に連絡に行くことが過重な負担か否かなどの議論を始めると，これは合理的配慮の提供の問題となってしまう。しかし，そうではなく，このホテルは障害を理由に宿泊を拒否している以上，単に不当な差別的取扱いの禁止の問題であることに注意が必要である。したがって，上記ホテルは，この程度では正当な理由とは判断されない可能性が高いことから，不当な差別的取扱いの禁止に該当し，障害者差別解消法違反として損害賠償支払義務が認められる可能性がある。他方，上記ホテルが聴覚障害者の宿泊を拒否しないが，聴覚障害者への連絡が不十分な場合には合理的配慮の提供の問題となる。このように一見すると合理的配慮の提供の問題のように見えても，実質は不当な差別的取扱いの禁止の問題であることが多いので，その区別が重要である。

#### ▶▶5__障害者雇用促進法

【1】　障害者雇用促進法は，雇用義務制度（法定雇用率と納付金制度）を中心に障害者の雇用促進を図るため，1960年に成立した身体障害者雇用促進法が改正を重ねながら，1987年には，対象者を身体障害者から知的障害者および精神障害者を含むすべての障害者に拡大し，法律名も，身体障害者雇用促進法から障害者雇用促進法に改められた。その後，1987年改正では，知的障害者の雇用義務化が実現し，2013年改正では，精神障害者の雇用義務が実現した（施行は2018年4月1日）。このように障害者雇用促進法は，改正を重ね，2013年6月19日の改正において，①障害者の範囲に発達障害が含まれることを明確化し，「その他の心身の機能の障害」を追加し（2013年6月19日施行），②雇用義務の対象を精神障害者（精神障害者保健福祉手帳所持者）にも広げ，法定雇用率の算定基礎に精神障害者を加え（2018年4月1日施行），③雇用分野における障害者に対する障害を理由とする差別の禁止および合理的な配慮の提供を義務化（2016年4月1日施行）する改正が行われた（障害者差別解消法13条は，行政機関および事業者が事業主としての立場で労働者に対して行う障害を理由とする差別を解消するための措置については，障害者雇用促進法によるものと規定している）。そして2019年6月7日の改正において，障害者の活躍の場の拡大に関する措置や国および地方公共団体における障害者の雇用状況についての的確な把握等に関する措置が導入された（2020年4月1日施行）。

【2】　障害者雇用施策は，一般就労が困難な障害者に対する施策（福祉的就労）と一

般就労が可能な障害者に対する施策（一般的就労）がある。前者に関しては障害者総合支援法が適用され，中心的施策としては，障害者就労移行支援事業，障害者就労継続支援事業A型（雇用型）・B型（非雇用型）がある。他方，後者に関しては障害者雇用促進法が適用される。

【3】　障害者雇用促進法は，障害者の定義として，障害者権利条約，障害者基本法，障害者差別解消法と異なり，「身体障害，知的障害，精神障害（発達障害を含む）その他の心身の機能の障害があるため，長期にわたり，職業生活に相当の制限を受け，または職業生活を営むことが著しく困難である者という。」と医学モデルで規定され（2条1号），個別的に，身体障害者（2条2号），重度身体障害者（2条3号），知的障害者（2条4号），重度知的障害者（2条5号），精神障害者（発達障害を含む。2条6号）を定義付けているが，どの障害者もほぼ各種手帳等の有無により判断する枠組みとなっている。

【4】　障害者雇用促進法においては，①障害者の雇用を事業主に義務づける雇用義務制度，②職業指導，職業訓練，職業紹介などを通じて，障害者の職業生活における自立を図る職業リハビリテーション，③障害者に対する障害を理由とする差別の禁止および合理的配慮の提供が重要な3本柱であるので，以下，この3点に関して説明する。

　(1)　雇用義務制度

　（ア）　雇用義務制度は，①障害者がその能力に適合する職業に就くこと等を通じてその職業生活において自立することを促進するために，事業主に対し法定雇用率（障害者雇用率。以下同じ）以上の障害者を雇用することを義務付ける障害者雇用率制度と，②障害者の雇用には経済的負担を伴うことがあり，障害者を多数雇用する事業主とそうでない事業主との間に経済的不公平が生ずる恐れがあるため，雇用義務を達成できない事業主から納付金を徴収し，雇用義務を超えて多くの障害者を雇用する事業者に対し調整金等を支払う障害者雇用納付金制度の2本立てになっている。

　すべて事業主は，対象障害者の雇用に関し，社会連帯の理念に基づき，適当な雇用の場を与える共同の責務を有するものであって，進んで対象障害者の雇入れに努めなければならない（37条1項）。そして，常時雇用する労働者を1人以上雇用する事業主（営利，非営利を問わない）は，その雇用する対象障害者である労働者の数が，その雇用する労働者の数に法定雇用率を乗じて得た数以上であるようにしなければならず（38条1項・43条1項），雇用する労働者の数が43.5人以上である事業主は，毎年1回，厚生労働省令で定めるところにより，対象障害者である労働者の雇用に関する状況を厚生労働大臣に報告しなければならないとされている（43条7項）。

　法定雇用率は，労働者（失業者も含む）の総数に対する対象障害者である労働者（失

業者も含む）の総数の割合を基準として設定するものとし，少なくとも5年ごとに，当該割合の推移を勘案して政令で定めることとしている（43条2項）。法定雇用率は，納付金制度が施行された1977年には1.5％であったが，その後，徐々に引き上げられ，2021年3月1日から，民間事業主は2.3％，国・地方公共団体および特殊法人は2.6％，都道府県等の教育委員会は2.5％とされている。

　（イ）　このように事業主には障害者を雇い入れる責務があるが，障害者の雇用には，作業施設や設備の改善，職場環境の整備，特別の雇用管理等が必要となるなど障害者でない者の雇用に比べて，相応の経済的負担が必要となる場合が想定される。そのような状況下において，雇用義務を履行している事業主とそうでない事業主とで，経済的負担に差が生ずることは妥当ではない。そこで，このような点を考慮し，障害者雇用促進法は，障害者の雇用に伴う経済的負担を事業主間で調整するとともに，障害者の雇用の促進および継続を図り，雇用水準を全体として引き上げるための助成・援助を行うために，障害者雇用納付金制度を規定した（49条・53条）。かかる納付金制度は，①法定雇用率を達成できない事業主（常時雇用している労働者が100人を超える事業主）から納付金を徴収し（納付金の額＝（法定雇用障害者数－雇用障害者数）の各月の合計数×1人当たり5万円。ただし，新規適用事業者については減額特例がある），法定雇用率を超えて障害者を雇用する事業主に対して障害者雇用調整金等を支給すること（法定雇用率を超えて雇用している障害者数に応じて1人につき月額2万7000円など），②障害者を労働者として新規雇入れまたは障害者である労働者を雇用継続する事業主等に対して一時的に多額の費用負担を余儀なくされる場合にその費用について助成金を支給すること等，を内容とする。かかる業務は，独立行政法人高齢・障害・求職者雇用支援機構が行っている。また，障害者雇用納付金は，事業主が当該年度に赤字決算であっても免除されることはなく，他方，所得税法上は必要経費に算入され，法人税法上は損金の額に算入されることになる。また，納付期限を過ぎても障害者雇用納付金を完納しない事業主に対しては，督促状を発出し，その指定の期限までに完納されないときは，厚生労働大臣の認可を受けて，国税滞納処分の例により滞納処分を受けることになる。なお，障害者雇用納付金制度は，障害者の雇用に伴う経済的負担の調整を図ることが目的であるから，国，地方公共団体，教育委員会等は障害者雇用納付金の徴収対象とされない。

　(2)　職業リハビリテーションの推進　　障害者雇用促進法は，障害者の職業の安定を図ることを目的としているが（1条），この目的を達成するため，第2章において，職業リハビリテーションの推進を規定している。職業リハビリテーションとは，障害者に対して職業指導，職業訓練，職業紹介その他の措置を講じ，その職業生活における自立を図ることをいう（2条7号）。そして，かかる措置は，障害者各人の障害の種類および程度ならびに希望，適性，職業経験等の条件に応じ，総合的かつ効

果的に実施されなければならず，また，必要に応じて，医学的リハビリテーション
および社会的リハビリテーションの措置との適切な連携の下に実施される（8条）。

　職業リハビリテーションの推進としては，公共職業安定所と都道府県の役割が大
きい。障害者雇用促進法は，職業リハビリテーションの推進として，公共職業安定
所に対し，障害者の求職に関する情報を収集し，事業主に対して当該情報や障害者
の職業能力に関する資料を提供し，障害者の雇入れの勧奨等を行うとともに，障害
者の能力に適合する求人の開拓に努める義務を課している（9条）。そして，公共職
業安定所は，障害者がその能力に適合する職業に就くことができるようにするため，
適性検査を実施し，雇用情報を提供し，障害者に適応した職業指導を行う等必要な
措置を講じ（11条），加えて，専門的な知識および技術に基づいて適正検査や職業指
導等を行う必要があると認める障害者については，厚生労働大臣が設置および運営
する障害者職業センターとの密接な連携の下で行い，または当該センターにあっせ
んを行うものとされている（12条・19条）。障害者職業センターは，障害者の職業生
活における自立を促進する職業リハビリテーションの中核機関であり，障害者職業
総合センター，広域障害者職業センター，地域障害者職業センターに分かれるが，
かかるセンターの役割も大きい。

　また，都道府県は，必要があると認めるときは，求職者である障害者について，
その能力に適合する作業の環境に適応することを容易にすることを目的として適応
訓練（無料かつ当該障害者に対して手当を支給することができる）を行うものとされている（13
条）。

　そして，障害者が就職した後には，公共職業安定所は，障害者の職業の安定を図
るために必要があると認めるときは，その紹介により就職した障害者その他事業主
に雇用されている障害者に対して，その作業の環境に適応させるために必要な助言
または指導を行うことができ（17条），さらに障害者の雇用の促進およびその職業の
安定を図るために必要があると認めるときは，障害者を雇用し，または雇用しよう
とする者に対して，雇入れ，配置，作業補助具，作業の設備または環境その他障害
者の雇用に関する技術的事項についての助言または指導を行うことができるとされ
ている（18条）。このように公共職業安定所では，一般の求職者に対するサービス提
供だけに止まらず，障害者に対する就労支援も実施されている。

　(3)　障害者に対する差別の禁止と合理的配慮の提供　　上記のとおり，2013年
の改正により，事業者に対して，障害者に対する差別の禁止と合理的配慮提供義務
が明文化された。障害者差別解消法の雇用分野における特則である。かかる規定が
明文化したことにより，行政指導を行うときの法的根拠になり，違反事実があれば
民事上，損害賠償責任等が発生することになる。

　(ア)　障害者に対する差別の禁止　　事業主は，労働者の募集と採用について，

障害者に対して，障害者でない者と均等な機会を与えなければならず（34条），賃金の決定，教育訓練の実施，福利厚生施設の利用その他の待遇について，労働者が障害者であることを理由として，障害者でない者と不当な差別的取扱いをしてはならない（35条）。

　ここで禁止される差別は，障害者であることを理由とする差別（直接差別をいい，車椅子，補助犬その他の支援器具等の利用，介助者の付き添い等の社会的不利を補う手段の利用等を理由とする不当な不利益扱いを含む）である。募集または採用に関して，障害者であることを理由として，その対象から障害者を排除することや，その条件を障害者に対してのみ不利なものとすることは障害者であることを理由とする差別に該当する。もっとも，募集に際して一定の能力を有することを条件とすることについては，当該条件が当該企業において業務遂行上特に必要なものと認められる場合には障害者であることを理由とする差別に該当しない。他方，募集に当たって，業務遂行上特に必要でないにもかかわらず，障害者を排除するために条件を付することは，障害者であることを理由とする差別に該当する。また，賃金の支払いに関して，障害者であることを理由として，その対象から障害者を排除することや，その条件を障害者に対してのみ不利なものとすることは，障害者であることを理由とする差別に該当する。差別に該当しない例としては，①積極的差別是正措置として，障害者でない者と比較して障害者を有利に取り扱うこと，②合理的配慮を提供し，労働能力等を適性に評価した結果として障害者でない者と異なる取扱いをすること，③合理的配慮に係る措置を講ずること（その結果として，障害者でない者と異なる取扱いとなること），④障害者専用の求人の採用選考または採用後において，仕事をする上での能力および適性の判断，合理的配慮の提供のためなど，雇用管理上必要な範囲で，プライバシーに配慮しつつ，障害者に障害の状況等を確認すること，などが指摘されている。かかる障害者に対する差別の禁止は法的義務であり，事業者がこれに違反すると違法となり，損害賠償義務が発生する。また，厚生労働大臣は，事業主が適切に対処するために必要な指針を定めるものとされている（36条）。これを受けて，「障害者に対する差別の禁止に関する規定に定める事項に関し，事業主が適切に対処するための指針」（差別禁止指針）が定められている。かかる差別禁止指針は法的拘束力を持たないが，法令を解釈するための基準となるので，重要である。

　（イ）合理的配慮提供義務　　障害者雇用促進法は，募集および採用時において，「事業主は，労働者の募集および採用について，障害者と障害者でない者との均等な機会の確保の支障となっている事情を改善するため，労働者の募集および採用に当たり障害者からの申出により当該障害者の障害の特性に配慮した必要な措置を講じなければならない。ただし，事業主に対して過重な負担を及ぼすこととなるときは，この限りではない。」と規定し（36条の2），さらに，採用後において，「事業主は，

障害者である労働者について，障害者でない労働者との均等な待遇の確保または障害者である労働者の有する能力の有効な発揮の支障となっている事情を改善するため，その雇用する障害者である労働者の障害の特性に配慮した職務の円滑な遂行に必要な施設の整備，援助を行う者の配置その他の必要な措置を講じなければならない。ただし，事業主に対して過重な負担を及ぼすこととなるときは，この限りではない。」と規定し（36条の3），合理的配慮提供義務を定めている。そして，事業者は，かかる措置を講ずるに当たっては，障害者の意向を十分に尊重しなければならず，その雇用する障害者である労働者からの相談に応じ，適切に対応するために必要な体制の整備その他の雇用管理上必要な措置を講じなければならない（36条の4）。また，厚生労働大臣は，事業者が講ずべき措置に関して，その適切かつ有効な実施を図るために必要な指針を定めるものとされている（36条の5）。これを受けて，「雇用の分野における障害者と障害者でない者との均等な機会若しくは待遇の確保または障害者である労働者の有する能力の有効な発揮の支障となっている事情を改善するために事業主が講ずべき措置に関する指針」（合理的配慮指針）が定められている。かかる指針も，差別禁止指針と同様，法的拘束力を持たないが，法令の解釈基準となるため重要である。

この合理的配慮提供義務は，令和3年5月改正の障害者差別解消法と同様，行政機関等も民間事業者も，ともに法的義務とされている。また，事業主に過重な負担を及ぼすこととなるときは合理的配慮提供義務が除外されるが，障害者の利益から厳格に解すべきである。また，募集および採用の際にのみ，合理的配慮につき障害者からの申出が要求されているが，これは募集および採用段階では，障害者の障害特性や状況がわからないことが多いことから規定されたものである。

（ウ）　具体例　　公認心理師が，障害者雇用促進法上の雇用義務，職業リハビリテーションに関わる事項に遭遇することはまれであるが，障害者差別解消法と同様，雇用分野における事業主による障害者に対する差別事案や合理的配慮義務不提供事案に遭遇したり，相談を受ける機会は多いのではないかと推測される。そこで，ここでは差別事案等に関して，若干検討する。

例えば，某民間会社の募集要項に採用条件として運転免許証所持が要求されている場合，運転免許証を取得できない全盲の視覚障害者に対して差別となるか。これに関しては，上記差別禁止指針によれば，某民間会社が運送会社でドライバーの補充を目的としているような，当該条件が当該企業において業務遂行上特に必要なものと認められる場合には，障害者であることを理由とする差別に該当しない。しかし，某民間会社が事務員を雇用する目的に過ぎない場合には，必ずしも運転免許証の所持が必須とは言えないため，障害であることを理由とする差別に該当するものと言える。もっとも，某民間会社が小規模会社であり，事務員兼出先廻り要員を兼

ねるような場合には，某民間会社の業務内容を精査して，差別に該当するか否かが判断されることになる。

　また，例えば，発達障害者が某民間会社の採用面接に当たり，自分の病気のことや性格等をどのように採用者に伝えたら良いか分からないため，日頃から支援を受けているソーシャルワーカーに同席してもらいたいと思っている場合，それは許されるか。これに関しては，上記合理的配慮指針の別表によれば，精神障害者の募集および採用時において，「面接時に就労支援機関の職員等の同席を認めること」が例として記載されているので事業主の合理的配慮提供義務に含まれている。具体的には，当該障害者は事業主に対し，募集および採用に当たって支障となっている事情として，自分の意思をうまく伝えられないことがあることを申し出て，その改善のために希望する措置として，ソーシャルワーカー等の同席を申し出ることが必要であり，かかる申出があった場合には，事業者において拒否することは違法となる。

　また，例えば，某民間会社に勤務している従業員が交通事故に遭い，身体障害者となったが，会社の入口が階段で入れず，スロープを設置してもらいたいと思っているが，会社はかかる措置に難色を示している。どうしたらよいか。これに関しては，問題となるのは，某民間会社のスロープの設置が合理的配慮の提供に当たって過剰な負担となるか否かである。過剰な負担となれば某民間会社としては合理的配慮を提供しなくても違法にはならない。この点，上記合理的配慮指針によると，「事業主は合理的配慮に係る措置が過重な負担に当たるか否かについて，次ぎに掲げる要素を総合的に勘案しながら個別に判断すること。①事業活動への影響の程度（当該措置を講ずることによる事業所における生産活動やサービス提供への影響その他の事業活動への影響の程度をいう），②実現困難度（事業所の立地状況や施設の所有形態等による当該措置を講ずるための機器や人材の確保，設備の整備等の困難度をいう），③費用・負担の程度（当該措置を講ずることによる費用・負担の程度をいう。ただし，複数の障害者から合理的配慮に関する要望があった場合，それらの複数の障害者に係る措置に要する費用・負担も勘案して判断することとなること），④企業の規模（当該企業の規模に応じた負担の程度をいう），⑤企業の財務状況（当該企業の財務状況に応じた負担の程度をいう），⑥公的支援の有無（当該措置に係る公的支援を利用できる場合は，その利用を前提とした上で判断することになること）と規定されており，「事業主は，障害者から申出があった具体的な措置が過重な負担に当たると判断した場合には，当該措置を実施できないことを当該障害者に伝えるとともに，当該障害者からの求めに応じて，当該措置が過重な負担に当たると判断した理由を説明すること。また，事業主は，障害者との話し合いの下，その意向を十分に尊重した上で，過重な負担にならない範囲で合理的配慮に係る措置を講ずること。」と規定されている。本事例における某民間会社が小規模会社で，その財務状況からしてスロープ設置工事に莫大な費用がかかるような場合には，障害者雇用納付金制度における障害者作業施

設置等の助成金を利用できるか否かを検討し，それでも難しいようであれば，工事に莫大な費用がかからない簡易なスロープを設置するような工事に変えるなどの配慮が必要であるように思われる。

(4) 紛争の解決　事業主は，障害者である労働者から，障害者に対する労働条件に関する差別禁止と均等な待遇の確保，能力の有効な発揮に関する合理的配慮提供義務に関する苦情の申出を受けた時は，苦情処理機関に処理を委ねる等により，自主的解決をはかる努力義務を負う（74条の4）。かかる苦情処理機関は，事業主を代表する者および当該事業所の労働者を代表する者を構成員とする当該事業所の労働者の苦情を処理するための自主的機関を指している。そして，かかる自主的解決ができない場合には，都道府県労働局長は，募集・採用を含めた差別禁止および合理的配慮提供義務に関する紛争について，当該紛争の当事者の双方または一方からその解決につき援助を求められた場合には，当該紛争の当事者に対し，必要な助言，指導または勧告をすることができ，事業主は障害者である労働者がかかる援助を求めたことを理由として，当該労働者に対して解雇その他不利益な取扱いをしてはならないと規定されている（74条の6）。また，都道府県労働局長は，募集・採用についての紛争を除く，差別禁止および合理的配慮の提供義務に関する紛争について，当該紛争の当事者の双方または一方から調停の申請があった場合において当該紛争の解決のために必要があると認めるときは，紛争調整委員会に調停を行わせるものとされている（74条の7）。以上は行政による解決であるが，その他，民事訴訟，労働審判，民事調停など司法的解決も可能である。

## ▶▶6＿障害者総合支援法
### 【1】　障害者総合支援法による障害福祉サービス

(1) 本法による障害者とは，①身体障害者福祉法第4条（同法別表に掲げる身体上の障害がある18歳以上の者であって，都道府県知事から身体障害者手帳の交付を受けたもの）に規定する身体障害者，②知的障害者福祉法にいう知的障害者のうち18歳以上である者，③精神保健福祉法5条（統合失調症，精神作用物質による急性中毒またはその依存症，知的障害，精神病質その他の精神疾患を有する者をいう）に規定する精神障害者（発達障害者を含み，知的障害者を除く）のうち18歳以上である者，④治療方法が確立していない疾病その他の特殊の疾病であって政令で定めるものによる障害の程度が厚生労働大臣が定める程度である者（筋ジストロフィー，クローン病など）であって18歳以上である者をいう（4条1項）。また，本法による障害児とは，児童福祉法4条2項に規定する障害児をいう（4条2項）。児童福祉法4条2項は，「障害児とは，身体に障害のある児童，知的障害のある児童，精神に障害のある児童（発達障害児も含む）または治療方法が確立していない疾病その他の特殊の疾病であって障害者総合支援法4条1項の政令で定

めるものによる障害の程度が同行の厚生労働大臣が定める程度である児童をいう。」
と規定している。また，障害者が65歳以上の場合，障害福祉サービスと介護保険
サービスのどちらを利用するのかについては，原則として介護保険によるサービス
利用が優先される。しかし，介護保険サービスにおいて障害福祉サービスと同じよ
うなサービスがない場合，例えば，①同行援護，②行動援護，③自律訓練（生活訓
練），④就労移行支援，⑤就労継続支援などは障害福祉サービスが受給できる。そ
れに関連して，2018年4月に施行された改正障害者総合支援法において，65歳に
至るまで長期間にわたり障害福祉サービスを利用してきた低所得の高齢障害者（低
所得ゆえに利用者負担なし）が引き続き障害福祉サービスに相当する介護保険サービス
を利用する場合（利用者負担は1割），障害者の所得状況や障害の程度等の事情を勘案
し，介護保険サービスの利用者負担を障害福祉制度により軽減できる仕組みが作ら
れた（障害者が65歳になるとこれまでの障害福祉サービスから介護保険サービスとなり，自己負担
額が増加するなどの65歳問題があった）。

(2) 障害者総合支援法による障害福祉サービスを利用するためには，まず，障害
者，その保護者，代理人等が，障害者の居住する市町村の窓口に申請し，サービス
受給（介護給付の一部）において障害支援区分の認定が必要であれば障害支援区分の
認定を受けることになる（施設に入所している障害者の場合には，その入所前の居住地の市町
村が申請窓口である）。かかる申請の際に指定特定相談支援事業者の相談支援専門員（介
護保険でいうケアマネージャー）が作成するサービス等利用計画案を提出し，市町村に
よる支給決定を受けることになる。支給決定後，指定特定相談支援事業者は，サー
ビス会議を開催し，具体的にサービスを提供する指定障害福祉サービス事業者と連
絡調整を行いながら，指定障害福祉サービス事業者がサービスを提供していくこと
になる。障害福祉サービスは，障害支援区分によって利用できるサービスが定めら
れている。介護給付は非該当では利用できず，仮に該当しても一定の障害支援区分
以上でなければ利用できないサービスがあるが，訓練等給付は非該当でも利用でき
る。障害支援区分とは，障害の多様な特性その他の心身の状態に応じて必要とされ
る標準的な支援の度合いを示したものであり，移動や動作等に関する項目，意思疎
通等に関する項目，行動障害に関する項目，特別な医療に関する項目など合計80
項目に関して調査が行われる。支援区分は1から6までで，6になるに従い要保護
性が高くなる。

(3) 障害者総合支援法によるサービスは，大別すると2つある。1つは，自立支
援給付であり，利用者である障害者に個別に提供されるサービスである。国が一律
に給付内容を定めているもので，①介護給付，②訓練等給付，③自立支援医療，④
補装具費などがある。もう一つは，地域生活支援事業であり，この中には，市町村
が行うものと，都道府県が行うものの2つがある。

（ア）　介護給付　　介護給付は，在宅はもとより，通所，入所施設を利用する際に，日常生活に必要な介護サービスを受けるものであり，居宅介護（支援区分1以上），同行援護（非該当でも利用可能），行動援護（支援区分3以上），重度訪問介護（支援区分4以上），重度障害者等包括支援（支援区分6），生活介護（支援区分3以上。但し，50歳以上は支援区分2から利用可能），療養介護（支援区分6。但し，筋ジストロフィー患者，重症心身障害者は支援区分5から利用可能），施設入所支援（支援区分4以上。但し，50歳以上は支援区分3から利用可能），短期入所（支援区分1以上）など9つのサービスがある。このように精神障害者が地域で生活するに際し，施設入所支援が必要な場合には，50歳以上の場合には支援区分3以上が必要であり，50歳未満の場合には支援区分4以上が必要になってくることから退院を促進できないなど退院に影響を及ぼすことがある。

　（イ）　訓練等給付　　訓練等給付は，自分の住み慣れた地域で暮らし続けるために必要な身体の機能や生活能力等の維持・向上を目指す訓練などのサービスを受けるものであり，自立訓練（機能訓練，生活訓練），就労移行支援，就労継続支援，共同生活援助の4つのサービスがある。このサービスの受給には，障害支援区分の認定は不要であり，非該当でもサービスが利用できる。機能訓練は，居宅や施設においてリハビリテーションや歩行訓練，家事の練習などや生活に関する相談などの支援を行い，標準期間は18か月であり，生活訓練は，居宅や施設において食事，入浴，排泄など自立した生活のために必要なことを身につける訓練や生活に関する相談などの支援を行い，標準期間は24か月となっている。ともに精神障害者が精神科病院から退院した後の自立した生活のために必要なサービスである。また，精神障害者が住み慣れた地域で生活するためには仕事をすることも重要である。そのために，就労移行支援がある。これは一般企業等に就労を希望する障害者に対して，職場体験，その他の活動の機会の提供，その他の就労に必要な知識および能力の向上のために必要な訓練等，就職活動のサポート，就職後6か月の職場定着支援等を提供するものである。その後は，2018年4月に施行された改正障害者総合支援法において新たに設けられた就労定着支援として最大36か月間サービスを受給できる。他方，障害者の中には，一般企業で仕事をすることを望んでも，それが難しい場合があるが，そのために，障害者と事業者との間で雇用契約を結び，原則として労働基準法や最低賃金法の適用を受ける形で支援する就労継続支援A型（雇用型）や，障害者と事業者との間で雇用契約を結ばず，施設に通いながら就労や生産活動等を行う就労継続支援B型（非雇用型）のサービスがある。利用者は実際の作業等を通じて技術を身につけたり，他者とのコミュニケーション能力などを身につけ，最終的に一般就労を目指すことになる。また，共同生活援助は，施設ではなく，グループホームを住まいとする障害者の生活を支えるサービスである。なお，グループホームとは，障害者が世話人（管理人のような人）の支援を受けながら，地域のアパートや一

戸建てなどで生活する住居をいう。これも精神障害者の退院支援においては必要なサービスである。

（ウ）**自立支援医療**　自立支援医療制度は，心身の障害を除去・軽減するための医療について，医療費の自己負担額を軽減する公費負担医療制度である。この制度は，①身体障害者に対する更生医療（身体障害者福祉法に基づき身体障害者手帳の交付を受けた者で，その障害を除去・軽減する手術等の治療により確実に効果が期待できる18歳以上の者），②障害児に対する育成医療（身体に障害を有する児童で，その障害を除去・軽減する手術等の治療により確実に効果が期待できる18歳未満の者），③精神障害者に対する精神通院医療（精神保健福祉法第5条に規定する統合失調症などの精神疾患を有する者で，通院による精神医療を継続的に要する者）の3つに分かれている。いずれも各医療の受給申請は必要であるが，障害支援区分の認定は不要である。上記①と②の実施主体は市町村であり，③は都道府県（窓口は市町村）である。医療費の自己負担額はいずれも原則1割負担で，所得等によって負担額の上限も定められている。例えば，市町村民税非課税世帯で本人の収入が80万円以下の場合には，精神通院医療の医療費は2500円が上限などである。なお，軽減された自己負担額も継続しなければならない場合には高額になるため，さらなる減免措置として，都道府県ごとに重度心身障害者助成制度の減免措置がある。

（エ）**補装具費支給制度**　補装具とは，身体障害者が装着することにより，失われた身体の一部や機能を補完するものであり，サービスの対象となるものは，厚生労働大臣により定められている（義手，義足，下肢装具，座位保持装置，電動車椅子，補聴器など）。補装具の購入や修理を希望する者は支給制度の実施主体である市町村に費用支給の申請を行う。対象となるのは補装具を必要とする障害者，障害児，難病患者など（難病患者などについては政令で定める疾病に限られる）と定められており，受給申請は必要であるが，障害者支援区分の認定は不要である。この支給制度を利用すると，補装具の購入や修理に関する利用者の自己負担は原則1割となり，所得に応じて負担の上限額も定められている。

（オ）**地域生活支援事業**　地域生活支援事業は，障害者が住み慣れた地域において個人の尊厳をもって日常生活または社会生活を営むことができるよう，最も身近な市町村を中心に様々な生活支援等を行う事業である。地域の特性や利用者の状況に応じ，柔軟な形態により事業を効果的・効率的に実施するため，かかる事業の内容は，それぞれの都道府県や市町村に委ねられている。このように地域生活支援事業は，地域で暮らす障害者の生活に直接結び付く支援として市町村が行う市町村地域生活支援事業（任意事業と必須事業がある）と，専門性が高い相談支援事業，専門性の高い意思疎通支援を行う人の養成研修事業など都道府県が行うことが必要な都道府県地域支援事業の2つがある。市町村地域生活支援事業のうち，全国どの市町

村でも必ず実施しなければならない必須事業としては，①理解促進，啓発事業，②自発的活動支援事業，③相談支援事業（障害者相談支援事業，基幹相談支援センター等機能強化事業，住宅入居等支援事業），④成年後見制度利用支援事業，⑤成年後見制度法人後見支援事業，⑥移動支援事業などがある。また，都道府県地域生活支援事業の必須事業としては，①専門性の高い相談支援事業（発達障害者支援センター等運営事業，障害者就業・生活支援センター事業など），②専門性の高い意思疎通支援を行う人の要請研修事業（手話通訳者・要約筆記者養成研修事業，盲ろう者向け通訳・介助員養成研修事業など）などがある。このうち，成年後見人等の選任の申立費用や報酬等を助成する成年後見制度利用支援事業が近年制定された成年後見制度利用促進法の観点からも重要であり，精神障害者の権利擁護の観点からも必要である。また，移動支援も，屋外での移動が困難な障害者に対して外出のための支援を行うものであり，地域における自立生活および社会参加を促す点で重要な意義のあるサービスである。なお，かかる地域生活支援事業の補助率に関しては，国が予算の範囲内において市町村および都道府県が支出する地域生活支援事業の費用の100分の50以内を補助することができることとされており，都道府県も予算の範囲内において市町村が支出する地域生活支援事業の費用の100分の25以内を補助することができることとされている。

## 【2】 利用者負担額

（1）2006年（平成18年）に施行された障害者自立支援法では，障害福祉サービスを利用した場合，利用料の1割を利用者が負担する応益負担（定率負担）であったが，かかる制度は障害が重ければ重いほど利用量が多くなり，それにしたがって，利用料も高額化することからサービスを控えるなどの障害者の自立を阻害する制度となっており，各地で違憲訴訟が提起された。このため，2010年からは，サービスの利用量に関わりなく，利用者の所得に応じて利用料が決まる応能負担が導入され，それが障害者総合支援法に引き継がれている。

（2）障害福祉サービスの利用料の自己負担額は1割とされているが，世帯の家計によって自己負担額の上限が定められ，その上限額は，①生活保護世帯は0円，②低所得（市町村民税非課税世帯・3人世帯で障害基礎年金1級受給の場合，収入が概ね300万円以下の世帯が対象）は0円，③一般1（市町村民税課税世帯・収入が概ね600万円以下の世帯が対象・20歳以上の入所施設利用者やグループホーム利用者は除く）は9300円，④上記以外は3万7200円となっているから，かかる上限額の範囲内で，1割の自己負担額を支払えば足りるものとされた。このように生活保護と低所得の区分に該当する場合は上限額は0円であり，サービス利用料の自己負担額はないことになる。

（3）その他，①世帯での合計額が基準額を上回る場合は，高額障害福祉サービス等給付費が支給される。また，②療養介護を利用する場合，医療費と食事の減免がある。また，③グループホーム利用者には家賃の負担を減免するため，利用者1人

当たり月額1万円を上限とする補足給付などがある。

## 【3】 具体的事例

　公認心理師として，障害者総合支援法の知識が必要になる場合としては，精神障害者に対する退院支援の場合や就労支援の場合などである。精神障害者がグループホームに入るにしろ，アパートに居住するにしろ，その身近な地域において必要な日常生活または社会生活が営むことができるように適切な支援が必要である。そのためには市町村などの行政による支援が必須である。例えば，精神障害者が退院してグループホームに入るなどの場合には，障害福祉サービスの訓練等給付のうち，共同生活援助（グループホーム）を利用し，夜間や休日，共同生活を行う住居において，相談，入浴，排泄，食事の介護その他の日常生活上の援助を受けることが必要である。また，利用者当たり月額1万円を上限とする家賃の補足給付も利用したいところである。そのためにも当該精神障害者が居住する市町村に福祉サービスの利用申請等を行う必要がある。なお，共同生活援助のみを利用する場合には，訓練等給付の1つであるから，障害支援区分が非該当でも利用できる。また，障害福祉サービスを利用してもいわゆるホテルコストはかかるから，市町村に利用できる制度がないかを確認することも必要であり，最終的には障害年金や生活保護の受給等も考えるべきところである。また，既に退院をしている精神障害者の場合には，日中の活動のためにも，どこかで就労訓練をするなどが必要であり（デイケアでは不十分な場合），就労移行支援を利用したいところである。このためにも障害福祉サービスの利用の申請が必要である。

　このように精神障害者の場合には，精神科病院に入院している場合は特に問題とならないが，退院する際には地域の福祉サービスを利用しないと困難な場合が多いので，精神科病院のPSWと協力して，障害福祉サービスの利用につなげることが重要である。

　また，障害者総合支援法ではなく，精神保健福祉法45条に根拠を有するが，精神障害者保健福祉手帳を取得していない場合には，かかる手帳を取得し，福祉サービスを拡充することが必要である。かかる手帳があれば，税金の控除，生活保護の障害者加算，携帯電話料金の割引などいろいろな割引や減免が受けられる。都道府県や市町村が独自で行っているサービスもあるため，各種ホームページで確認することが必要である。

【松本成輔】

## ▶§*3.1.2*__ 精神障害者 ❷ 【心理職の視点から】

### ▶▶*1*__はじめに
　私が精神科病院に入職したのは1978年であった。当時は精神保健福祉士・臨床心理士などの国家資格等もなく，とにかく目の前にいる，精神病院の中で途方に暮れている人たちに何が出来るかを必死に考え，端から出来ることをやろうとした。一般就労は難しいと考え，隣の市にある心身障害者福祉作業所という所に相談に行った。そこで知ったのは心身障害者という概念は，「心」と謳っているのに，この心には精神障害者が入らないということだった。同じ事が当時公共職業安定所でも心身障害者の相談窓口では精神障害者は対象にしないとけんもほろろであった。精神疾患を持つ人は精神病者であって，精神障害者ではない，そんな議論があるような時代だった。心身障害者対策基本法という法律の「心」は知的障害を指す言葉であった。1993年，障害者基本法の中に精神障害者が含まれることになって，私たちは小躍りしたいくらいに喜んだ。これで，医療の世界だけではなく，福祉の世界で精神障害者が市民権を得られると。しかし，その後，精神障害者の周辺では大きな変化はなく，障害者基本法とは絵に描いた餅なのかとがっかりした時代が長くある。
　実際の精神障害者の周辺でこうした法律の変化が実感として感じられるのは10年以上先のこととなる。

### ▶▶*2*__精神障害者福祉の誕生
　大きな変化が起こったのは2006年に施行された障害者自立支援法であった。それまでは精神障害者福祉についてのサービスはほぼ皆無と言っていい程で，福祉サービスでは作業所と呼ばれるものはあったがこれは補助金事業で，国の義務的事業ではなかったし，地域によっても補助金額はまちまちであった。サービスの種類も地域差がかなりあった。それが全国で一本化され，制度の詳細はほぼ障害者総合支援法と同じで（自己負担に関する点のみ異なる）精神障害者も障害福祉サービスの利用を権利として認められたのである。障害者自立支援法は賛否両論があった。福祉の制度で自己負担が1割あることで，当時すでに福祉サービスが無料で権利として認められていた身体障害者や知的障害者にはむしろ制度の後退と感じられた。しかし，私たち精神障害者周辺では権利として使える制度が皆無であったわけだから私はこの制度を支持した。
　厚生労働省の障害福祉部が一丸となってこの法律を作ろうとしていた時には精神障害者に関するさまざまの情報を提供し，現状を理解してもらえるように協力をし

た。その後，政権が自民党から民主党に移り，障害者自立支援法は廃止され，障害者総合支援法が成立した。変わったのは自己負担に関することが主である。自己負担がないことはそれはそれで嬉しいとは思ったが，1割負担を付けたのは将来的に介護保険と合体させるためであったと思っている。自己負担がなくなることでこの二つの法律の一本化への道筋が遠のいてしまった。そのことが精神障害者福祉にとってどういう影響が出てくるのか，今の段階では私には分からない。

### ▶▶3__精神障害者福祉の発展と限界

　とにかく，障害者権利条約の批准に向けた準備の中で，障害者自立支援法が障害者総合支援法と変わり，障害者雇用促進法の中では，当初は対象にされていなかった精神障害者が雇用率にカウントされるようになった。障害者雇用は今，売り手市場の世界になっている。私が最初にハローワークを尋ねたころとは全く様相を変えてきているのが障害者雇用である。企業はそれまでは身体障害者，知的障害者で雇用率を満たしていたが，雇用率が上がってきたため，充足するための障害者が足りず，最近は精神障害者の雇用もこんな時代が来るのかと思うほど夢のように就労が可能になっている。私が仕事に就いたころは精神疾患があると開示して事務職に就くことはまず不可能だった。障害者自立支援法制定の頃に雇用率について，「精神障害者を雇用率に入れることによって，企業はすでに企業内にいる精神疾患のある人に手帳を取らせて，雇用率に算定するのではないか」という疑問を問うた人がいたが当時の精神障害・福祉課の課長は即座に「その時は雇用率そのものを上げます」と答えた。十数年経って，今まさに実現していることを思うと国はやろうと思うとできないことはないのだと実感をもって感じる。

　一方で，全く変わっていないことがある。精神病院に入院している人の数である。もちろん40年前に比べると多少は減っているがこの国が世界一の精神病院大国で，先進諸国が入院治療を脱して地域医療に転換しているのに，かくも長く入院中心の医療を続けているのがわが国である。先にも述べたが国はやろうとすればできないことはない。やろうとしていないのである。この話は医療についてなので，この節の福祉とは離れるのでこれ以上ここでは述べないが，長期の不必要な入院生活を余儀なくされるということは基本的な人権侵害である。この状況がこれほど長く続くこの国が障害者権利条約を真に批准しているとは残念ながら言えない。

### ▶▶4__心理的な支援をする人に望むこと

　あえて心理師・心理職としないのはまず，まずユーザーありきであるということである。自分たちの資格へのアイデンティティなどよりも，とにかく目の前にいる人たちに何が必要なのか，そのために誰とどう組んだらいいのか，足りないものが

あればどう作って行ったらいいのか。そして，それをやり続けるということがいかに大切かということである。

　ここで伝えたいのは，法律や制度はただ遵守するものではない，作っていくものであり，変えていくものであるということある。行政の中では国は法律を作るところなので，法律を作りたいなら国に働きかけるのがいい。都道府県の役割はこの精神障害者福祉などに関しては今一つ立場が不明確だが，区市町村はまさにその地域の精神障害福祉を決定づける。障害者福祉は区市町村によってかなりの差が出るのである。4人に1人が生涯のうちに何らかの精神疾患を持つと言われている。4人家族ならひと家族に1人，そして家族も当事者と考えるならほぼ国民全員が障害当事者なのである。ユーザーのためではなく，自分たちが生きやすい地域や制度を作ることが，ひいては自分自身とその家族が安心して納得のゆく人生を歩んでいけることに繋がっていくのである。

【田尾有樹子】

## ▶§3.2.1　児童福祉　❶　【法律職の視点から】

### ▶▶1　児童福祉にかかわる法律・制度の概観

　児童福祉に関する法律として，その中核に位置するのが児童福祉法である。児童福祉法には主に行政機関が児童福祉に関してなすべきことが定められている。児童福祉法は1948年から施行されている古い法律だが，最近の児童虐待問題の深刻化に伴い，頻繁に改正が繰り返されている。児童福祉にかかわる機関，事業，要保護児童に対する措置などについて定めている。

　児童虐待に関しては，児童虐待に特化した法律として児童虐待の防止等に関する法律（児童虐待防止法）が2000年に制定，施行された。臨検捜索や面会通信制限，接近禁止命令など重要な措置について定めている。

　一方，児童福祉の背後には親子関係があるが，わが国の親子関係の基本について定めるのは民法である。民法はわが国の基本法のひとつであるが，法律上の親子とは何か，親権やその制限，扶養などについて定めている。

　虐待を受けた児童等を保護するために裁判を行う場合があるが，その手続を定めるのが家事事件手続法である。

　その他，実務においてしばしば遭遇する法律に国籍法，出入国管理及び難民認定法（外国籍の児童の在留資格など），戸籍法，刑法，刑事訴訟法（告訴告発など），行政手続法，行政不服審査法，行政事件訴訟法などがある。最近は個人情報に対する意識が高まっていることから個人情報保護法（主に民間を対象），個人情報保護条例（各地方公共団体

が制定しており，同団体およびその設置する病院等に適用がある）などもよく参照する。

公認心理師としては，法律の詳細を読み込む必要はないが，どの法律にどのような事柄が定められているかを把握するとともに，よく利用する措置等については要件・効果の概要を把握しておくとよい。

### ▶▶2__児童福祉に関係する機関

#### 【1】 児童相談所

児童相談所は都道府県（政令指定都市も設置しているほか，2016年改正により中核市および特別区も設置できるようになった）に設置される機関で，主に，

- ・児童に関する家庭その他からの相談のうち，専門的な知識および技術を必要とするものに応ずること。
- ・児童およびその家庭につき，必要な調査ならびに医学的，心理学的，教育学的，社会学的および精神保健上の判定を行い，それに応じて必要な指導を行うこと。
- ・児童の一時保護をすること。
- ・里親や養子縁組に関する業務を行うこと。
- ・児童福祉施設入所など要保護児童に対する措置
- ・非行少年への対応（家庭裁判所送致など）

などを行う。

児童相談所には児童福祉司および児童心理司のほか，児童の健康および心身の発達に関する専門的知識および技術を有する者として医師または保健師，さらに近年法的対応が重視されることから弁護士も配置すべきこととされている。

児童相談所の業務については，厚生労働省は『児童相談所運営指針』を定めている。

2020年9月現在，児童相談所は全国で220箇所設置されている。

#### 【2】 市町村

2004年の児童福祉法改正により市町村も児童相談所とともに児童家庭相談を担うこととなり，市町村が第一義的な相談機関となる一方，児童相談所が専門的な知識や技術を要するものに特化し，市町村を支援するという役割分担が導入された。

さらに，2016年の児童福祉法改正に伴って市町村における支援拠点の整備が定められた。すなわち，ポピュレーション・アプローチの担い手として子育て世代包括支援センター（母子健康包括支援センター）が位置づけられ，乳児家庭全戸訪問事業，健診などを担うこととされ，一方，要保護児童等に対する支援の拠点を整備することとされた。かかる拠点は，例えば東京都が1995年から実施している子供家庭支援センターのような機関が想定され，養育困難や児童虐待に関する相談を受けたり，通所や訪問等によるソーシャルワークやカウンセリングの提供，ショートステイな

どの育児支援などを担うものとされる。この構想によれば，子育て世代包括支援センターがポピュレーション・アプローチを担う一方，児童相談所がハイリスク・アプローチを担い，その中間に要保護児童等に対する支援拠点が整備されるということになる。

## 【3】 乳児院

乳児院は，乳児（満1歳に満たない者）および特に必要があれば幼児（就学年齢までの者）を入院させて養育する施設であり，全国に144箇所設置されている（2020年3月末現在）。

## 【4】 児童養護施設

児童養護施設は，保護者のない児童，虐待されている児童その他環境上養護を要する児童（特に必要な場合は，乳児を含む）を入所させて養育する施設であり，全国に612箇所設置されている（2020年3月末現在）。

## 【5】 児童心理治療施設

以前は情緒障害児短期治療施設という名称であったが，2016年の児童福祉法改正に伴い役割が見直され，「家庭環境，学校における交友関係その他の環境上の理由により社会生活への適応が困難となつた児童を，短期間，入所させ，または保護者の下から通わせて，社会生活に適応するために必要な心理に関する治療および生活指導を主として行い，あわせて退所した者について相談その他の援助を行うことを目的とする」ものとされ（児童福祉法43条の2），それに伴い名称も変更された。医師と常時連絡がとれる体制となっており，心理職の配置が手厚くなっている。全国に51箇所設置されている（2020年3月末日）。

## 【6】 児童自立支援施設

以前は教護院という名称であったが，1997年の児童福祉法改正により改められた。児童自立支援施設は，「不良行為をなし，またはなすおそれのある児童および家庭環境その他の環境上の理由により生活指導等を要する児童を入所させ，または保護者の下から通わせて，個々の児童の状況に応じて必要な指導を行い，その自立を支援し，あわせて退所した者について相談その他の援助を行うことを目的とする」ものである（児童福祉法44条）。夫婦小舎制など小規模な生活単位で，規則正しい枠のある生活を行うなかで，児童の育ち直しを支援する。児童相談所の措置により入所するほか，家庭裁判所の保護処分として入所することもある。全国に58箇所設置されているが（2019年10月現在），このうち国立武蔵野学院と国立きぬ川学院には児童を施錠した部屋に収容する強制的措置に対応する部屋がある（児童福祉法27条の3）。

## 【7】 母子生活支援施設

以前は母子寮という名称であったが，1997年の児童福祉法改正により改められた。母子生活支援施設は，「配偶者のない女子またはこれに準ずる事情にある女子

およびその者の監護すべき児童を入所させて，これらの者を保護するとともに，これらの者の自立の促進のためにその生活を支援し，あわせて退所した者について相談その他の援助を行うことを目的とする」ものである（児童福祉法38条）。全国に221箇所設置されている（2020年3月末日）。

【8】 自立援助ホーム

　自立援助ホームは，児童養護施設などを退所した者に住む場所を提供しつつ，生活指導や就労支援等を行う（かかる事業を児童自立生活援助という。児童福祉法6条の3第1項）。乳児院や児童養護施設は都道府県の入所措置によって入所するが（児童福祉法27条1項3号），自立援助ホームは利用者の申込みによる点に特徴がある（児童福祉法33条の6）。対象者は義務教育を終えてから満20歳未満のものであるが，2016年の児童福祉法改正により大学等に通学している者は満22歳になる年度末まで在籍可能となった。全国に193箇所設置されている（2019年10月現在）。

【9】 里親

　一般の家庭で児童を養育する者であり，原則的な形態を養育里親，被虐待児や非行児童，障害児童など養育に専門的な知識等が必要な児童を養育する専門里親，養子縁組を目的とする養子縁組里親，扶養義務のある親族が養育する親族里親がある。里親になるには都道府県において登録をされなければならない。全国で登録されている里親は1万4962世帯であり，内養育里親が1万0136世帯，専門里親が702世帯，養子縁組里親が4238世帯，親族里親が588世帯となっている。親族里親を除いて委託率は低く，全体で30％程度である（いずれも2019年3月末日現在のデータによる）。

【10】 ファミリーホーム（小規模住居型児童養育事業）

　原則として夫婦に1名以上の補助者を加えた体制で，5～6名の児童を養育するものであり，里親を拡大した里親型と，法人が設置する法人型がある。全国に372箇所設置されている（2019年3月末現在）。

【11】 児童家庭支援センター

　1997年の児童福祉法改正により導入された制度で，児童福祉施設等に設置され，児童相談所を保管する役割を果たす。児童家庭福祉にかかる相談のうち専門的な知識や技術を要するものについて応じたり，児童相談所の委託に基づき児童や保護者を指導したり，里親やファミリーホームを支援するなどしている。2019年10月現在，全国で139箇所に設置されている。


▶▶3 児童福祉の実務──児童虐待を中心にして

【1】 児童虐待の定義

　児童虐待防止法は，児童虐待の通告を呼びかけるにあたり，児童虐待の定義を設けた。児童虐待は保護者がその監護する18歳未満の児童に対して行うもので（した

§3.2.1＿児童福祉 ❶ 097

がって，学校の教員による行為は児童虐待には当たらない），次の4類型に示される行為をいう。

(a) 身体的虐待　　児童の身体に外傷が生じ，または生じるおそれのある暴行を加えること。

(b) 性的虐待　　児童にわいせつな行為をすることまたは児童をしてわいせつな行為をさせること。

(c) ネグレクト　　児童の心身の正常な発達を妨げるような著しい減食または長時間の放置，保護者以外の同居人による身体的虐待，性的虐待，心理的虐待に類する行為の放置その他の保護者としての監護を著しく怠ること。

(d) 心理的虐待　　児童に対する著しい暴言または著しく拒絶的な対応，ドメスティック・バイオレンス，その他の児童に著しい心理的外傷を与える言動を行うこと。

## 【2】　発見・通告

　学校，児童福祉施設，病院，都道府県警察，婦人相談所，教育委員会，配偶者暴力相談支援センターその他児童の福祉に業務上関係のある団体および学校の教職員，児童福祉施設の職員，医師，歯科医師，保健師，助産師，看護師，弁護士，警察官，婦人相談員その他児童の福祉に職務上関係のある者は，児童虐待を発見しやすい立場にあることを自覚し，児童虐待の早期発見に努める義務を負う（児童虐待防止法5条）。少なくとも児童を対象とする公認心理師も早期発見努力義務を負うものと考えられる。

　要保護児童（保護者のない児童または保護者に監護させることが不適当であると認められる児童。児童福祉法6条の3第8項）を発見した場合，市町村，都道府県の設置する福祉事務所，児童相談所に通告しなければならない（児童福祉法25条）。なお，「保護者に監護させることが不適当」とは，直ちに親子を分離しなければならない状況とは限らず，現状のままで保護者に監護させた場合，児童に悪影響が生じるおそれがある場合をいう。

　児童虐待に関しては，児童虐待防止法6条1項は「児童虐待を受けたと思われる児童を発見した者」の通告義務を定めている。実質的には児童福祉法25条と重なるが，要保護児童と言っても一般には伝わりにくいため，児童虐待と明記し，さらに「思われる」を加えることで，虐待であるとの確証がなくても通告でき，かつ，通告義務が生じるようにしたものである。

　通告義務を果たす場合，守秘義務は免除される（児童福祉法25条2項，児童虐待防止法6条3項）。児童虐待の通告を受けた者は，職務上知り得た事項であって通告者を特定させるものを漏らしてはならない（児童虐待防止法7条）。これは，通告者が後に嫌がらせ等を受けないように配慮することで，安心して通告できるようにしたものである。

通告したが，後に虐待ではなかったことが判明した場合であっても，故意やそれに近い場合を除き，基本的に法的責任を負わないものと考えられる。

## 【3】 要支援児童，特定妊婦

児童福祉においては，問題が生じてから対応するのではなく，なるべく早期に問題を把握し，必要な支援を行うことが望ましい。そこで，児童福祉法は要支援児童と特定妊婦という概念を設け，関係機関の早期の情報共有と支援を促している。

要支援児童は，「保護者の養育を支援することが特に必要と認められる児童」であり，特定妊婦は，「出産後の養育について出産前において支援を行うことが特に必要と認められる妊婦」である（いずれも児童福祉法6条の3第5項）。

病院，診療所，児童福祉施設，学校その他児童または妊産婦の医療，福祉または教育に関する機関および医師，歯科医師，保健師，助産師，看護師，児童福祉施設の職員，学校の教職員その他児童または妊産婦の医療，福祉または教育に関連する職務に従事する者は，要支援児童および特定妊婦と思われる者を把握したときは，その場所を管轄する市町村に情報提供するよう努めるものとされている（児童福祉法21条の10の5）。

守秘義務が免除されることは通告義務と同様だが，通告義務と異なり，努力義務にとどまっているうえ，通告先は児童相談所ではなく市町村とされている。これは，要支援児童等に対する支援は市町村が中心となって行うのが望ましいと考えられるからである。

## 【4】 調査

市町村が通告を受けた場合，調査に関し特段の法的権限を持たないため，関係者の協力を得ながら児童の安全や家庭の状況等を調査する（典型的には住民基本台帳や戸籍等によって家族関係を把握し，児童の年齢に応じて保育所，幼稚園，学校その他の関係機関から情報を得る）。

児童相談所が通告を受けた場合も基本的には任意の調査を行うが，児童相談所は出頭要求，立入調査，臨検捜索といった権限を有しており，そういった権限を活用することもある。出頭要求は保護者に対し児童を同伴して出頭することを求めるもので（児童虐待防止法8条の2・同9条の2），立入調査は児童の住所または居所に立ち入り，調査をしたり質問したりするものである（児童福祉法29条，児童虐待防止法9条）。正当な理由がないのに立入調査に応じない場合，50万円以下の罰金に処せられるが，（児童福祉法61条の5），興奮した保護者に対し罰金があり得ることを警告しても聞く耳を持たないことが少なくないし，立入調査に応じて虐待が発覚すれば，罰金では済まないこともあるから，立入調査のみでは効果が薄かった。そこで，2007年の児童虐待防止法改正により臨検捜索が新設された。臨検捜索は裁判所の許可状に基づき，強制的に住居に立ち入るものであって（必要があれば鍵を破壊することもでき

る），強力である。実際に臨検捜索まで至るケースは少ないが，最終的に強力な手段が控えていることから，むしろその前の段階で保護者が立ち入りに応じるケースが増えたという声がある。

## 【5】 一時保護

　児童相談所は，調査の結果，児童を保護者から分離して安全確保をする必要が生じたり，あるいは保護者から分離した上で，なお調査をする必要が生じた場合，児童を一時保護する権限を有する（児童福祉法33条1項・2項）。一時保護は，児童を一時保護所に入所させるのが原則であるが，第三者に委託して一時保護をすることもできる。委託一時保護の例としては，乳児を乳児院に委託する例，病児を病院に委託する例などがある。

　一時保護を行うにあたり裁判所の承認等は不要であるが，一時保護は原則2か月間とされており（児童福祉法33条3項），親権者の意思に反して，その期限を超えて一時保護を延長しようとするときは，家庭裁判所の承認を得なければならない（同5項）。

## 【6】 要保護児童に対する措置

　児童相談所は（条文上は都道府県の権限であるが，実際には児童相談所に委任されている），通告を受けた児童について，次の措置をとることができる。

　(a)訓戒または誓約書の提出

　(b)児童または保護者に対する指導

　(c)施設入所等の措置

　(d)非行児童の場合，家庭裁判所送致

　(b)は，最近では，主に児童福祉司が虐待をした保護者を指導する場合に活用され，(c)の措置と並行して採られることも少なくない。

　(c)は，児童を里親やファミリーホームに委託したり，乳児院，児童養護施設，障害児入所施設，児童心理治療施設，児童自立支援施設に入所させる措置であるが，親権者や未成年後見人の意思に反して採ることはできないとされている（児童福祉法27条4項）。しかし，親権者等が反対する場合であっても，「保護者が，その児童を虐待し，著しくその監護を怠り，その他保護者に監護させることが著しく当該児童の福祉を害する場合」には，家庭裁判所の承認を得て施設入所等の措置を採ることができる（同28条1項）。もっとも，その場合，措置は2年を超えることができず，それを超えて措置を更新する場合は，家庭裁判所から改めて承認を得なければならない（同28条2項）。

## 【7】 親権制限

　通常，親は児童に対し親権を有しているところ，施設入所等の措置によっては親権を一般的に制限することができない。施設長等は入所中の児童につき「監護，教

育および懲戒に関し，その児童等の福祉のために必要な措置を採ることができ」（児童福祉法47条3項），親権者はその「措置を不当に妨げてはならない」（同4項）とされている。また，「児童等の生命または身体の安全を確保するため緊急の必要がある」ときは，施設長等は親権者の意思に反してでも，必要な措置を採ることができる（同5項）。したがって，例えば児童に医療行為が必要となったのに，親権者が反対して実施できない場合でも，児童の生命または身体の安全を守るために緊急の必要がある場合には，施設長等の同意により実施できる。もっとも，実際には緊急の必要があるかどうか悩ましいことがあるし，当該医療行為だけは解決しても，他の点で親権者が必要な同意をせず，対応に窮することもある。そのような場合には，親権制限が必要となる。

親権を制限する必要がある場合，児童相談所長は親権者の親権を失わせたり，あるいは一定の期間，行使できなくするよう家庭裁判所に審判を求めることができる。

親権制限には，3つの類型がある。ひとつめは親権喪失であり，文字通り親権全部を喪失させてしまうものである。ふたつめは親権停止であり，2年以内の期間を定めて親権全部を行使できなくさせるものである。みっつめは管理権喪失であり，親権のなかの財産管理に関する部分のみ喪失させてしまうものである。一般に，親権喪失は，もはや親子再統合がほとんど期待できないと思われるケースにおいて利用され，親権停止は，再統合が一応期待できるケースにおいて利用される。管理権喪失は，親が児童の財産を費消してしまうなどのケースで利用される。

親権を制限したときは，民法によれば未成年後見人が選任されるが，児童が社会的養護の下にある場合，すなわち一時保護されていたり，児童福祉施設に入所していたり，里親等に委託されている場合は，それぞれ児童相談所長，施設長，児童相談所長が親権を代行することになるため，実際には未成年後見人は選任されないことも少なくない。

## 【8】 要保護児童対策地域協議会

児童福祉に関する問題はひとつの機関だけで解決できるものではなく，解決には多くの機関の連携・協力が必要である。連携・協力においてはしっかりと情報を共有しなければならないが，児童福祉に関するケースの情報の大半は児童や家庭に関するもので，個人情報に該当する。個人情報は原則として第三者に提供することが禁止されており，このままでは連携・協力に支障が生じかねない。

そこで，地域の関係機関が連携して対応できるように導入されたのが要保護児童対策地域協議会（要対協）である。要対協は，簡単に言えば，地域の関係機関のネットワークに「法律の網」をかけ，その中で自由に個人情報のやりとりをすることを認めるとともに，その「網」の外に出すことを罰則を持って禁止するものである。これによって，地域の関係機関は，特定のケースに関して情報を共有し，児童や家

庭に関する問題を適切に把握し，さらに，それを踏まえた役割分担を協議できる。

## ▶▶4＿児童福祉の事例

### 【1】 初期対応

　児童相談所に小学校から通告が入った。父，母，小学校低学年の本児（女児）の3人家族だが，父（養父）が大変威圧的で，しばしば本児に暴力をふるっていたところ，本日，登校した本児の腕にアザがあり，尋ねたところ養父がたたいたものということだったため，児童相談所に連絡することにした，という説明であった。

　児童虐待対策班の児童福祉司と，地域を担当する児童福祉司，それに児童心理司が担当することとなり，小学校へ急行した。校長室で本児に直接確認すると，養父がたたいたことは認めたが，明らかに怯えており，それ以上の話ができなかった。児童福祉司らは所長と協議のうえ，直ちに本児を一時保護した。

### 【2】 調査と裁判準備

　児童福祉司は小学校から詳しい情報を聴き取る一方，本児が以前通園していた保育園にも情報提供を求めた。また，本児については，司法面接（被害確認面接）を実施し，本児の説明を証拠化することとした。司法面接はトレーニングを受けていた児童心理司が担当した。

　調査の結果，父は本児が2歳の頃から同居し始め，3歳のときに母の代諾により養子縁組をしていることがわかった。しかし，父は本児に威圧的で，しばしば暴力も振るっており，本児は家庭ではひどく萎縮していたこともわかった。

　一方，父母の面接では父は強く否定したが，母も父には反論できないような関係が見て取れた。また，母は父の子を妊娠していることもわかった。

　弁護士も交えて所内協議をした結果，身体的虐待としては大けがに結びつくようなものではなかったが，むしろ父の暴力を背景にした威圧が本児の心理に強い悪影響を与えており，家庭における監護は本児の福祉を著しく害するものと判断された。一方で，父は全く自覚がなく，母も父に対し従順であって本児を守ることができないばかりか，意識は胎児の方に向かっており，家庭環境が改善する見込みは薄かった。そこで，児童相談所としては本児を児童養護施設に入所させるのが適当であると判断したが，父母は拒否したため，児童福祉法28条に基づき家庭裁判所に施設入所措置の承認を求めることとした。

　弁護士は児童心理司に対し，裁判所提出用の心理所見の作成を依頼した。児童心理司は知能テストやトラウマ症状チェックリスト，絵画テストなどの実施結果，さらに司法面接やその後の面接の結果をまとめ，心理学的所見を記載した。

　裁判所は児童相談所の申立てを認め，児童相談所は本児を児童養護施設に入所させた。

## 【3】　その後のケア

　本児の受けたトラウマ症状は臨床域と判断されたため，児童精神科医も関与し，本児の心理的ケアが計画された。本児の在籍する施設にも心理職員（施設心理）がいため，主に施設心理が中心となってケアを進め，児童心理司は定期的に本児と面接するとともに，施設心理と意見交換をすることとした。

　本児は，施設入所時にはやや動揺が見られたが，徐々に生活にも慣れ，明るさを取り戻していった。

## ▶▶5 __ 児童福祉において公認心理師に期待されること

### 【1】　的確な心理診断と当事者との距離感

　公認心理師に期待されるのは，何と言っても的確な心理診断である。児童福祉に関しては，児童だけではなく家族全体の関係性のなかで捉える必要がある。児童虐待は総合的に捉えなければならないため，一見，身体的虐待やネグレクトであると思われても，児童の心理面の分析は欠かせない。

　心理診断の結果については，心理の専門家でない関係者に適切に伝えることが必要となる。とりわけ裁判所に提出するときは，心理職が直接裁判官と話をする機会はあまりないであろうから，提出する心理所見を充実させ，それだけで伝わるように努めなければならない。

　調査の中で，司法面接（被害確認面接）を実施することが増えてきている。司法面接にはいくつかの代表的なプロトコルがあるが，基本的には，面接の目的はあくまで事実の確認にあって，児童の能力を査定しつつ，極力誘導のリスクを排除し，児童が真実を語れるように質問していく点に共通性がある。心理の専門家が面接を行う場合，児童に深刻な二次被害を与えないよう配慮することができるだろう。

　児童の心理的ケアをする場合は，最も配慮しなければならない人とクライアントが一致するので大きなコンフリクトはないが，虐待親の心理的ケアにあたる場合，クライアントである親とは別に，その監護下にある子にも目を配る必要があるため，難しい立場に立たされる。親のケアに専心するあまり，子への虐待が継続するなど子に被害が及ぶことがあってはならない。親と子は対等な関係ではなく，親は子の利益を図るべき立場にあることを忘れてはならない。当事者との適切な距離感が大切だと思われる。

### 【2】　連携する公認心理師にお願いしたいこと（弁護士の立場から）

　児童福祉にかかわる以上，常に児童の最善の利益を第一に考える姿勢を堅持していただきたい。

　また，弁護士も公認心理師も，児童を守るネットワークの一員であり，児童の幸せに等しく責任を負っている。連携する以上，他の関係者，関係機関に対し配慮を

欠く行動は望ましくないが，一方で，評論家的に評するだけで他人任せであるのも
ふさわしくない。主体性と協調性のバランスを図りつつ，皆で児童の幸せを真剣に
模索することが期待される。

【磯谷文明】

## ▶§ **3.2.2** __ 児童福祉 ❷ 【心理職の視点から】

### ▶▶**1**__児童福祉の領域における心理支援の必要性

　児童福祉の領域では，子どもの最善の利益を保障するために様々な施策が展開さ
れている。保育園拡充や子ども食堂や子育てサロンなどの保育，子育て支援，ひと
り親家庭施策，また，保護者のないまたは保護者が監護することが適当でないと認
められる児童を里親や児童福祉施設などで育てる社会的養護施策，その他障害児支
援施策，健全育成，母子保健対策等が行われている。心理支援が必要なサービス利
用者も多いため，心理師を配置している機関も多い。関心が高い児童虐待対策に関
しても，被虐待児の心理支援のために常勤の心理師が児童福祉施設に配置されるよ
うになった。

　児童福祉領域で支援の対象となる家族のほとんどは，経済的な問題や養育者の抱
える障害などの生きづらさがあり，生活を営むための支援が必要な場合が多い。今
でこそ保育園を利用することに引け目を感じることは少なくなったが，公的支援を
受けることへの屈辱感などから支援を受けることに抵抗する心情があり，人に頼れ
ず孤立しもがいている家族も多い。日々の生活に追われていると，コミュニケー
ションがうまくとれないなど心理的な問題があっても，改善したいという思いが萎
えがちで，心理支援を受けに行くことなど考えられない場合も多い。まずは福祉的
支援への抵抗を弱め生活支援を行い，生活にゆとりを作ってから心理支援につなげ
ることが多い。自ら求めて受診することが治療の基本だが，福祉領域では将来への
希望が持ちにくく治療動機が弱い対象者が多く，福祉司との関係に支えられ支援を
受ける場合も多い。

　養育者が生活を営むことに精一杯だと，子どもの思いに応える余裕はなくなりが
ちである。子どもの世話もままならずネグレクトと言われる状態になることすらあ
る。虐待は子どもにとっては大切にされなかった経験の積み重ねである。自分の思
いがかなえられたり，丁寧に聞いてもらえなかったりすると，望んだり求めても無
駄と感じて将来に希望も持てなくなってしまう。虐待を受けたことによる悪影響は
心身の多岐にみられるが，自分を大切と思えないことや希望が持てないことは生き
づらさの根幹をなすもので，希望を持てるようにすることは何よりも大切な支援の

目標となる。

## ▶▶**2**__児童福祉の領域における行政や他の機関との連携

　私が勤務する児童心理治療施設を例に連携を考えてみる。児童心理治療施設は社会的養護関連の児童福祉施設である。児童福祉施設の行う支援は行政サービスの一環であり，行政や児童相談所との連携の上に成り立っている。権利擁護などの法的な規定もあり，所管自治体の監督監査も受ける。児童福祉施設の入所は利用者と施設の契約ではなく児童相談所の措置で決まる。児童相談所は，措置後も策定した援助指針に基づいて行われる援助について定期的に検証を行い，必要に応じて方針等の見直しを行うことが「児童相談所運営指針」に定められている。施設も，児童の通学する学校および児童相談所など関係機関と密接に連携して児童の指導および家庭環境の調整に当たらなければならないと「児童福祉施設の設備および運営に関する基準」で定められている。児童福祉施設の心理師も児童相談所と支援の計画を共有し，経過を報告する必要がある。子どもとその家族の生活支援を基盤とした支援の一環として心理支援が行われるので，他の機関の支援者と情報を共有し齟齬のない支援を行わなければ子どもや家族に不利益になってしまう。また，施設の子どもは支援を受ける動機付けが弱いため，施設生活の中で自主性や希望を持つ力を培うような経験が積めるように，施設の職員と話し合うことも不可欠である。

## ▶▶**3**__児童福祉の領域において公認心理師に求められる役割

　心理師は現れている問題行動や精神的な症状，持って生まれた知的能力や発達障害の傾向，適応状態，そして本人のニーズや希望などを総合的に査定し子どもや家族の臨床像を作る必要がある。そして，どういう支援が子どもや家族の生きづらさを減らすのか，生活支援など他の福祉の支援をどう組み合わせていくかなどを関係者で話し合うために子どもや家族の理解を関係者に伝え，それぞれの支援が齟齬なく進むようにする役割がある。

　支援を受ける動機づけが弱く，支援者への信頼感も薄い子どもや家族に関わることは難しく戸惑いや心理的な負担も大きい。支援者に対するコンサルテーションも心理師が求められる役割である。また，児童福祉司が支援全体をコーディネートすることが多いが，心理師が支援者間の調整を求められることも多い。児童福祉の領域では生活を基盤とした支援が必要であり，支援者がネットワークを作って支援を進めていく。うまくネットワークが機能するように心理師ができる役割を積極的に取っていくことが望まれる。

【髙田　治】

## ▶§**3.3.1** 高齢者 ❶ 【法律職の視点から】

### ▶▶**1**\_\_高齢者にかかわる法律・制度の概要

2025年になると団塊の世代が75歳以上になり，国民3人に一人が65歳以上・5人に1人が75歳以上という時代が到来する。公認心理師も高齢者とかかわる機会が増すことが想定される。ここでは高齢者にかかわる制度・法律について説明する。

今回取り上げる法律のうち，①成年後見制度の利用の促進に関する法律，②地域における医療及び介護の総合的な確保の促進に関する法律（以下「医療介護総合確保推進法」という）は，超高齢化社会へ対応するための，介護・医療・国・自治体・市民の体制強化や制度を定めた法律で，③高齢者虐待の防止，高齢者の養護者に対する支援等に関する法律（以下「高齢者虐待防止法」という）は，同法を根拠とした立入調査・やむを得ない措置・面会制限等の強制力を発動する根拠規定を定めている。

なお，ここでは老人福祉法の解説を省略するが，同法は「老人の福祉に関する原理を明らかにするとともに，老人に対し，その心身の健康の保持および生活の安定のために必要な措置を講じ，もつて老人の福祉を図ること」（同法1条）を目的とし，老人居宅生活支援事業や老人福祉施設（老人デイサービスセンター，特別養護老人ホーム等）（同法5条の2）等，高齢者に関わる事業や施設の手続や措置等に関して定めている。また，介護保険法については別の節（**3.5.1** 保険制度）で解説するが，同法では高齢者の自立支援・利用者の選択により保健医療・福祉サービスを総合的に受けられる利用者本位・給付と負担の関係が明確な保険方式等を定めている。

### 【1】 成年後見制度の利用促進に関する法律

そもそも成年後見制度とは，認知症，知的障害，精神障害などの理由で判断能力の不十分な方々を保護し，支援する制度で，法定後見制度（民法7条から21条等）と，本人の判断能力が低下する前に予め自分で後見人を選任するという任意後見制度（任意後見契約に関する法律）がある。法定後見制度は，「後見」「保佐」「補助」の3つに分かれており，判断能力の程度など本人の事情に応じて制度を選べるようになっている。法定後見制度では，家庭裁判所によって選ばれた成年後見人等が，本人の利益を考えながら，本人を代理して契約などの法律行為をしたり，本人が自分で法律行為をするときに同意を与えたり，本人が同意を得ないでした不利益な法律行為を後から取り消したりすることによって，本人を保護・支援する。

成年後見制度の利用促進に関する法律は，認知症，知的障害その他の精神上の障害があることにより，財産の管理日常生活等に支障がある者を社会全体で支えるために先ほど述べた成年後見制度の利用を促進するため制定された（法1条）（平成28年

5月13日施行）。また，成年後見制度利用促進基本計画（平成29年閣議決定。以下「国基本計画」という）（法12条）は，成年後見制度を活用し，地域での日常生活等を社会全体で支えることを求めている。国基本計画では後見人等の独善的なかかわりを防止するために「チーム」での見守り・バックアップを推進している。この「チーム」は福祉・法律の専門職が専門的助言・相談対応等の支援に参画するとされており，このチームにご本人の自己決定権の尊重の観点から，本人の意思決定を支援するため，公認心理師の参加が期待される。

　この「チーム」に加えて「協議会」「中核機関」によって構成されるのが，「権利擁護支援の地域連携ネットワーク」で，全国どの地域においても成年後見制度を利用できるように，相談窓口設置・支援につなげる地域連携を理想としている（図地域連携ネットワークのイメージ：厚生労働省Webサイト「成年後見制度利用促進基本計画について」の図を参照。URL）。

　公認心理師が関与する場面として期待されるのは，クライアントとの相談の場面と思われる。クライアントとの相談で，財産管理・身の回りの世話等の介護サービスについて支援する必要があると感じた場合に，ご家族や関係者と地域の相談支援機関（地域包括・障害相談支援事業所・生活困窮者窓口・福祉事務所・社協など）に繋ぐ。

　その後も場合によっては，相談支援機関におけるアセスメントで支援の必要性の検討，適切な支援内容の検討，本人の意思決定支援がなされる際の，専門家からの助言として，公認心理師がご本人の意思決定支援等で参加することもありうる。

　アセスメント後に，成年後見制度の利用が適切かその他の対応が適切か，中核機関を中心に判断されることになるが，いずれにしても，ご本人の地域の支援者として，今後の見守り・モニタリングについて，関係機関が連携した支援が求められる。

## 【2】　医療介護総合確保推進法

　(1)　はじめに　　この法の目的は，持続可能な社会保障制度の確立を図るための改革の推進に関する法律に基づく措置として，効率的かつ質の高い医療提供体制を構築するとともに，地域包括ケアシステムを構築することを通じ，地域における医療および介護の総合的な確保を推進するため，医療法，介護保険法等の関係法律について所要の整備等を行うことにある（同法の施行に伴い，介護保険法など一部の法律が改正）。

　(2)　法律概要　　同法は，①新たな基金の創設と医療，介護の連携強化，②地域における効率的かつ効果的な医療提供体制の確保（医療法関係），③地域包括ケアシステムの構築と費用負担の公平化（介護保険法関係），④その他（特定行為の明確化，医療事故にかかる調査の仕組みの位置づけ等），で構成されている。①では都道府県の事業計画に記載した医療・介護の事業のため，消費税増収分を活用した新たな基金を都道府県に設置し，医療と介護の連携を強化することを規定し，②では，医療機関が知

事に病床の医療機能等を報告し，都道府県がそれをもとに地域医療構想（ビジョン）を医療計画において策定したり，医師確保支援をすることを定め，③では，地域支援事業の充実，全国一律の予防給付を地域支援事業に移行し，特別養護老人ホームについて，在宅生活が困難な中重度の要介護者支援機能に重点化，低所得者の保険料軽減拡充，自己負担の２割へ引き上げ等を定めた。

## 【3】 高齢者虐待防止法

(1) はじめに　　この法律は，高齢者虐待の防止等に関する国等の責務，高齢者虐待を受けた高齢者に対する保護のための措置，養護者負担軽減等による養護者による高齢者虐待の防止に対する支援（以下「養護者に対する支援」という）措置等を定め，高齢者虐待の防止等もって，高齢者の権利利益の擁護に資することを目的としている（同法１条）。

(2) 法律の概要　　①「高齢者虐待」のとらえ方　　同法では高齢者を65歳以上の者と定義し（法２条１項），「高齢者虐待」を（ア）養護者による高齢者虐待，（イ）養介護施設従事者等による高齢者虐待，に分けて規定している（同条３項）定義している。

(ア) 養護者による高齢者虐待（同条４項）　　養護者とは，「高齢者を現に養護する者であって養介護施設従事者等以外のもの」とされ，金銭の管理，食事や介護などの世話，自宅の鍵の管理など，何らかの世話をしている者（高齢者の世話をしている家族，親族，同居人等）が該当する。養護者における高齢者虐待とは，養護者が養護する高齢者に対して行う，①身体的虐待，②介護・世話の放棄・放任，③心理的虐待，④性的虐待，⑤経済的虐待である。

(イ) 養介護施設従事者等による高齢者虐待（同条５項）　　老人福祉法および介護保険法に規定する「養介護施設」（老人福祉施設，有料老人ホーム，介護老人福祉施設，地域包括支援センター等）または「養介護事業」（老人居宅生活支援事業，介護予防サービス事業，居宅介護支援事業等）の業務に従事する職員が行う，前記（ア）①から⑤の行為である。

(2) 高齢者虐待防止実務に用いる法規定　　同法における高齢者虐待の防止・保護・養護者支援については，市町村が第一義的に責任を持つと規定されており，実効性のある規定は以下の通りである。

(ア) 措置・一時保護，審判請求（法９条２項）　　市町村は，７条の通報又は届け出があった場合で，養護者による高齢者虐待により，生命又は身体に重大な危険が生じているおそれがあると認められる場合には，当該高齢者を一時的保護するための措置や，審判請求（成年後見の申立）を行うべきと規定し，高齢者に対する迅速な保護と養護者との分離を図っている。

(イ) 立入調査（法11条）　　「虐待により高齢者の生命又は身体に重大な危険が生じているおそれがある」と判断されるときは地域包括支援センターの職員等によ

る居宅立入・調査ができる。

（ウ）　面会制限（法13条）　　老人福祉法に規定される「やむを得ない事由による措置」をした場合で，養護者による虐待の防止および当該高齢者の保護の観点から必要とされる場合には，高齢者虐待を行った養護者について当該高齢者との面会が制限できる。

（3）　公認心理師の活躍が期待される規定　　（ア）　高齢者虐待の早期発見（法5条）　法5条では，「養介護施設，病院，保健所その他高齢者の福祉に業務上関係のある団体および介護施設従事者等，医師，保健師，弁護士その他高齢者の福祉に職務上関係のある者は」「高齢者虐待の早期発見に努めなければならない」と努力義務が定められており，公認心理師も虐待の早期発見に努めなければならない。

（イ）　連携協力体制（法16条）　　市町村は高齢者虐待対応協力者（各地の介護事業者，医療機関，民生委員，警察，社会福祉士会，弁護士会等）との連携協力体制を整備しなければならない。公認心理師も医療機関の分野専門家として，当該協力体制の一端を担うことが求められる。

（ウ）　通報（法7・8条）　　虐待を受けたと思われる高齢者を発見した者には市町村への通報義務（法7条）がある。虐待の客観性については早期発見につなげるため「思われる」で足りる。

（エ）　事実確認措置，対応についての協議（法9条1項）　　通報を受けた市町村は，高齢者の安全確認，事実確認のために適宜措置を講じ，その対応について協議し，その後の一時保護や分離等の方針，立入調査の必要性等について検討する。公認心理師が高齢者虐待対応協力者の場合には，対応についての協議をする際のメンバーとして参画することが望ましい。

（3）　公認心理師の関与が必要な場面　　①　高齢者自身の意思の尊重　　高齢者虐待から救済，防止するためには，随所で高齢者自身の意思を尊重した対応を行うことが重要である。虐待者および被虐待者双方に心理的ケアが必要な場合には，公認心理師は適宜サポートし，関係者への助言をすることが求められる。

②　虐待の早期発見早期対応，養護者支援　　公認心理師の支援が必要な場面として，養護者（同法14条，養護者支援）や虐待対応職員等への心理的サポートである。福祉機関従事者のみでは，虐待をしてしまった養護者の心の闇を感じ取れず，対立が悪化し，結果として福祉従事者までも精神疾患を患ったりバーンアウトしてしまうことも散見される。

#### ▶▶2__高齢者支援の実例──高齢者虐待と養護者支援および成年後見申立てによる支援

【1】　通報

　虐待を受けた高齢女性のAさん（70歳）は認知症が進み介護認定も要介護4で，徘

個の症状なども発症しているが，夫のBさん（72歳）が介護しつつも，C市の一戸建で生活していた。

　しかし，Bさんがアルコール中毒であることから，度々Aさんの失禁や食事の介護の際に暴力を振るうようになっていた。A・Bさんはたまたま，民生委員とかかわりがあったが，民生委員も知らなかった。Bさんがいつもの通り，かっとなって，Aさんに暴力を振るった際に，Aさんの悲鳴を聞きつけた近隣住民が警察に通報し，Bさんが逮捕された。その間，警察から通報を受けたC市の高齢者担当部署担当職員（以下「C市職員という」）が，B・さんのAさんに対する暴力を知り（高齢者虐待防止法7条・9条），C市職員が，AB さん宅を管轄する，地域包括センターに連絡し，A・Bさんとかかわりのある民生員も交えて協議し（高齢者虐待防止法9条），虐待の疑いが高いと判断した。

## 【2】　措置

　Bさんが勾留されている間に，Bさんが不在で日常生活を送れないAさんは食事や排せつもままならないため，精神的に不安定になり，大声を上げるなど興奮してしまっていたため，特別養護老人ホームへ入所となった（高齢者虐待防止法9条2項）。

## 【3】　面会制限

　警察から釈放されたBさんは自宅に戻ったところAさんが居ないため，C市役所の高齢担当部署に押しかけ，C市職員から事情を聴いた。Bさんは憤慨し，「お前たちはどっちの味方なんだ！」と怒鳴り，執拗にAさんとの面会を求めた。AさんはBさんをすでに覚えておらず，帰りたいとも，何とも発言しなかった。

## 【4】　成年後見申立て

　C市職員と地域包括センターの担当職員達を含めた関係者で協議した結果，Aさんの身の安全のためにもBさんとの分離がやむを得ないという意見に至った。そのため，身寄りがなく，年金暮らしでめぼしい財産もないAさんに，C市長申立てによる成年後見の申立てが必要という結論に至り，市長申立てを行い（老人保健福祉法32条），成年後見人には，身上監護のみが求められる事案ということで第三者である社会福祉士が選任された。

## 【5】　養護者支援

　BさんもAさんが居なくなり，ますますアルコールに依存するようになってしまった。また，既往症のうつ病も悪化し，家から出てこなくなってしまった。かかりつけの保健師がたまたまBさんと連絡が取れ，話をすることとなり，Bさんも次第に状況が理解できていった。

　Bさんは，自分のうつ病を聞いてもらいながら，だれかと話がしたいと保健師に相談し，心療内科に通院することとなった。そこで，公認心理師Dと出会い，定期的にカウンセリングを受けることとなった。

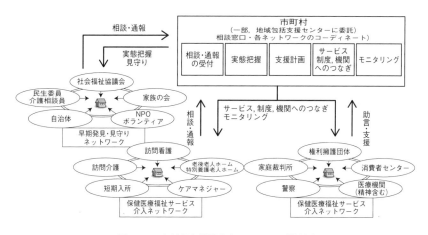

図3.3.B　高齢者虐待防止ネットワーク構築例

出所）　厚生労働省　老健局，「市町村・都道府県における高齢者虐待への
　　　　対応と擁護者支援について」平成30年3月　P.16

**【6】　支援者の心理的支援**

　C職員は，一時的にBさんとAさん双方を担当し，精神的に疲弊してしまった。そのことを察した上司がCさんに産業医に相談することを薦め，C職員は心療内科への通院をすすめられ，C職員は公認心理師Eのカウンセリングを受け，徐々に精神的疲労を回復した。

**【7】　双方の生活**

　事件後，AさんとBさんは別々に人生を歩むことになったが，それぞれ従前の介護と暴力から解放され，平和な生活を送ることができている。

**▶▶3__高齢者支援において公認心理師に期待されること**

**【1】　弁護士と公認心理師，それぞれの役割**

　弁護士も公認心理師も，高齢者と接する機会は増加している。人生の先輩である高齢者への心遣い，尊厳の確保は，弁護士も疎かにせずに十分に配慮する必要がある。

　弁護士はつい法律の専門家で，判断能力が通常程度ある人を対象として制定された法律の枠で働く職種であることから，高齢者の方への対応に配慮が欠けてしまう懸念がある。そのような場合に，公認心理師の方がかかわっておられる際には，ご本人の自己決定権や意思決定支援の側面から意見を述べて，ご本人を支援する必要がある。弁護士はあくまでも法律の専門家で，心の専門家ではないので，その点は

ご本人の心を代弁してイニシアティブをもって対応していただきたい。今後公認心理師としては、以下のような役割が期待されるのではないか。

　　・高齢者に対する心理的アセスメント、相談援助、心理療法的アプローチ
　　・高齢者の家族や支援従事者への相談援助
　　・地域住民や連携機関に対する教育や情報の提供

また、他職種との連携が必須となるため、他業種との連携を積極的に行っていくことが必要となって行くものと思われる。

**【2】　連携する公認心理師にお願いしたい事**（弁護士の立場から）

　意思疎通が困難な高齢者の方の場合特に、弁護士と一対一になると、意思疎通が困難になり、重要な事件方針やご本人の希望を求める際の情報が不足し、ご本人の望んでいない方向に事件処理が進むことが危惧される。この点、公認心理師に弁護士の相談時に同席していただければ、ワンストップで相談者の法的・心理的ケアを実施でき、相談者の負担を軽減するだけではなく、相談者の満足度も高まると思われるので、同席していただけると大変ありがたいのでご協力いただきたい。

**【馬場真由子】**

## ▶§ **3.3.2**　高齢者　❷　【心理職の視点から】

### ▶▶**1**　高齢者領域で実践されている心理支援の内容と特徴

　現在、高齢化率27.3％の超高齢社会かつ世界一の長寿国である日本では、「認知症」は増加の一途を辿っている。「認知症」は介護の原因の1位（18.0％）であり、多くの人にとって「認知症」と「介護」はセットで身に迫る課題である。本稿では、高齢者領域の中で認知症を中心とした心理支援を取り上げる。

　認知症概念の中核は「認知症疾患─認知機能障害─生活障害」の連結にあり、さらに身体合併症、身体機能障害、行動・心理症状（BPSD）が重畳して臨床像は複雑化する。その結果、社会的孤立、介護拒否、経済被害、虐待、家族問題、近隣トラブルなど様々な社会的困難が生じ、本人と家族の生活の質が急速に悪化するところに、認知症の本質的特徴がある（粟田 2015）。このような困難を抱える本人と家族を社会全体で支える基盤づくりが喫緊の課題として、2015年、厚生労働省によって認知症施策推進総合戦略（新オレンジプラン）が策定された。このうち心理職がかかわる代表的な政策に、専任の臨床心理技術者を配置した認知症疾患医療センターの設置がある。

　東京都では、認知症疾患医療センターは、地域連携型（区市町村）と地域拠点型（二次保健医療圏）の2つの類型に分かれる。前者は、専門医療相談、鑑別診断と対応、

身体合併症・BPSD対応，地域連携の推進，市区町村の認知症施策への協力を担い，後者はそれに加え，地域医療従事者向け研修会開催，アウトリーチチームの機能を有し，地域連携型の後方支援も担う。筆者の職場は後者に属し，高齢者・家族の認知症の気付きから看取りまで，多職種チームが必要時の支援を提供している（扇澤 2018）。

　認知症を「長く生きた証」と前向きに捉える人は少なく，多くの人の認知症に対するイメージは悲観的である。本人にとって，以前できたことができなくなる生活障害は，自己像の喪失と同義である（扇澤 2015）。家族も，本人がかけがえのない存在であるほど発症の事実を受け入れ難く，本人の不安や辛さの内実を知らぬまま，生活障害が性格や意思に起因すると誤解し，時に訓練的に関わる。その結果，本人の不安や孤独感はBPSDに発展し，家族との間に埋めがたい溝が生じることもある（扇澤 2017）。

　このように診断前から本人・家族は心理的に揺らぐため，心理職には院内外で下記の心理支援を担うことが期待される。院内では，①診断時の心理アセスメント，②診断後支援としての本人・家族への心理支援，③入院時に多職種による認知症ケアが，院外では④地域で医療・福祉にアクセスできない高齢者に対するアウトリーチが挙げられる。④は，介護力のある家族の不在や経済的困窮，受療やサービス拒否，虐待，近隣トラブル等の複合的な社会的困難が背景にあり，狭義の医療では解決しがたく，行政や司法との連携が必須である。本書の主旨にかんがみて，本稿では④を中心に取り上げる。

### ▶▶2__高齢者支援の領域における行政・司法との連携について

　一般に高齢者支援に携わる病院勤務の心理職が，行政や司法と連携する機会は限られる。特に司法の専門家と直接連携することは珍しく，筆者の経験も数件である。以下に具体的イメージを伝えるため，筆者の経験を元に，架空事例を紹介する。

【事例】Aさん　67歳　女性　結婚歴，挙児なし

　都内に多くの不動産を有する裕福な家に，2人同胞の第1子として出生。Aは，都内の大学文学部を卒業後，自宅で趣味の小説を書きながら，両親と暮らした。

　4年前，80代で父を，翌年，弟を病気で立て続けに亡くした。さらに，母も心臓疾患が悪化しAの介助を要するようになった。母の入退院の度に，病院から介護保険申請を勧められたが，他人が家に出入りすることを嫌う母に同調して，利用には至らなかった。母を看取った後，身内は1度会ったきりの甥だけとなった。

　Aは，母が亡くなった頃から，ゴミ出しの曜日を間違え，通院も途切れがちとなった。数か月前から，弁当を買いに出た帰り道で迷い，数駅先の交番で保護されることが続いた。連絡を受けた地域包括支援センター（以下，包括）職員が何度か訪問し

たが，いつも不在であった。電気メーターは止まり，公共料金の支払手続もままならぬ状態であろうことが推察され，対応に行き詰まった包括から行政（認知症コーディネーター）を通してアウトリーチチーム（以下，ORチーム）が介入することとなった。

　1度目は，包括職員，認知症コーディネーター，ORチームで打ち合わせた後，Aが在宅中と推察されるスーパー開店時刻前に，困りごとを尋ねている区の高齢者巡回チームとして訪問すると，Aが玄関から顔を出した。髪は絡んで固まり，下肢のむくみも著しく循環器疾患が疑われた。玄関にはゴミ袋が積み上がり，公共料金の請求書，リフォームの契約書が何枚も散乱し，悪質業者が出入りしているようであったが，尋ねても，親切な若者が何度も来てくれると繰り返すだけで，要領を得なかった。生活支援のため介護保険を紹介し，むくみについて早期受診を勧奨するも，気が進まぬ様子であった。了承を得て住所録に記載のあった甥に連絡したところ，甥も，Aと連絡がつかず，遺産相続の手続が滞り困っていたところであった。

　2度目の訪問で，甥から依頼を受けた弁護士が，接し方のヒントを得たいと，アウトリーチへの同行を希望。事前カンファランスで，生活障害や経済被害を整理し，早期受診は望ましいが，Aの意向に沿う支援を最優先にすると確認した。また大人数で脅かさぬよう，PSW，心理職，コーディネーター以外は，死角から見守った。PSWと心理師がさりげなくDASC（粟田 2015）を施行しながらニーズを探ると，Aは雨の日は弁当を買いに出るのが億劫と述べた。PSWが配食サービスについて説明すると興味を示し，手続に必要な受診に前向きになったため，同伴しそのまま受診。心理師が施行したMMSEは13点で日時見当識，近時記憶，視空間認知の障害を認め，画像検査と併せて，医師から中等度のADと診断された。今の生活や財産を維持するために介護保険と成年後見制度を利用する大切さをORチームから説明し，弁護士から制度利用と遺産相続の具体的な手続を説明した。この介入後Aは，見守りを兼ねた配食サービスと訪問介護を利用開始し，その後も自宅で生活を続けることができた。リフォームの契約も弁護士が対応し解除できた。

### ▶▶3 高齢者支援領域において公認心理師に求められる役割

　判断力低下に気付かれず，一定の生活障害や経済被害が生じて初めて近隣住民等からの通報で事例化する例は少なくない。さらに社会的困難が複雑であるほど，本来尊重されるべき本人の意思は，保護や権利擁護という名目で後回しにされがちな状況下で（井藤 2017），公認心理師に期待される役割は，以下の3つに集約できる。

　① ファーストコンタクトで支援の糸口をつかむ

　困難事例と呼ばれる人は，支援の糸口につながるコミュニケーションが取りづらいことが多い。警戒している本人とのやり取りやドア越しに垣間見える生活状況から生活史や人格を推察し，必要な支援の糸口を探る。この糸口は単なる技術ではな

く，本人の意思を汲み取り，叶えようとする真摯な姿勢からしか見いだせず，最低限この人ならまた会ってもよいと感じてもらえれば，次につなぐことが可能となる（扇澤 2018）。

②　適切な心理アセスメントを行い，平易にその内容を行政や司法の専門家に伝える

高齢者支援では，観察法や面接法，検査法をその都度柔軟に組み合わせて，認知症やその他の精神疾患の有無について適切に見立てることが不可欠である。例えば認知症では，認知機能障害，生活障害，BPSDの他，家族の介護力や関係性等の社会的側面や身体状態等を含めた総合的アセスメントが重要である。さらにアウトリーチでは，①のファーストコンタクトと同時並行で生活状況や身体状況の他，認知症について，早急に全体像を見立て，緊急性について判断したい（全国訪問看護事業協会 2015）。あわせて，本人の社会的困難が，どのような疾患や認知機能障害，生活障害やBPSDによって生じ，どう補う必要があるのかを整理し，認知症を専門としない行政や司法の担当者にも平易な言葉で説明できるスキルが必要である。

③　本人の意思を叶える支援について検討する

本人・家族にとって重要な転換点であるアウトリーチ（や入院）で，一度，困難事例と認識されると，地域社会との軋轢緩和に課題の重心が移り，時に心理検査の点数を根拠に，独居継続不可など支援者側に都合のいい決定に導かれることもある。特に成年後見制度は，本人を保護する名目で権利を制限する二律背反の構造を持ち，制度利用を勧めた支援者への不信感を招きやすい（井藤 2017）。

矢吹（2007）によれば，認知症高齢者の独居生活は，①身体的，精神的，社会的な安全の保持（自傷，徘徊，火の不始末，誤飲，弄便，異食や被害・嫉妬妄想による近隣トラブルがない），②地域の支援制度や住環境の整備（転倒事故等の予防），③適切に援助希求できる家族・支援者の存在，④社会資源の健康・安全を守るための十分な活用という状況下で，⑤独居可能なレベルのADLの保持，の条件がそろえば継続できる可能性がある。社会的な困難や認知機能低下を理由に安易に独居不可とせず，行政や司法との連携で本人の希望を叶えられる方法がないかをぎりぎりまで探りたい。

## ▶▶4__さいごに

2019年，認知症になっても住み慣れた地域で自分らしく暮らし続けられる「共生」を目指す「認知症施策推進大綱」が政府によって取りまとめられた。今後，その一翼を担う認知症初期集中支援チームに，心理師が配置されるようになれば，行政や司法との連携の機会も増えるであろう。専門性の異なる多職種で高齢者領域の心理支援に取り組む時，心理師は本人・家族を適切に見立て，彼らの意向を汲み取り，代弁するだけでなく，その実現に向けて共に検討できるよう，関連制度について知

識を得ておくことが望まれる。なお，高齢者支援に携わる心理師として最も大切なのは，制度はあくまで支援の手段にすぎず，本人が望む暮らしを叶えることを目的とする基本的な姿勢である。

〔引用・参考文献〕
粟田主一（2015） 認知症初期集中支援チーム実践テキストブック　中央法規出版
井藤佳恵（2017）　家族介護力の欠如と経済的困難を抱える認知症高齢者の医療サービスマネジメント　老年精神医学雑誌　28　247-253
扇澤史子（2018）　認知症疾患医療センターおよび物忘れ外来での公認心理師の仕事　鈴木伸一・田中恒彦・小林清香編　公認心理師養成のための保健・医療系実習ガイドブック　北大路書房
扇澤史子（2017）　生活障害への対処―薬以外でこれだけできる　家庭内でできること」上田諭編　認知症はこう診る　医学書院
扇澤史子（2018）　地域に出向くアセスメントと結果の伝え方・その後の支援への活かし方（アウトリーチを中心に）　黒川由紀子，扇澤史子．認知症の心理アセスメント　はじめの一歩　医学書院
扇澤史子（2015）　認知症本人とともに考える生活障害へのアプローチ　老年精神医学雑誌　26　973-981
全国訪問看護事業協会編（2015）　認知症の人とのファーストコンタクトヒント集　全国訪問看護事業協会
矢吹知之（2007）　どこまでできるの？認知症高齢者の１人暮らし　臨床作業療法　第4巻.38-44

【扇澤史子】

## ▶§*3.4.1*＿ 生活困窮者問題 ❶　【法律職の視点から】

### ▶▶*1*＿生活困窮者分野の法律・制度の概要

#### 【1】　はじめに

　わが国の生活困窮者の救済をなすその制度的中核は，憲法25条の生存権を具体化した生活保護制度である。

　バブル崩壊のあと，特に2008年のリーマンショックを経て貧困は拡大の一途をたどり，従来は違法な窓口規制を含めて制度利用を抑制されてきた生活保護利用者数も増加してきた。保護利用者数は，2007年度には約154万人であったが，2019年度には約207万人と増加している。

　また，アジア通貨危機のあと，ホームレスの人々が急増して，その対策のため，2002年にホームレス自立の支援等に関する特別措置法（ホームレス自立支援法）が制定

された。

　経済情勢が悪化し，労働環境の不安定化が進むなか，労働市場からはじき出された稼働年齢層を中心にした貧困における課題が多様化し，従来のケースワークでは解決困難な事案が増加していった。そのため，保護利用者数の抑制と個別事案の解決での新たなケースワークの仕組みづくりという2つのベクトルからの要請で，2013年，生活困窮者自立支援法が制定され，その後，ホームレス対策事業の大きな部分も同法の事業が導入された。

　コロナ禍の2020年を通じて，リーマンショック後の対策の再利用，生活困窮者自立支援制度が活用されつつも，生活保護バッシングにより生活保護利用への忌避が強化され，生活保護は減少，横ばい傾向となっている。

## 【2】　生活保護法

　現行生活保護法は，憲法25条を具体化する法制度として1950年に制定された。

　生活保護制度の目的は，健康で文化的な最低限度の生活の保障と自立の助長である。

　最低限度の生活は，厚生労働大臣の定める保護基準によって年齢や世帯構成などによって算出されるが，2013年から2015年にかけた最大10％の生活扶助（衣食光熱水費等の中核となる保護費）の引き下げが行われ，約1000人の保護利用者が取消訴訟をしているという状況になっている。さらに現在，厚生労働省によって2018年から2020年にかけて最大5％の引き下げがなされた（森川2018）。

　自立の助長の「自立」は，経済的自立のみならず，日常生活の自立や社会生活の自立を含む概念であることが確認されている（森川2018）。

　世帯の保護基準額を下回る世帯の収入・資産しかない場合に，「要保護」として保護を利用できる。保護基準額は，年齢，世帯構成などによって金額が変わってくる。支給額は，保護基準額から収入を差し引いた額であるが，収入として認定されないものや保有が認められる資産もあるので，注意を要する。例外的に個人単位で実施されるが（世帯分離と呼ばれる），適用は極めて限定的である。

　意識不明などの場合の急迫状態のときに職権による保護もあるが，原則として保護は申請に基づいて行われる。保護申請が開始の要件であることから，福祉事務所の窓口で相談のみで追い返して申請をさせない，申請用紙を渡さないという違法行為が行われ，水際作戦と呼ばれて社会問題となっているが，生活保護の申請は権利である。

　しかしながら，2012年の芸能人の親が生活保護を利用していたニュースに端を発して一層激化していった生活保護バッシングを受ける形で，2013年から生活保護基準引き下げが断続的に行われ，2014年，2018年と厳格化する方向で改正法が施行された。生活保護バッシングは，利用者に対する偏見を強めるとともに，生活

保護を利用していない生活困窮者が利用への忌避感を強める方向に働いている。

　コロナ禍の中，厚生労働省もホームページで生活保護の申請は国民の権利であることを掲載し，利用を促す方向にかじを切っている。

## 【3】　ホームレス自立支援法

　前述のようにアジア通貨危機の後，例えば東京都では1997年から1999年にかけて路上生活者が3682名から5798名へと増えて「急増期」と名付けられた（東京都福祉保健局生活福祉部）。

　ホームレス自立支援法は，10年の時限立法として2002年に制定されたが，延長され，現在は25年の時限立法となっている。

　同法の特徴は，①公園等の公共施設からホームレスの人を排除するために自立支援施策との連携を図ることを要求していること（施策との連携で排除を容認しているともいえるが，行政側に一定の制約を課していると評価できる），②ホームレスの人の実態についての全国調査 → 国の基本方針の策定 → 自治体の実施計画の策定 → 財政措置・施策の実施を規定していることにある。

　同法に基づき，ホームレス自立支援事業が実施されてきたが，事業部分の大きな割合については後述の生活困窮者自立支援法に基づく事業として実施されるようになっている。現在において同法が意義を有するのは，上記①と，②のうち全国調査，基本方針・実施計画の策定ということとなる。基本方針・実施計画の策定は，全国調査の結果が重要となる。しかし，従来型の小屋掛けをしている路上生活者が排除された状況において日中の目視による調査方法では夜間に寝場所を求めて移動する路上生活者の把握ができないとして批判が強い。

　なお，ホームレス自立支援事業は，生活保護法に基づく保護に優先して行われるべきものではない。

## 【4】　生活困窮者自立支援法

　2015年4月1日から施行された生活困窮者自立支援法 は，「現に経済的に困窮し，最低限度の生活を維持することができなくなるおそれのある者」（同法3条1項）を対象とした事業を恒久化した事業法である（生活困窮者自立支援法の事業名や引用条文は，2018年10月1日施行の改正法に基づく）。

　同法が定める事業は，①生活困窮者自立相談支援事業（就労支援等の相談援助を行うもの），②生活困窮者住居確保給付金（一定期間の住宅手当の支給），③生活困窮者就労準備支援事業（就労困難者への訓練事業），④生活困窮者一時生活支援事業（ホームレスの人に対する便宜を供与する事業），⑤生活困窮者家計改善支援事業（家計把握・改善の支援等を行うもの），⑥生活困窮者である子どもに対し学習の援助を行う事業等，⑦生活困窮者就労訓練事業である。

　このうち①ないし⑥は，自治体が実施する事業で，⑦は認定を受けた事業者が行

う事業である。⑦については，訓練の名目のもとに労働基準法や最低賃金法の適用除外とする中間的就労を可能にするもので，批判が強いところであり，謙抑的な運用が求められる（日本労働弁護団 2014）。

　自治体の実施する①ないし⑥の事業のうち，必須事業は①と②のみであるが，任意事業である③と⑤を一体的に実施することが努力義務とされている（同法7条1項）。

　自治体はその実施する事業のうち，金銭の支給決定を伴う②以外を事業者に委託することができ，②についても受付業務を委託することは可能となっている。

　自治事務であり，事業の細かなところが法律で定められていない生活困窮者自立支援制度は，自治体の見識によって全く異なるものとなり得，先進的な取り組みをしているところもあれば，ほとんどやる気のない自治体もある。また，生活保護の利用抑制のために実施される側面もあり，違法な水際作戦の一翼を担うものとして危惧していたところである（森川 2013）。

　2018年改正法23条は，生活困窮者自立支援制度において「要保護者となるおそれが高い者を把握したとき」は，生活保護制度に関する情報提供，助言その他適切な措置を講ずるものとするという規定を新設した。自治体に対しては，この規定に基づき，適切な運営がなされるよう求めていく必要がある。

### ▶▶2__事例
【1】　自殺企図のリスクのあるクライアントについて継続的にカウンセリングを実施していたが，クライアントは仕事をすることができず，預貯金も減ってきたため，今後の生活費の目処がたたず精神的に追い詰められているとの相談があった。
【2】　また，そのクライアントは，すでに福祉事務所に相談に行ったが，別居している母親に援助してもらうように言われて，生活保護の申請に至らなかった。

### ▶▶3__公認心理師に期待されること
　生活困窮の当事者は，単に失業したとか無年金であるとかいうだけでなく，すでに精神的に病的・不安定な状態になっていて稼得能力を喪失・減退していることから生活困窮に陥っていることが多い。

　生活保護利用者の自殺率が高いことは，統計的にも明らかになっている。健康問題や精神疾患を有する者が多いことが事情としてあげられている（厚労省 2011）。

　また，一般的にも，自殺の原因としては，経済・生活問題は健康問題に次いで高い水準を保っている（厚労省 2021）。

　そういった中で，公認心理師には，①心理に関する支援を受けている者が生活困窮に陥ったときに当事者の生活が営めるように適切な社会福祉資源につなげるよう

助言し支援すること（ゲートキーパーの役割），②心理に関する支援を要する生活困窮者について，福祉関係者と連携をして援助を行うこと（連携の役割）が求められる。

事例【1】はその典型である。弁護士も債務整理や離婚事件で生活困窮の相談を受けることがあり，そのときに必要な助言をして支援をすることとなる。預貯金の状況が1か月の生活も可能でない場合には，生活保護につなげ，1か月以上の生活が可能である場合には就労できそうであれば，生活困窮者自立支援制度につなげることになるが，基本としては生活保護申請であると考えればよい。

生活に困窮したときに生活保護を利用することは国民の権利である（外国人の生活保護については森川 2015）。当事者が保護申請意思を表明したときには福祉事務所は生活保護申請について必要な援助をする義務がある（生活保護法施行規則1条2項）。

しかし，前述のとおり生活保護申請窓口では違法な申請拒否が行われることがあるし，生活困窮者自立支援相談ではやる気のない窓口があり適切な支援に結びつかないことがある。

そのため，単に情報提供や助言だけではうまくいかないことがあり，特にvulnerableな（傷つきやすい）人は，二度と相談に行きたくないと思ってしまうこともままある。助言にあたってはそのような場合があることも伝えるべきであるし，人によっては福祉事務所への同行をすることも検討する必要がある。

当事者や同行した支援者が負かされて，当事者の生活が可能でないにもかかわらず申請ができないこともある。事例【2】では，親に面倒を見てもらうようにと追い返されているが，扶養義務者による扶養の要請は生活保護利用の要件ではなく，現に扶養が行われている場合に扶養が優先されるにすぎない（生活保護法4条）。

生活保護開始の要件は，①日本人である（または一定の範囲の外国人である），②要保護状態である（当該世帯の保護基準額が認定収入を上回る。例外として個人単位の保護もありうる），③保護申請がなされる（例外として急迫状態のときに職権保護がなされる），④稼働能力および資産の活用がなされていないとはいえない（例外として急迫状態のときは保護が可能である）の4つである。それ以外は要件ではない。違法な対応をする福祉事務所は，おおむね，④で虚偽を述べて③の申請をさせないということをする。

援助的ではない福祉事務所の助言や指導のどこに違法や嘘があるかを見抜くことは容易ではない。基本は，福祉事務所の説明で困窮当事者が生活できるようになるかどうかで判断していくことになる。もし困窮当事者が生活できなければ違法ではないかと疑うべきである。

それでも申請ができない，申請したが却下されたということがあれば，法律家の専門的な支援を求める必要がある。

生活保護問題に関わる法律家のネットワークは，以下のとおり，各地にある。

東北生活保護利用支援ネットワーク　　受付022－721－7011

首都圏生活保護支援法律家ネットワーク　　受付048－866－5040

　　　（関東地方，山梨県，新潟県，長野県，北海道）

生活保護支援ネットワーク静岡　受付054－636－8611

東海生活保護利用支援ネットワーク　　受付052－911－9290

北陸生活保護支援ネットワーク福井　　受付0776－25－5339（福井，富山）

北陸生活保護支援ネットワーク石川　　受付076－231－2110

近畿生活保護支援法律家ネットワーク　　受付078－371－5118

生活保護支援中国ネットワーク　　受付0120－968－905

四国生活保護支援法律家ネットワーク　　受付050－3473－7973

生活保護支援九州ネットワーク　　受付097－534－7260（九州，沖縄）

　これらは，電話で相談を受け付けて，法律家の援助が必要だと認められるケースについて，できるだけ近くの法律家を紹介するシステムになっている。

　また，各地の弁護士会などでも生活保護相談を受けているところがある。例えば，東京弁護士会では，池袋で火・金曜，北千住で木曜，蒲田で水・土曜の午後に面談での生活保護相談（事前予約制）を弁護士が実施している。法テラスの相談援助制度を利用しているので，相談者に費用負担はない。

　相談を受けた法律家は，必要に応じて，申請同行をしたり審査請求をしたりしている。

　生活保護や生活困窮者支援の施策を実施するのは行政であるから，行政との連携も重要である。法律問題の分野でも，多重債務，建物賃貸借，離婚・DV，労働問題などにおいて法律家と連携している自治体もある。公認心理師の分野でも，弱い立場の人がホームレス状態になったり生活に困窮にしたりすることがある。その意味で，知的障害の把握や心理判定がその後の支援に役立つことになる。

〔引用・参考文献〕

森川清（2018）「生活保護基準引き下げ厚労省案のどこが問題か」賃金と社会保障1700号

生活保護制度の在り方に関する専門委員会報告書（2014年12月15日）

東京都福祉保健局生活福祉部（2007）「東京ホームレス白書Ⅱ」

森川清（2013）「生活困窮者自立支援法は生活困窮者を支援するのか」賃金と社会保障1590号

厚生労働省社会・援護局保護課（2011）「生活保護受給者の自殺者数について」2011年7月12日資料

厚生労働省自殺対策推進室・警察庁生活安全局生活安全企画課（2021）「令和2年中における自殺の状況」

森川清（2015）「外国人の生存権」月報司法書士2015年5月号

日本労働弁護団（2014）中間的就労に関する意見書

【森川　清】

## ▶§**3.4.2** __ 生活困窮者問題 ❷ 【心理職の視点から】

### ▶▶**1**__支援の基本——人権と自立の意味を理解する

　生活困窮者支援の基本は憲法25条の保障する生存権，つまり健康で文化的な最低限度の生活の実現である。生活困窮，あるいは貧困問題の根幹は権利，人権の問題であって，決して自立の助長や就労支援が第一ではない。残念ながらわが国では義務教育から大学に至る間に十分な人権教育の機会がないと言わざるを得ない。生活困窮者支援の各制度に関わる，あるいは連携するためには，人権に関わる学習の不足を補うために研鑽を積む必要があろう。特に新型コロナウィルスが感染拡大が長引き誰もが暮らしに困る状況の中で，生活困窮者支援の各種制度が人々の生存権を支えるものとして大きく機能したことの意義をよく考えたい。

　次に，自立とはなんであろうか。このことについても深い理解を要する。多くの生活困窮者は，「人に頼ってはいけない」「自立しなければならない」と考え，困難な状況の中，孤軍奮闘し，結果として事態・状況を悪化させていく。しかし，逆に人や制度を適度に頼る必要があるのだ。私たちは，ややもすると何かに頼ることを「依存」としてネガティブに考えがちである。しかし，自立を支援するとは，むしろ頼る先，「依存先」を増やし，地域の中で支えられ，その中で自分自身も役割を得て誰かを支える，支え合いの関係を形成していくことである。現在，福祉制度全体が，多職種・多機関連携に基づく，地域支援へと移行しているのはこうした視座が広がっているためだと考えて良いだろう。

### ▶▶**2**__当事者理解のキーパーソンとしての公認心理師

　生活困窮者支援における公認心理師の役割の中核はアセスメントである。しかし，これは単に精神疾患や知的・発達障害等のアセスメントにとどまらない。

　最も基本的なことは「聴く」ことである。例えば，生活保護受給要件に該当する経済的困窮に陥り，最低限度の生活を維持することができない状況であっても「生活保護を受けるのは嫌だ」という人がいる。福祉の窓口ではそれを文字通り受け取り，申請もできず，何の生活改善への繋ぎもないまま相談が終了することがよくある。しかし，本人の言葉に耳を傾け，聴いてみると，背景にはさまざまな想いや誤解，内在化された偏見・スティグマなどがある。周囲に知られて子どもがいじめられるのではないか，車を手放さなければならないのではないか，自分は生活保護の世話になるような人間ではない，など，「生活保護を受けたくない」という言葉の向こうに，さまざまな考えや想いがあるものだ。「聴く」ことで，挫折感や惨めさ

を受けとめ誤解を解き，次の動きに移ることができる。制度によって本人を支えていく重要な橋渡し役を果たすことができる。

　こうした中で重要になるのは，心理師本人の中にある差別や偏見の問題である。例えば，少なからぬ心理職，あるいは福祉職が生活保護やその受給者への内なる偏見や，「生活保護はなるべく受けない方が良い」という考えを持っている。それによって「聴く」ことが阻害される。あるいは，就労への取組みや，金銭の管理，生活習慣など生活困窮者が困難の歴史の中で形成してきた社会的に不適切と思われる言動について，きわめて表層的な理解から，適切な支援につなげるためのアセスメントができないこともある。心理師自身が人権や貧困状態についての深い理解に根ざして，自分自身の持つ差別・偏見に向き合い，日々精進することが必要である。

### ▶▶3＿通訳としての公認心理師

　生活困窮者への支援は，地域全体で本人を支える支援である。そのためには本人の気持ちや意思，希望が中心にあり，関係者が十分に本人を理解している必要がある。一方で，本人が必ずしも自分自身について適切に伝えることができる訳ではない。そこで，公認心理師は本人が語れるようにエンパワメントすると同時に，関係者が本人を理解し，本人が中心に据えられた支援となるよう，通訳の役割を果たす必要がある。関係者には専門職のみならず，自治会・商店街など地元関係者，こども食堂等地域ボランティアまで含めた，さまざまな方がいる。また生活困窮者の中には，日本語を母国語としない者もいる。そのため，専門的な用語や概念を，日常的な誰にでもわかる言葉で，日本語を母語としない人に対してはやさしい日本語で，明快に伝えていく必要がある。

　また，本人の希望が周囲からは理解しがたい，あるいは受け容れ難いものであることもある。依存症はその最たるものの一つである。あるいは，子どもたちが食べるに事欠く状況の中でスマートフォンを持っているなど生活の事細かなことが，周囲から疑問を持たれることもある。本人たちと環境の相互作用を暮らしの実情に即して差別・偏見を排して理解し，関係者に伝えていく必要がある。こうして理解された経験は本人をエンパワメントし，次に自らを語る土台ともなる。本人の状況に合わせて，通訳の役割を小さくしていく。また，この役割は，社会に対するアドボカシーについても同様である。主役は当事者，心理職の役割はエンパワメントと通訳である。ぜひ，本人が地域の中で，社会の中で，理解され，尊重されるよう寄り添っていける公認心理師でありたい。

【鈴木晶子】

## ▶§*3.5.1* __ 保険制度 ❶ 【法律職の視点から】

### ▶▶*1*__健康保険法

### 【1】 はじめに

　わが国は国民皆保険であり，すべての国民は，原則として，何らかの医療保険制度の適用を受ける。医療保険制度は，大きく，職域保険と地域保険に分けられる。職域保険は，会社など職場を単位として保険集団を構成する保険制度で，民間企業等の従業員を対象とした健康保険と公務員等を対象とした各種共済組合がある。地域保険は，住んでいる地域に着目した保険制度で，国民健康保険と後期高齢者医療制度がある。

### 【2】 健康保険法の概要

　健康保険法は，民間企業等の従業員を対象とした健康保険について定めている。健康保険には，大企業等が企業ごと，あるいは，企業グループごとに健康保険組合を組織して保険を運営する場合（「組合健保」）と，中小企業等の従業員を対象として，全国健康保険協会が制度を管掌する全国一本の保険制度（「協会けんぽ」）の2つの形態がある。健康保険の被保険者は，民間企業に雇用されている従業員であるが，被保険者に扶養されている家族も，被扶養者として同じ制度の対象となる。

　健康保険の被保険者，被扶養者は，ともに，指定された医療機関で医療を受けた場合，かかった費用の7割が健康保険から給付される。したがって，医療機関の窓口で支払うのはかかった医療費の3割であるがそれでも高額になる場合がある。そのような場合には，高額療養費制度があり，1か月の自己負担額が一定額を超える場合は，その超えた額が払い戻される。

　健康保険で給付される医療については，医療行為ごと，あるいは薬剤ごとに費用の額が決まっている（「診療報酬」，「薬価」という）医療機関では，患者に対して行った医療行為に基づき，かかった費用を計算して，3割を患者に請求し，残りの7割は社会保険診療報酬支払基金などを通じて保険者（健康保険組合や全国健康保険協会）に請求している。健康保険組合や全国健康保険協会が医療機関に支払う費用の財源は，主に被保険者から徴収した保険料である。保険料は給与，ボーナスに対して一定率で計算される。この率（「保険料率」）は，健康保険組合によって異なっている。また，協会けんぽでも都道府県によって異なる。

### 【3】 公認心理師とのかかわり

　公認心理師が健康保険制度とかかわるのは医療機関のスタッフとして精神療法等を行っている場合である。医師の指示の下に公認心理師が行った一定の行為は健康

保険の給付対象となり，患者の負担が少なくてすむ場合がある。対象となるのは，入院集団精神療法，臨床心理検査の実施者として，あるいは，デイケア，精神科急性期治療病棟，児童思春期病棟等のスタッフとして行った行為などである。しかし，健康保険の給付対象となるのは，あくまでも保険医療機関が行った行為に限られるため，保険医療機関となっていない公認心理師の事業所が医師からの指示書や院外処方のような形で精神療法を行っても，診療報酬を請求することはできない。

### ▶▶2＿国民健康保険法

#### 【1】 国民健康保険法の概要

　地域保険の中心的なものが国民健康保険（以下「国保」という）である。国保の保険者は，市町村であったが，平成30年度からは，都道府県が国保の財政運営の責任主体となり，市町村と都道府県が共同して保険者となっている。被保険者は，原則として，その市町村に居住する74歳以下の人で，健康保険や共済組合など，他の医療保険制度の対象となっていないものである。75歳以上の人は，後述のように，後期高齢者医療制度の対象となるため国保の被保険者とはならない。

　国保は，もともとは農業や自営業の人々を対象とした制度であったが，他の医療保険制度に加入できない人は，原則としてすべて国保に加入することになっているため，職域の健康保険に入れない人は国保に加入することになる。今日では，国保加入者の大部分は，職場を退職した高齢者とアルバイト，パート等のいわゆる非正規勤労者となっている。精神疾患等で長期に医療を受けている人は，会社等に勤めているときは健康保険の対象であるが，会社を退職すると国保の対象となる。ただし，一定の要件に該当する場合には，退職後2年間まではもとの健康保険に任意で継続加入することができる。なお，生活保護受給者は，医療費が全額生活保護から支給されるため，国保の対象者とはならない。

　国保では，医療費の7割が給付される。この点は健康保険と同様である。自己負担が高額になる場合に高額療養費制度により一定額を超える分の払い戻しがあることも健康保険と同様である。医療費を計算する元になる診療報酬や薬価も健康保険と共通である。健康保険と国保の法定給付で異なっているのは，病気などで仕事を休んだりして報酬が受けられなかった場合に，健康保険では傷病手当金などの現金給付が行われるのに対し，国保では必須とはなっていないことくらいである。

　保険料負担計算方法は健康保険と国保では大きく異なっている。健康保険の保険料は，給与やボーナスの一定割合であるのに対し，国保では，所得割，資産割，均等割，世帯割の4つの賦課方式（あるいはそのうちの3つまたは2つ）を組み合わせた賦課方式となっており，所得が少ない人ほど負担が重い逆進的な方式となっている。このため，無職など所得の低い人では，保険料の支払いが困難になる場合がある。このよ

うな場合には，申請により，保険料の減免を受けることができることになっている。

## 【2】　公認心理師が知っておきたいこと

　精神障害などで職場を退職すると国保に加入することになる。障害者総合支援法による精神通院医療などの公費負担医療は，その多くが保険優先となっており，医療保険からの給付が先で，3割の自己負担分を公費で負担する仕組みとなっている。このため，国保など医療保険制度に加入していることが前提となる。しかし，国保の保険料は，低所得者にとって重い負担となることがあり，低所得者には国保未加入者も多い。保険料や医療費の負担が精神的な重荷になる場合もある。保険料の減免の申請や公費負担医療の請求などの手続きの支援は，ソーシャルワーカーの仕事ではあるが，クライエントの精神的な負担を理解する上でも，医療費や保険料の負担，減免の可能性等についての基礎的な知識を持っておくことは必要であろう。

## ▶▶3　高齢者の医療の確保に関する法律

　高齢者の医療の確保に関する法律は，平成20（2008）年4月1日から施行されている法律で，前期高齢者に係る保険者間の費用負担の調整，後期高齢者医療制度，保険者による健康診査などを定めている。

　高齢者は，74歳までの前期高齢者と75歳以上の後期高齢者に分けられる。前期高齢者については，それまで加入していた保険制度に引き続き加入することになるが，その多くが国民健康保険に加入しているため，国民健康保険の医療費負担が過重になってしまう恐れがある。そのため，前期高齢者については，すべての医療保険制度に同じ割合で高齢者が加入しているものと仮定して費用を出し合うという形で，保険者間の費用負担の調整が行われている。

　一方，後期高齢者については，75歳になると，それまでどの医療保険制度に加入していたかにかかわらず，全員が，その制度を出て，後期高齢者医療制度に加入することになる。後期高齢者医療制度については，65歳以上75歳未満で寝たきりなどで認定を受けた人も対象となる。後期高齢者医療制度は，市町村が都道府県単位でつくる後期高齢者医療広域連合という組織が保険者となっており，財政運営，保険料の徴収等のほか，健康診査，健康教育など，高齢者の健康の保持，増進のために必要な事業を行っている。

　後期高齢者医療制度では，原則として，かかった医療費の9割が給付される。本人の自己負担は1割であるが，現役並みの所得がある人は3割負担となっている。健康保険等と同様に，自己負担が一定の額を超える場合には，高額療養費制度により，超えた分が払い戻される。後期高齢者医療制度に加入する高齢者は保険料を納付しなければならない。保険料は個人単位で賦課される。保険料は，原則として年金から天引きされるが，金融機関等で自主納付することも可能である。費用は，高

齢者自身の負担する保険料（全体の1割）のほか，国，都道府県，市町村の負担金（全体の5割），各医療保険制度からの支援金（全体の4割）で賄われている。

## ▶▶4__介護保険法

### 【1】 介護保険法の概要

　介護保険法は平成12年（2000年）4月に施行された。それ以前は，高齢者の介護サービスは，市町村の事業として実施されていた。介護保険制度の創設により，高齢者の介護は，保険制度からの給付として行われるようになった。

　介護保険の保険者は市町村で，被保険者は，第1号被保険者がその市町村に住む65歳以上の高齢者，第2号被保険者が40歳から64歳までの人である。第1号被保険者と第2号被保険者では，給付の要件も保険料の負担の方法も異なっている。保険料は，第1号被保険者は主に年金から天引きされる。第2号被保険者は，医療保険の保険料に上乗せして負担することになっている。介護保険の費用は，半分が保険料，半分が国，都道府県，市町村からの負担金で賄われる。

### 【2】 介護保険の給付の手続

　介護保険の給付を受けようとする場合は，市町村の要介護認定を受ける必要がある。要介護認定では，要介護の程度がどれくらいか（要介護度）の認定を受ける。要介護度は，要支援1と2，要介護1から5の7つの段階がある。この要介護度によって，利用できるサービスの限度が異なっている。実際に介護サービスを利用する場合は介護支援専門員（ケアマネージャー）に相談し，ケアプランを作成してもらうことがほとんどである。介護サービスの利用状況の管理もケアマネージャーが行っている。ケアプランに従って，認定を受けた事業者からケアサービスを利用した場合，その費用の7〜9割が介護保険から支給される。特別養護老人ホームなどの介護保険施設に入所する場合も，一定の自己負担があるが，費用の大部分は介護保険から給付される。

　新たに介護保険の給付を受けようとする場合には，どのような手続きを経る必要があるのかわからないことが多いため，あらかじめケアマネージャーを選んで相談するケースが多い。適切なケアマネージャーが見つからない場合は，地域包括支援センターで相談を受けられる。

### 【3】 公認心理師が知っておきたいこと

　公認心理師が介護保険制度と関係するケースとしては，認知症の患者またはその家族のカウンセリングを行う場合が考えられる。在宅の認知症患者に対するカウンセリング等は，直接は介護保険の給付対象とはならないが，入院していた認知症の患者が退院後在宅で生活するような場合には介護サービスの利用が必要であり，病院勤務の公認心理師は，介護保険給付についての知識を持っておくとともに，退院

に際して地域包括支援センターやケアマネージャーと密接に連携することが求められる。

## ▶▶5　国民年金法

### 【1】　国民年金法の概要

　国民年金法は，国民共通の年金制度である国民年金について定める。わが国は国民皆年金が実現しており，20歳以上のすべての国民は国民年金制度の適用を受ける。20歳以上60歳までの国内に居住している人と20歳未満でも会社などに雇われている人は，原則として，すべて国民年金の被保険者となり，一定の要件に該当すると国民年金から年金給付（基礎年金）を受けることができることになっている。

　国民年金の保険者（制度の管理者）は国（厚生労働大臣）で，保険料の徴収，年金給付などの事務は日本年金機構という公的団体が行っている。被保険者は，第1号被保険者，第2号被保険者，第3号被保険者に別れている。第2号被保険者は会社などに雇われている人や公務員などで，同時に厚生年金の被保険者となる。第3号被保険者は，第2号被保険者に扶養されている配偶者である。第1号被保険者はそれ以外の人で，自営業者，学生，非正規の勤労者などが含まれる。

### 【2】　年金の給付

　一定の要件に該当すると，国民年金制度から，老齢基礎年金，障害基礎年金，遺族基礎年金などが給付される。老齢基礎年金は，保険料納付期間と免除期間が合わせて10年以上ある人が65歳以上になると支給される。老齢基礎年金の額は，40年間保険料を払った場合で年額77万9300円（平成30年度の場合。以下同じ）である。障害基礎年金は，国民年金に加入している期間に初診日（障害の元になる病気やけがで最初に医療機関にかかった日）があり，一定の障害の程度にある場合に支給される。障害は，身体障害，知的障害，精神障害のいずれであっても支給の対象となる。20歳になる前に障害となった場合には，20歳になったときから支給される。障害基礎年金の額は，障害の程度によって異なっており，2級で年額77万9300円，1級の場合はその1.25倍である。障害者に18歳未満の子がある場合は年金が加算される。遺族基礎年金は，国民年金に加入していた人が亡くなった場合に，その人と生計を同一にしていた配偶者（18歳未満の子がいる場合に限る）に支給される。配偶者がいない場合には，18歳未満の子に対して支給される。

　いずれの給付も，受給者（遺族基礎年金の場合は亡くなった人）が，一定の期間保険料を納付しているか，免除を受けていることが要件となる。

### 【3】　保険料

　国民年金の保険料は，第1号被保険者，第2号被保険者，第3号被保険者のいずれであるかによって異なっている。第2号被保険者は，厚生年金の被保険者でもあ

り，厚生年金の制度に保険料を払っている。国民年金の保険料（基礎年金の受給要件となる保険料）は，その中に含まれており，別途国民年金の保険料を納付する必要はない。第3号被保険者の保険料は，第2号被保険者が全体で負担していることになっており，個々の被保険者は保険料を負担する必要がない。第1号被保険者は，毎月定額（平成30年度の場合　月額1万6340円）の保険料を納付しなければならない。所得が低く保険料の納付が困難な人は，減免の措置を受けることができる。ただし，その期間については年金額が減額される。また，学生や30歳未満の無職(低所得)の者には，保険料を後から納付すれば年金額に反映される納付猶予の制度がある。

## 【4】　公認心理師が知っておきたいこと

　公認心理師が職務上年金と関わるケースとしては，障害年金に関することが多いと思われるが，障害の程度が年金受給要件に該当するかどうかとか，保険料未納期間などがある場合に年金が受給できるかどうかといった相談は，公認心理師が回答することが難しく，年金事務所に問い合わせを行う必要がある。しかし，安定した収入として障害年金を受給できるかどうかは，クライエントの精神的な安定にも影響するため，公認心理師としても，年金受給にむけた積極的な支援が望まれる。このため，障害の状態と認定の実例などについて一定の知識を得ておくとともに，ソーシャルワーカーや年金相談員などとの連携を密にしておくことが求められる。

【植村尚史】

## ▶§3.5.2 __ 保険制度 ❷ 【心理職の視点から】

### ▶▶1 __ 社会保障領域で実践されている心理支援の内容と特徴

　介護保険を含む日本の社会保障制度は申請主義であるため，本人・家族が制度の存在を知って自ら手続きをしないと，利用することができない（畠山 2017）。平成30年度高齢白書によれば，65〜74歳で要支援の認定を受けた人は1.4%，要介護が2.9%であるのに対して，75歳以上では要支援が9.0%，要介護が23.5%と大きく増える。介護が必要になった主な原因は，「認知症」が18.7%と最も多く，「脳血管疾患」15.1%，「高齢による衰弱」13.8%，「骨折・転倒」12.5%が続き，認知症は介護の契機となりうる重要な疾患である。服薬や予定の管理困難等の認知症初期に生じやすい生活障害が適切に補われぬまま経過すると，身体合併症の増悪や行動・心理症状の発現など臨床像が複雑化し，時に社会的孤立，虐待，経済被害，近隣トラブル等の社会的困難に進展する（粟田 2015）。介護サービス利用の有無が，その後の複雑化の方向性を決めうるため，認知症の診断と同時にケアや社会資源に関する心理教育を行うことは非常に重要である。以下に架空事例を通して，介護保険に関連

する心理支援について具体的に考えたい。

【事例】Bさん　78歳　女性　夫と二人暮らし

　　Bは、仕事に忙しかった夫に代わり、家事や子育て一切を担ってきた。子どもの独立後は
コーラスを楽しむなど、精力的に過ごしていたが、2年前練習の予定を2度立て続けに失
念して以降、徐々に足が遠くようになった。当初、探し物から始まった生活障害は、重複
買いや鍋焦がしに及び、見かねた夫の勧めで物忘れ外来を初診。医師からアルツハイマー
型認知症と診断され、夫は勧められた「認知症はじめて講座」を受講した。ケアの方法や
介護保険等の社会資源について知識を得たが、「定年まで勤め上げられたのも妻のおかげ。
Bが少しでも元に戻れるように自分で何とかしたい」と介護保険には関心を示さず、かつて
の仕事への熱意を妻への介護に向けるようになった。慣れない家事に四苦八苦するかたわ
ら、日中は刺激を与えようと嫌がるBを外に連れ出したり、計算や日記の課題を課した。し
かし、Bは症状が改善するどころか徐々に夜間不眠がちとなり、夫もろくに休息もとれず、
体力的にも精神的にも追い詰められていった。方針転換を迫られた夫は、通院の際に医師
から勧められた家族会に参加することにした。そこである男性参加者から一人で介護を抱
え込んで追い詰められたかつての経験を聞き、夫も嗚咽しながら窮状を吐露した。他の参
加者からも、介護サービス利用まで数々の苦労はあったが頼れる支援者に出会えたときに
心底ほっとしたという具体的な話を口々に紹介され、制度の利用に初めて前向きになった。
心理師は会の終了直後にソーシャルワーカー（SW）と情報共有し、夫と面談。了承を得て
地域包括支援センター（以下、包括）に、情報提供と早急に要介護認定申請を進めたい旨
連絡を入れた。その後、緊急利用として暫定プランが立てられ、Bは翌週にはデイサービス
に通い始めることができた。Bの生活リズムが整うにつれ、夫も日中休息時間を取れるよう
になり、夫婦の生活は安定するようになった。

## ▶▶2　介護サービス利用における他の専門職との連携および制度の知識の活用について

　病気の種類や理由にかかわらず、家族の一員に介護が必要となった時点で、支援
者が介護保険を含む社会資源について「情報的サポート」を行うことは重要である。
ただし事例のように制度の知識を得ても、本人や家族がそれまで抱いてきた自立／
自律観から、要介護認定申請にまで至らないケースも少なくない。特に介護者が男
性の場合、自立（「ひとりでもやっていける」）と自律（「自分をコントロールしているのは自分
自身」）の感覚が脅かされると、介入の拒否につながりやすい（平山2014）。したがっ
て彼らの自立／自律観を尊重しつつも、悩むのは自分だけでないことや、自分より
辛い人もいることを知るといった経験の共有化・相対化（宮上2004）を通して、自
分の置かれている状況を客観視し新たな認識に出会えるような「情緒的サポート」
も重要である。事例の夫も、情緒的サポートを得て、他者に頼る自立／自律の形も
あることに気づき、態度が軟化していった。

　また情報を得ても本人や家族の力だけでは、介護サービス利用にアクセスできな

い場合もある。事例のように職場にSWがいれば，サポートが必要と思われる対象者・家族の情報を適時に共有し，彼らに了承を得た上で，包括に連絡し，家族状況や個別的に必要な配慮を情報共有する支援が有効である。なお，虐待，経済被害等，本人・家族の直面している課題内容によっては，連携先は包括や行政の他，法律家を含むより広い範囲の専門職に広がることもある。

　制度の知識は，本人・家族の意思や個別性を無視して，一方的に制度の枠や事情を押し付ける形で活用してはならない。彼らの意思を尊重し，個々のニーズに即した形で活用することで，知識は初めて生きたものとなる。介護保険に関わる専門職として最も重要なことは，地域包括ケアシステムの中で作り出される支援ネットワークの中で，本人・家族が希望を持って暮らしていけることを第一義とする視座を持つことである（粟田 2015）。

〔引用文献〕
粟田主一（2015）　医療サービス，生活支援サービス，介護保険サービスを利用する　老年精神医学雑誌　26　398-405
粟田主一（2015）　認知症初期集中支援チーム実践テキストブック　中央法規出版
宮上多加子（2004）　家族の痴呆介護実践力の構成要素と変化のプロセス：家族介護者16事例のインタビューを通して　老年社会心理学　26　330-339
畠山啓（2017）　高齢者が利用できる社会保障制度，社会資源　精神科治療学　32　174-178
平山亮（2014）　迫りくる息子介護の時代　光文社新書

【扇澤史子】

▶§**4.1.1** 基本的法律・制度 ❶ 【法律職の視点から】

#### ▶▶**1**＿教育分野に関する基本的な法律・制度の概要

本項では，公認心理師に関連の深い教育分野の法律として，教育基本法，学校教育法，地方教育行政の組織および運営に関する法律（地方教育行政法），学校保健安全法，義務教育の段階における普通教育に相当する教育の機会の確保等に関する法律（教育機会確保法）の概要を述べる。なお，発達障害者支援法，いじめ防止対策推進法については後の項で取り上げる。

【**1**】 教育基本法

教育基本法は，戦前の軍国主義・国家主義的な教育に対する反省をふまえ，教育の目的を明確にし，日本の教育の基本を確立するため，1947年に制定された。そこでは教育は人格の完成をめざし，個人の尊厳を重んじることが記された。

その後本法は2006年に全面的に改正され，「公共の精神に基づき，主体的に社会の形成に参画し，その発展に寄与する態度を養うこと」や，「伝統と文化を尊重し，それらをはぐくんできた我が国と郷土を愛するとともに，他国を尊重し，国際社会の平和と発展に寄与する態度を養うこと」など，教育の目標が新たに付け加えられた。また，旧法の全11条が新法では全18条に改められた。改正時は，教育の目標として「愛国心」を加えるかが大きな論点となったが，結果的には「我が国と郷土を愛する」という表現となった。

現行法は，「第一章 教育の目的および理念」（教育の目的，教育の目標，生涯学習の理念，教育の機会均等），「第二章 教育の実施に関する基本」（義務教育，学校教育，大学，私立学校，教員，家庭教育，幼児期の教育，家庭教育，学校，家庭および地域住民等の相互の連携協力，政治教育，宗教教育），「第三章 教育行政」（教育行政，教育振興基本計画），「第四章 法令の制定」の４章で構成されている。

教育基本法は文字通り教育の基本や目的・目標を定めた法律であるが，それゆえに理念的・道義的な規定が主となっている。また，基本法としての性格から，本法の規定は他の教育関係法令にさまざまな影響を与えている。

## 【2】 学校教育法

学校教育法はいわゆる6・3・3・4制の学校制度について定めた法律で，1947年に制定された。幾度か改正されているが，教育基本法の改正を受けて2007年に各学校種の目的・目標の見直しや新しい職（副校長など）が設置されるなど大きな変更が行われた。現在は全13章146条（総則，義務教育，小学校・中学校など学校種ごとの章，雑則，罰則）と附則からなる。第1条では，学校教育法上の学校を「幼稚園，小学校，中学校，義務教育学校，高等学校，中等教育学校，特別支援学校，大学および高等専門学校」と定めている（これらを「一条校」とよぶことがある）。

2007年に新設された「第2章　義務教育」では就学義務や義務教育の目標が記載されている。第3章以降は，学校種ごとにその目的・目標や修業年限，設置義務，職員などがそれぞれ記載されている。また，各学校は自己点検・評価（学校自己評価）を行うことや，保護者・地域住民等に教育活動その他の学校運営に関する情報を積極的に提供すべきことが明記されている。

小・中学校の職員については，校長，教諭，養護教諭は必ず置くことになっているが，教頭や事務職員は特別の事情がある場合は置かないことができる。またその他に，副校長，主幹教諭，指導教諭，栄養教諭その他必要な職員を置くことができる。副校長は「校長を助け，命を受けて校務をつかさどる」が，教頭と異なり，校長の権限を委任することができる。主幹教諭は「校長・教頭を助け，命を受けて校務の一部を整理し，並びに児童の教育をつかさどる」，指導教諭は「児童の教育をつかさどり，並びに教諭その他の職員に対して，教育指導の改善および充実のために必要な指導および助言を行う」，栄養教諭は「児童の栄養の指導および管理をつかさどる」。副校長，主幹教諭，指導教諭は校務分掌として位置付けられる主任（教務主任，学年主任等）とは異なり，いずれも管理職である。

学校教育法は法律（国会の議決を経て定める）であるが，その詳細については政令（内閣が定める）と省令（各省が定める）である学校教育法施行令，学校教育法施行規則でそれぞれ定めている。2017年3月の学校教育法施行規則の改正により，同規則第65条の2で「スクールカウンセラーは，小学校における児童の心理に関する支援に従事する」ことが明記され（中学校，高等学校など他の学校種にも準用），スクールソーシャルワーカーと合わせて，両者の職務が法令上明確化された。

なお，本法では特別支援学校のほか，特別支援学級についても定められている。第81条第2項には，「小学校，中学校，義務教育学校，高等学校および中等教育学校には，次の各号のいずれかに該当する児童および生徒のために，特別支援学級を置くことができる」とあり，その対象として，知的障害者，肢体不自由者，身体虚弱者，弱視者，難聴者，その他障害のある者で，特別支援学級において教育を行うことが適当なもの，が挙げられている。

4

教育分野

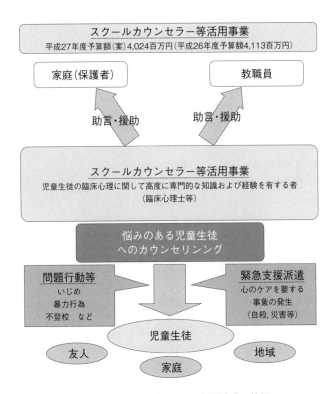

図4.1.1　スクールカウンセラー活用事業の枠組み

出所）　中央教育審議会初等中等教育分科会チーム学校作業部会参考資料（2015年3月9日）

　また，同法施行規則第140条および第141条では通級指導（軽度の障害がある児童生徒に対して，小・中学校の通常の学級に在籍しながら，障害に応じた特別の指導を「通級指導教室」といった特別の場で行うこと）についての規定が置かれている。その対象は，言語障害者，自閉症者，情緒障害者，弱視者，難聴者，学習障害者，注意欠陥多動性障害者，その他障害のある者で特別の教育課程による教育を行うことが適当なもの，とされている。

【3】　スクールカウンセラー活用事業補助

　スクールカウンセラーの配置拡充を進めるため，国などでは各種の補助が行われている。1995年度から2000年度までは調査研究事業（委託事業）として実施され，2001年度からは補助事業として行われている。以前は費用の2分の1が補助されていたが，2009年度以降，補助率は3分の1となっている。事業のイメージは図4.1.1の通りである。

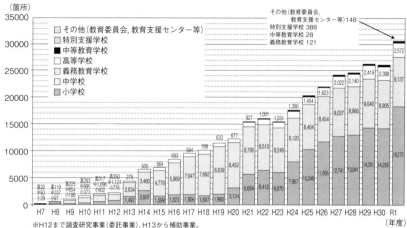

（箇所）
35000

- ▨ その他（教育委員会，教育支援センター等）
- ▤ 特別支援学校
- ■ 中等教育学校
- ▢ 高等学校
- ▥ 義務教育学校
- ▢ 中学校
- ▨ 小学校

その他（教育委員会，
教育支援センター等）148
特別支援学校 388
中等教育学校 28
義務教育学校 121

H7 H8 H9 H10 H11 H12 H13 H14 H15 H16 H17 H18 H19 H20 H21 H22 H23 H24 H25 H26 H27 H28 H29 H30 R1
（年度）

※H12まで調査研究事業（委託事業），H13から補助事業。
※H21から，拠点校を定めず巡回して複数の学校を併せて担当する場合における巡回対象となる学校（巡回校）
　必要に応じて派遣される学校（派遣校）の形態も可能としている。
※H23〜は緊急スクールカウンセラー等派遣事業の活用により被災3県（岩手県，宮城県，福島県）の配置を含んでいない。
※H26〜H30は，緊急スクールカウンセラー等派遣事業の活用による配置を含む。
※R1（計画）は速報値。

図4.1.2　スクールカウンセラーの配置状況

出典）文部科学省ウェブサイト
　　　https://www.mext.go.jp/a_menu/shotou/seitoshidou/20201012-mxt_kouhou02-01.pdf
　　　最終閲覧日：2021年10月11日

　近年までの配置状況は図4.1.2の通りである。政府の「ニッポン一億総活躍プラン」（2015年6月2日閣議決定）等では，2019年度までにスクールカウンセラーを全公立小中学校（2万7500校）に配置する目標が掲げられた。2020年度には高校なども含めて約30,000校に配置されている。また，通常配置に加えて，週5日相談体制（公立中200校）の実施や，小中連携型配置による公立小中学校の相談体制の連携促進，貧困対策・虐待対策への重点加配の増加なども行われることになっている。

　またこれとは別に，東日本大震災復興特別会計で緊急スクールカウンセラー等活用事業が行われており，被災した幼児児童生徒・教職員等の心のケアや，教職員・保護者等への助言・援助，学校教育活動の復興支援，福祉関係機関との連携調整等様々な課題に対応するため，スクールカウンセラー等を活用する経費を支援している。これは全額を国が補助している。

　以上は主に公立学校への配置拡充であるが，私立学校については「私立高等学校等経常費助成費補助」（「高等学校等」とあるが，小・中学校等も含んでいる）において，スクールカウンセラー等を配置している私立高校等に助成を行っている都道府県に対して，国が補助を行っている。

## 【4】　地方教育行政法

4

教育分野

地方教育行政法は，「教育委員会の設置，学校その他の教育機関の職員の身分取扱その他地方公共団体における教育行政の組織および運営の基本を定めること」を目的として，教育委員会や首長（知事・市町村長）の権限，教育行政における国と自治体の関係などを規定している。1948年からの旧教育委員会法を引き継ぐ形で1956年に制定された。

　本法は全6章63条（総則，教育委員会の設置および組織，教育委員会および地方公共団体の長の職務権限，教育機関，文部科学大臣および教育委員会相互間の関係等，雑則）と附則からなる。2014年に大規模な改正が行われ，首長から一定程度独立した教育委員会の組織が改められた。従来は，教育委員長（非常勤）が教育委員会を代表し，原則5名の教育委員による政策決定を常勤の教育長（教育委員を兼ねる）が執行するしくみであった。改正後は，教育長が従来の教育委員長の役割を兼ねて教育委員会を代表し，教育長と原則4名の教育委員によって（狭義の）教育委員会を構成するしくみに変わった。教育長は事務局を統括し，狭義の教育委員会での政策決定を執行する。教育長・教育委員だけでなく，教育委員会事務局を含めて（広義の）教育委員会と呼ぶこともある。

　そのほか，2014年の改正では首長の権限が強化され，首長が教育行政の基本的方針である大綱を定める権限を有することになった。また，首長が主宰する総合教育会議において，大綱や重要施策等について首長と教育委員会が協議・調整を行うこととなった。

　2014年の法改正にあたっては教育委員会制度を廃止し，首長に教育行政権限を一元化する案も検討されたが，教育行政の政治的中立性の確保への懸念があり，教育委員会を維持しつつ首長の権限を強化する現在の制度となった。

## 【5】　学校保健安全法

　2008年にそれまでの学校保健法が改められ，翌2009年度から学校安全も含めた学校保健安全法が施行された。本法は，「学校における児童生徒等および職員の健康の保持増進を図るため，学校における保健管理に関し必要な事項を定めるとともに，学校における教育活動が安全な環境において実施され，児童生徒等の安全の確保が図られるよう，学校における安全管理に関し必要な事項を定め，もつて学校教育の円滑な実施とその成果の確保に資すること」を目的としている。

　本法は全4章32条（総則，学校保健，学校安全，雑則）と附則からなり，学校保健に関しては，設置者の責務，学校保健計画の策定，学校環境衛生基準，保健指導，就学時健康診断，児童生徒や職員の健康診断，感染症予防（出席停止，臨時休業），学校保健技師，学校医などに関する規定が置かれている。学校安全に関しては，設置者の責務，学校安全計画の策定，学校環境の安全の確保，危険等発生時対処要領の作成，地域の関係機関等との連携などが定められている。

## 【6】 教育機会確保法

　教育機会確保法は「教育基本法および児童の権利に関する条約等の趣旨にのっとり，教育機会の確保等に関する施策に関し，基本理念を定め，並びに国および地方公共団体の責務を明らかにするとともに，基本指針の策定その他の必要な事項を定めることにより，教育機会の確保等に関する施策を総合的に推進すること」を目的として，2015年12月に公布された。

　本法は全5章20条（総則，基本指針，不登校児童生徒等に対する教育機会の確保等，夜間その他特別な時間において授業を行う学校における就学の機会の提供等，夜間その他特別な時間において授業を行う学校における就学の機会の提供等）と附則から構成されている。基本理念として「すべての児童生徒が豊かな学校生活を送り，安心して教育を受けられるよう，学校における環境の確保が図られるようにすること」，「不登校児童生徒が行う多様な学習活動の実情を踏まえ，個々の不登校児童生徒の状況に応じた必要な支援が行われるようにすること」などが掲げられている。また，国および地方公共団体の責務，財政上の措置等，文部科学大臣が基本的な指針を定めることなどが規定されている。不登校児童生徒等に対する教育機会の確保等に関しては，①学校における取組への支援，②国，自治体が支援の状況等に係る情報の共有を学校の教職員，心理，福祉等に関する専門的知識を有する者その他の関係者間で促進するために必要な措置を講ずること，③不登校児童生徒が学校以外の場において行う多様で適切な学習活動の重要性に鑑み，個々の不登校児童生徒の休養の必要性を踏まえて，国・自治体は不登校児童生徒の状況に応じた学習活動が行われることとなるよう，当該不登校児童生徒およびその保護者に対する必要な情報の提供，助言その他の支援を行うために必要な措置を講ずること，などが規定されている。児童生徒の休養の必要性や，フリースクール等での学習活動を行政が支援することを明確にした点が注目される。

　なお，本法制定の際には「就学義務」の履行を学校以外の場についても認めるかが論点となった。現在は保護者が子どもを学校に通わせることが法的には義務と解釈されているが，これを緩和し，フリースクール等での学習も一定の条件で就学義務の履行として認める方向性が検討された。しかし，不登校を助長するなどの反対があり，今回の法制定では就学義務の範囲の変更については見送られた。

## ▶▶2＿スクールカウンセラーの活用事例

　スクールカウンセラーの役割としては，①児童生徒に対する相談・助言，②保護者や教職員に対する相談（カウンセリング，コンサルテーション），③校内会議等への参加，④教職員や児童生徒への研修や講話，⑤相談者への心理的な見立てや対応，⑥ストレスチェックやストレスマネジメント等の予防的対応，⑦事件・事故等の緊急対応

における被害児童生徒の心のケア児童生徒に対する相談，などが挙げられる（教育相談等に関する調査研究協力者会議「児童生徒の教育相談の充実について─生き生きとした子どもを育てる相談体制づくり─（報告）」，2007年）。ここではそうした役割を果たした事例を，文部科学省が発行した『平成29年度スクールカウンセラー実践活動事例集』から紹介する（一部内容などを改めている）。

## 【事例1】　インターネット依存改善の事例

　　中学1年の生徒Aは，入学時から休日明けは登校できない状況が続いていた。また，宿題の提出が滞ることが多く，授業に集中できない状況であった。担任が面談の機会を設けても，Aから不安や悩みを聞き出すことはできずにいた。

　　Aは，家族関係や学校生活の悩みをインターネットやSNSに投稿し，摂食障害の状況，自傷願望，生活の不満等をツイッターに頻繁に綴っていた。状況を心配した級友が担任に相談したことで事態が発覚し，学年主任，担任，スクールカウンセラーが協力して対応することになった。

　　スクールカウンセラーがAと繰り返しカウンセリングを行い，家族関係の悩みだけでなく，帰宅後は深夜でもスマートフォンを操作するなどインターネットに依存傾向があることや，学業・進路について強いストレスを感じていることがわかった。

　　スクールカウンセラーは，保護者，医療関係者を交えたケース会議を管理職に提案し，関係機関と連携を図った。ケース会議では，医療との連携やAへの学習支援について具体策を確認した。また，スクールカウンセラーはAの保護者と面談を行い，家庭での生活の在り方等について保護者に助言し，生活リズムの改善を図った。

　　徐々にAの生活や学習に向かう姿勢が安定してきており，今後も保護者・医療・学校が連携した対応を進めていくことにしている。

## 【事例2】　発達障害への理解と支援のための校内研修

　　ある中学校で学校の教職員から「学校における特別支援や個別の支援を要する子どもへの理解を深めたい」「発達障害の見分け方などについて知りたい」という相談や要望がスクールカウンセラーにあった。スクールカウンセラーは，スクールカウンセラーの窓口である養護教諭と特別支援コーディネーターにそのことを伝え，3人で話し合いの場を数回持った。その中で，発達障害の校内研修を行い，スクールカウンセラーが障害に関する研修を担当し，特別支援コーディネーターがスクールカウンセラーの話題提供について認知行動療法の実践に関するレクチャーをすることにした。

　　当日は校長，教頭等，管理職をはじめ全教職員が参加した。小グループをつくり，講義とディスカッションを中心とした研修を行った。ディスカッションを取り入れたことにより，教職員が普段の指導を振り返るとともに積極的に参加することができた。発達障害の研修（なぜ why）にあわせて認知行動療法の導入（どうやったらいいか how to）を取り入れたことで実用的な学びの場となった。

　　研修後，教職員が実施する全生徒を対象としたスクリーニングやそれに関するコンサルテーションの際，発達障害に関する理解の深まりや迅速な対応などに役立っていることがうかがえるようになった。また，研修を通じて，これまで以上に学校職員とスクールカウ

ンセラーの相互理解が深まり，好連携につながった。

### ▶▶3 __ 教育分野において連携する公認心理師に期待すること

　学校におけるスクールカウンセラーなどの職務は，公認心理師の活動の重要な一領域として想定されており，教育現場においてその専門性を発揮することが求められている。その際，次に挙げるような役割を果たすことが期待されている。

　第1に，学校と専門機関をつなぐ窓口としての役割である（伊藤 2013）。保健センターや医療機関，教育センターに加えて，福祉事務所，スクールソーシャルワーカー，子ども家庭支援センターなどの専門機関と連携し，学校の教職員とそれらをつなぎつつ，長期的な見守りや支援を行っていくことが望まれる。

　合わせて，学校内部での連携も重要である。教員の多忙化にともない，非常勤がほとんどであるスクールカウンセラーとの連携・協働が難しくなっている。一方で，児童生徒や保護者からの相談だけでなく，教職員からの相談や効果的な研修の実施もスクールカウンセラーに求められており，窓口になる教職員などとの密接な連携が職務上必要である。

　第2に，学校教育だけでなく他の領域も該当することが多いと思われるが，スクールカウンセラーの外部性と第三者性を保つことである。教育相談等に関する調査研究協力者会議（2007年）の報告でも，「学校外のいわば『外部性』を持った専門家として，児童生徒と教員とは別の枠組み，人間関係で相談することができるため，スクールカウンセラーならば心を許して相談できるといった雰囲気を作り出している」といった指摘があり，専門性と外部性の両方を併せ持つ存在としてその役割を果たすことが求められている。

〔参考文献〕
伊藤美奈子(2013)　スクールカウンセラー　藤永保監修　最新心理学事典　平凡社
【村上祐介】

### ▶§**4.1.2** __ 基本的法律・制度 ❷ 【心理職の視点から】

#### ▶▶1 __ 教育分野における心理支援の歴史と特徴
【1】 スクールカウンセラー導入以前の状況

　戦後の日本の教育は，1947年制定の教育基本法（2006年改正）によって出発し，子どもたちへの心理支援については，児童福祉法の制定（1947年）に伴って全国に児

童相談所が設置され，次いで1950年代には公立の教育相談室が開設され，主に学校外の専門機関で行われていた。一方，学校では，非行問題の増加等を背景にカウンセリングに関心をもつ教師が専門機関と関わりを持ちながら，問題を抱える児童生徒への援助的機能を果たしていた。教師による当時のカウンセリングは，教育を目標とする学校へ専門治療機関で構築された心理支援の理論と実践がそのまま移入されたこともあり，一部では混乱もあった。その後，1960年代に入り，中学校学習指導要領に「教育相談」が位置づけられ，子どもの自己理解や自己実現を援助しその個性を伸張する指導が重視され，「教育相談は学校の教育活動に機能するもの」となった。1970年代半ば高校進学率が9割以上となった頃，皮肉にも校内暴力，非行，高等学校中途退学，不登校等の問題が深刻化し，心理支援の重要性が強く認識されるようになった。そして，すべての教員が教育相談を学ぶことが奨励されるようになり，1980年代には「カウンセリング・マインド」という造語が流行し瞬く間に普及した。この間，日本社会全体の高度経済成長と相俟って学校教育に対する期待は大きく，受験戦争が激化した時代でもあった。

【2】 公立学校スクールカウンセラー等活用事業

　1995年に文部省（当時）「スクールカウンセラー活用調査研究委託事業」により，いじめ・不登校対策として臨床心理士等がスクールカウンセラー（以下，SC）として学校に導入され，教育現場での心理職の職能が改めて注目されるとともに連携と協働が重視された。本事業の目的は，いじめや暴力に起因する死亡事件が発生するなど憂慮すべき状態に対して学校だけでは対応が困難であり，高度な専門的知識・経験を有する専門家を活用し効果等の実践的調査研究を行うことであった。当初のSCは，前例のないなかで校内の黒子として創意工夫を重ねながらスクールカウンセリング活動を展開してきた。その後，SC事業は社会からの一定の評価を受けて発展し，2001年より「スクールカウンセラー等活用事業補助」（実施主体は都道府県・指定都市）へ変更されながら，全国154校から始まったSC活用事業は，現在（2020年），全小中学校2万7500校へと配置が進められている。

　SCの主な職務は次の通りといえる。①児童生徒へのカウンセリング，②保護者への助言・援助，③児童生徒に対するアセスメント，④全ての児童生徒を対象とした心の教育の実施，災害時における心のケア，⑤不登校・いじめ防止など問題行動等への対応，⑥教職員へのコンサルテーション，⑦校内研修の実施（参照：文部科学省［2017］「児童生徒の教育相談の充実について～学校の教育力を高める組織的な教育相談体制づくり～（報告），SCガイドライン（試案）」）。また，SCの選考は次の通りである。①公認心理師，②臨床心理士，③精神科医，④児童生徒の心理に関して専門的な知識および経験を有する大学教員，⑤都道府県または指定都市が上記の各者と同等以上の知識および経験を有すると認めた者。これに加え，準ずる者が選考の対象となる。（参照：

文部科学省「スクールカウンセラー等活用事業実施要領」平成30年4月1日一部改正）。

## 【3】 チームとしての学校

　上記の通り，SC活用事業は拡大したものの法律に基づく制度化に至っていないために，SCの配置形態（単独校・拠点校・巡回方式）は各県の財政基盤や人材確保によって地域格差が生じている。このようななか，「チームとしての学校の在り方と今後の改善方策について（答申）」（中央教育審議会，2015年）が公表され，教職員一人一人が自らの専門性を発揮するとともに，専門スタッフ等の参画を得て子どもたちの教育活動を充実していく方向性が示された。本答申には，SCの職務内容を法令上明確にすることや，将来的にはSC等を教職員定数として算定することについて今後検討していくと明記された。これらを受けて，学校教育法施行規則（65条の2）に「スクールカウンセラーは小学校における児童の心理に関する支援に従事する」(2017年)と記載され，SCの法令上の位置づけが明らかになり，画期的な第一歩となっている。

## ▶▶2＿関係機関との連携・協働

### 【1】 校内連携・校外連携による的確な行動連携

　教育領域の心理支援は，不登校等学校不適応を抱える子ども個人へのアセスメントはもとより，個人を取り巻く家庭や環境のアセスメントが不可欠である。また，子どもの行動は学校環境との相互作用で規定されていく面もあり，学校そのものの特徴を理解する必要がある。さらに，SCは学校全体の教育相談機能の充実に貢献する必要がある。前掲の「児童生徒の教育相談の充実について」によれば，今後の教育相談体制は事案が発生してからではなく，未然防止，早期発見，早期支援・対応，さらには，事案が発生した時点から事案の改善・回復再発防止までの一貫した支援に重点を置いた体制づくりが重要である。学校においては，教職員，SC，スクールソーシャルワーカー（以下，SSW）等の関係者が一体となった教育相談体制づくり，関係機関や地域との連携づくりやコーディネーター役の教職員の配置が重要である。すなわち，心理支援において，子どもの状態に合わせた校内連携・校外連携を的確に行うことが不可欠である。SC等の心理職は子どもの状況を総合的にアセスメントし対応策を考え，学校教職員に対応上の留意点を具体的にフィードバックしながら情報連携に留まらず行動連携を確実に実行することが求められる。

　また，子どもたちの問題は複雑化・困難化しており，SCは専門機関の機能をよく理解した上で，学校に関わる他の専門家に対しての相談・助言も重要な職務といえる。連携先としては，専門病院やクリニック，保健所（センター）等の医療・保健機関，教育相談室，教育支援センター（適応指導教室），通級指導学級等の教育・相談機関，児童相談所，児童家庭支援センター，発達障害児支援センター，児童自立支援施設や児童養護施設等の児童福祉機関，警察や少年サポートセンター等司法・

矯正機関，主任児童委員，保護司等がある。

## 【2】　連携における留意点

　SCが外部機関と連携を図る際は，学校組織として学校管理職を窓口として行うことが通常である。また，連携の際には，「不登校児童生徒への支援に関する最終報告」（文部科学省，2016年）が提唱した「児童生徒理解・教育支援シート」（試案）の活用を推奨したい。本シートは，児童生徒一人一人の状況を適切に把握し，その子どもの置かれた状況を関係者間で情報共有し，組織的・計画的に支援を行うことを目的として，学級担任，養護教諭，SC，SSW等を中心に学校が組織的に作成するものである。これにより，「担当者が変わるたびに同じことを説明しなければならない」といった問題を減少させることができる。また，児童生徒が医療機関等を受診する際には，保護者の同意を得た上で，SCと学級担任が協力して情報提供書を作成し児童生徒の学校での様子や受診目的を主治医に提供することは，その後の子どもの支援に役立つことが多い。


## ▶▶3　教育分野において必要とされる法律・制度の知識

　2006年の教育基本法の改正に続き，「学校教育法」，「地方教育行政の組織及び運営に関する法律」，「教育職員免許法及び教育公務員特例法」の改正がなされた。これらの改正には，学習指導要領の見直しや副校長職や主幹教諭等の新たな職の設置他，教育委員会の責任体制の明確化や体制の充実に関わる内容が含まれており，学校で働くSCにとって理解を深めることは必須である。また，学校保健安全法の理解も重要である。

　また，近年成立した子どもに関わる法律のなかでも，とくに次の法についてはSC活動に直結しておりよく習熟する必要がある。まず，「いじめ防止対策推進法」（2013年）と「いじめの重大事態の調査に関するガイドライン」（2017年）では，「学校は，いじめの防止等に関する措置を実効的に行うため，複数の教職員，心理，福祉等の専門家その他の関係者により構成される組織を置くこと」とされる。心理職（SC等）にとっていじめ防止のための基本的姿勢をよく理解するとともに，学校のいじめ防止組織の一員として自覚をもって活動することが必須である。さらに近年，いじめ重大事態の調査委員会に心理職が委員として関わる事案も増えており，調査委員会の活動においては各専門家との協働が求められる。前掲のガイドライン（2017年）には，次のように記されている。調査組織の設置（調査組織の構成）「調査組織については，公平性・中立性が確保された組織が客観的な事実認定を行うことができるよう構成すること。このため，弁護士，精神科医，学識経験者，心理・福祉の専門家等の専門的知識および経験を有するものであって，当該いじめの事案の関係者と直接の人間関係または特別の利害関係を有しない者（第三者）について，職能団体や

大学，学会からの推薦等により参加を図るよう努めるものとする」。

　次に，2016年公布の「義務教育の段階における普通教育に相当する教育の機会の確保等に関する法律」（教育機会確保法）では，学校生活に馴染めず夜間中学，フリースクールなど多様な機関に居場所を求める子どもたちが増加していることから，本法でも，「教職員，心理・福祉等の専門家等の関係者間での情報の共有の促進等に必要な措置を講ずること」とされている。

　加えて，「自殺対策基本法の一部を改正する法律」（2016年）からは，若者の自殺が増加傾向にあることを踏まえた上で，SCは自殺予防，危機介入，事後対応について社会的取組みをよく理解し，また，日頃の学校内における予防開発的心理教育の一貫として展開する必要があることを知ることができる。最後に，2020年に始まった新型コロナウイルス感染拡大では，休校措置による児童生徒や保護者への直接的影響と間接的影響が見受けられた。オンライン・カウンセリング等の試行も含め，SCには幅広いコミュニティワークが求められる。

【石川悦子】

▶§**4.2.1** ＿ 発達障害者支援法　❶　【法律職の視点から】

▶▶**1**＿発達障害者支援にかかわる法律・制度の全体的概要について
【1】　はじめに——発達障害者に対する支援の必要性
　発達障害者は，以下に述べる様々な問題に直面することになる。
　①　発達障害の発見の遅れによる支援の不足
　②　本人や家族の障害受容の困難さ
　③　保育，教育における支援の必要性
　④　就労における支援の必要性
　しかしながら，多くの場合，障害を抱えた発達障害者やその家族が自力でこれらの問題と向き合うことは困難であることから，国あるいは地方公共団体において，支援のための法律・条例等を制定し，法的制度を整備したうえで，それらの制度を用いて，各分野の専門家が実際に支援を行うことが重要となる。
【2】　発達障害者支援に関する法制度の制定の歴史
　⑴　発達障害者支援法　　発達障害者やその家族が直面する上記のような問題に対処するため，2004年12月3日に発達障害者支援法が制定され，2005年4月に施行された。発達障害者支援法では，発達障害を早期に発見し，発達支援を行うことに関する国および地方公共団体の責務を明らかにするとともに，学校教育や就労に

おける発達障害者の支援等について定めることにより，発達障害者の自立および社会参加に資するよう生活全般にわたる支援を図り，もってその福祉の増進に寄与することが目的とされた。

(2) 発達障害者支援法の改正　発達障害者支援法の施行後10年が経過し，発達障害者に対する支援が着実に進展し，発達障害に対する市民の理解も広がっている一方で，発達障害者を支える現場からは様々な支援が求められていることや，障害者基本法の改正，障害者権利条約の批准など，共生社会の実現に向けた新たな取り組みが進められている状況に鑑み，発達障害者支援法の一部を改正する法律が，2016年5月24日に可決，成立し，同年8月1日に施行された。

## 【3】　発達障害者支援の内容

(1) はじめに　発達障害者の支援について，発達障害者支援法は，以下の施策を定めている。

(2) 早期発見　発達障害者支援法5条は，発達障害者の早期発見のため，市町村に対し，以下の事項を義務づけている。

（ⅰ）　母子保健法12条および13条の健康診査において，発達障害の早期発見に十分留意すること。

（ⅱ）　市町村の教育委員会が，学校保健法4条に規定する健康診断において，発達障害の早期発見に十分留意すること。

（ⅲ）　児童に発達障害の疑いがある場合には，適切に支援を行うため，当該児童についての継続的な相談を行うよう努めるとともに，必要に応じ，当該児童が早期に医学的または心理学的判定を受けることができるよう，当該児童の保護者に対し，発達障害者支援センター，都道府県が確保した医療機関その他の機関を紹介し，または助言を行う。

（ⅳ）　これらの措置を講じるに当たっては，当該措置の対象となる児童および保護者の意思を尊重するとともに，必要な配慮をすること。

また，同条は，都道府県に対し，市町村の求めに応じ，児童の発達障害の早期発見に関する技術的事項についての指導，助言その他の市町村に対する必要な技術的援助を行うことを義務づけている。

(3) 早期の発達支援　発達障害者支援法6条1項は，市町村に対し，早期の発達支援を受けることができるよう，発達障害児の保護者に対し，その相談に応じ，発達障害者支援センターや医療機関その他の機関を紹介し，または助言を行い，その他適切な措置を講じることを義務づけている。

なお，発達障害者支援法6条2項は，これらの措置を講じるに当たっては，当該措置の対象となる児童および保護者の意思を尊重するとともに，必要な配慮をすることを義務づけている。

また，同法 6 条 3 項は，都道府県に対し，発達障害児の早期の発達支援のために必要な体制の整備を行うとともに，発達障害児に対して行われる発達支援の専門性を確保するため必要な措置を講じることを義務づけている。

(4) 保育における支援　　発達障害者支援法 7 条は，市町村に対し，保育の実施に当たっては，発達障害児の健全な発達が他の児童と共に生活することを通じて図られるよう適切な配慮をすることを義務づけている。

(5) 教育における支援　　発達障害者支援法 8 条は，発達障害者が十分な教育を受けることが重要であることに鑑み，発達障害者の教育についてとられるべき措置について定めている。

同条 1 項は，国および地方公共団体に対し，発達障害児への教育を実施するに当たっては，「発達障害児がその年齢および能力に応じ，かつ，その特性を踏まえた十分な教育を受けられるようにするため」，可能な限り発達障害児が発達障害児でない児童と共に教育を受けられるよう配慮しつつ，適切な教育的支援を行うこと，個別の指導に関する計画の作成の推進，いじめの防止のための対策の推進その他支援体制の整備等必要な措置を講じることを義務づけている（1 項）。

同項では，平成 28 年改正において，障害の種類および程度だけでなく，その発達障害故にどのような困難を有するかという社会モデルの観点から支援を行うことの重要性が認識され，「発達障害児がその年齢および能力に応じ，かつ，その特性を踏まえた十分な教育を受けられるようにするため」という条文が追加され，またインクルーシブ教育の重要性を協調するため，「可能な限り発達障害児が発達障害児でない児童と共に教育を受けられるよう配慮しつつ」という文言が追加されている。

大学および高等専門学校に対し，発達障害者の障害の状態に応じ，適切な教育上の配慮をすることを義務づけている（2 項）。

(6) 放課後児童健全育成事業の利用における支援　　発達障害者支援法 9 条は，市町村に対し，放課後児童健全育成事業について，発達障害児の利用の機会の確保を図るため，適切な配慮をすることを義務づけている。

(7) 就労における支援　　発達障害者支援法 10 条は，発達障害当事者の自立および社会参加のためのは就労できることが非常に重要であるが，就労に困難を抱える発達障害者も少なくないことから，発達障害者の就労の支援のために必要な措置を講じられるよう定めている。

同条 1 項は，国および都道府県に対し，①「発達障害者の就労を支援するための必要な体制の整備に努める」こと，②「個々の発達障害者の特性に応じた適切な就労の機会の確保，就労の定着のための支援その他の必要な支援に努め」ることを義務づけている。

同法の施行時は，上記②は「就労の機会の確保」に限られていたが，平成28年
開始重では，職場でコミュニケーションを十分に行えないなどの発達障害者が職場
に定着する上での課題対応のため，「就労の定着のための支援」を明記している。
　また，都道府県および市町村に対し，就労の支援は学校教育の現場との連携が必
要であるという問題意識のもと，学校教育の現場で適切な就労をするための支援
が行われるよう必要な措置を講じることを義務づけている（2項）。

　(8)　地域での生活支援　　発達障害者支援法11条は，市町村が，発達障害者が地
域において自立した社会生活を営むために必要な支援を行うよう努めなければなら
ないと定めている。

　(9)　発達障害者の権利利益の擁護　　発達障害者支援法12条は，国および地方
公共団体が，発達障害者の権利擁護のため必要な支援を行うことを定めている。
　同条については，平成28年改正に伴い，権利利益を害されることの例示として，
いじめおよび虐待を受けることならびに消費者被害を受けることを追加し，併せ
て，権利利益の擁護のための必要な支援として，差別の解消（合理的配慮の提供を含む），
いじめの防止等および虐待の防止等のための対策を推進すること並びに成年後見制
度が適切に行われまたは広く利用されるようにすることを規定した。

　(10)　司法手続における配慮　　発達障害者支援法12条の2は，国および地方公共
団体が，司法手続において発達障害者がその権利を円滑に行使できるようにするた
め適切な配慮をすることを規定したものであり，平成28年改正で新設された。
　具体的には，個々の発達障害者の特性に応じて，捜査段階では，感覚の過敏性に
配慮した落ち着いた環境を用意すること，福祉や医療の専門家と連携して捜査や処
分決定の参考となるような助言を受けること等が考えられる。また，裁判段階でも，
裁判の進行にあたり発達障害者の特性等に応じた適切な配慮や柔軟な対応を行うこ
とが考えられる。

　(11)　発達障害者の家族等への支援　　発達障害は，脳機能の障害であるため外見
からはわかりにくく，周囲から障害を有していると認識されないことが多いため，
家族が地域から孤立してしまう場合がある。また，発達障害を有していることを保
護者が受容することが難しかったり，発達障害児（者）の兄弟姉妹が困難を抱える
こともある。このため，発達障害者の家族その他の関係者が適切な地王ができるよ
うにするためには，都道府県および市町村が発達障害者の家族その他の関係者に対
しても支援を適切に行うことが重要であるとして，本条が規定された。

## ▶▶2　その他の法律

### 【1】　就労支援に関する法律——障害者の雇用の促進に関する法律

　(1)　障害者に対する差別の禁止　　「障害者の雇用の促進等に関する法律」（以下

「障害者雇用促進法」という）34条は，「事業主は，労働者の募集および採用について，障害者に対し，障害者でない者と均等な機会を与えなければならない」と定めている。

　また，障害者雇用促進法35条は，賃金の決定その他の待遇について，「労働者が障害者であることを理由として，障害者でない者と不当に差別的取扱いをしてはならない」と定めている。

　これらの条文は，労働者の募集，採用ないし待遇において，障害者に対する差別を禁止したものである。

　(2)　合理的配慮の提供義務　　障害者雇用促進法36条の2は，労働者の募集，採用に当たり，「障害者からの申出により当該障害者の障害の特性に配慮した必要な措置を講じなければならない」と定めている。

　また，障害者雇用促進法36条の3は，均等待遇の確保や障害者である労働者の能力の有効な発揮の支障となっている事情を改善するため，「障害の特性に配慮した職務の円滑な遂行に必要な施設の整備，援助を行う者の配置その他の必要な措置を講じなければならない」と定めている。

　これらは，募集，採用ないし待遇において，事業主に障害者に対する合理的配慮の提供を義務づけるものである。

　ただし，いずれも「事業主に対して過重な負担を及ぼすこととなるとき」は，除外としている。

## 【2】　一般的な差別禁止・合理的配慮に関する法律
　　　——障害を理由とする差別の解消の推進に関する法律

　(1)　障害者に対する差別の禁止　　「障害を理由とする差別の解消の推進に関する法律」（以下「障害者差別解消法」という）7条1項は行政機関に対し，8条1項は事業者に対し，「障害を理由として障害者でない者と不当な差別的取扱いをすることにより，障害者の権利利益を侵害してはならない」と定め，障害者への差別禁止を法的に義務づけている。

　(2)　合理的配慮の提供義務　　障害者差別解消法7条2項は，行政機関に対し，8条2項は事業者に対し，障害者から社会的障壁の除去を必要としている旨の意思の表明があった場合において，その実施に伴う負担が過重でないときは，社会的障壁の除去の実施につき合理的配慮をすることを義務づけている（ただし事業者については法的義務ではない努力義務とされていたが，2021年5月の法改正で法的義務となり，同改正は公布日（2021年6月4日）から起算して3年以内に施行される予定である）。

## ▶▶3__発達障害当事者支援における課題

### 【1】　カテゴライズの難しさ
　一口に発達障害と言っても，障害者手帳を取得できるレベルの人もいれば，取得

できないレベルの人もおり，また医師から診断を受けられるが，手帳は取得できない人，また医師から診断を受けられない人もいる。

発達障害者の定義によっては，支援の対象範囲も変わってくるため，カテゴライズによっては，制度の狭間で取り残される人が出てしまうことになる。

## 【2】 日常生活への支援が立ちおくれている

発達障害者支援法は，教育と就労における支援を重視している。一方で，日常生活については「地域での生活支援」（11条）で定めているが，十分な支援が実施されているとはいえず，特に余暇活動については支援対象とはされていない。

余暇活動を含む日常生活もまた，発達障害当事者の生活の重要な一部であることを考えると，日常生活に関する支援を充実化させることが必要と考える。

## 【3】 18歳以上への支援が立ちおくれている

18歳以上の発達障害当事者への支援はまだ十分とはいえない。一例を挙げれば，東京都内において18歳以上の発達障害当事者の相談窓口は，東京都発達障害者支援センター（TOSCA）一カ所しかない。大人になってから発達障害と診断されるケースが多いことを考えると，18歳以上の当事者への支援は急務であると思われる。

## 【4】 日常的・継続的・長期的な支援の必要性

発達障害当事者への支援は，日常的・継続的・長期的なものである必要があるが，そのような支援はほとんどないのが現状である。例えば就労支援についても日常的なものでない上に期間が限られており，日常的・長期的・継続的なものとはなっていない。

## ▶▶4__発達障害当事者支援において公認心理師に期待されること

### 【1】 弁護士と公認心理師，それぞれの役割

発達障害当事者が，自らの尊厳を保ちつつ障害特性と向き合い，自立や社会参加を目指していくために，弁護士や公認心理師は，ともに当事者のサポーターとしての役割を有していると考える。

弁護士は，①当事者が社会の中で教育や就労において直面する問題とどう向き合い，対処していくか，そして，②障害特性と向き合い，自らの尊厳を損なわずに人生を生きていけるようにするためにはどのような法的手段・手続を活用すべきか等について助言し，サポートする役割を担っている。

もっとも，発達障害当事者が各種法制度を利用して自立や社会参加への道のりを進んでいく中で，弁護士や周囲の人間から言われたとおりに行動していただけでは，真の意味での自立や社会参加には辿り着けない。

そこで，公認心理師が，心の専門家として，①発達障害当事者が自らの障害特性とどう向き合い，受容していくか，②当事者自身が，理不尽なこと・現実的に実現

不可能なことをどのように受け止めるか，等の点について，当事者に助言し，サポートすることが当事者支援において重要な役割を果たすことになると考える。

【2】 連携する公認心理師にお願いしたいこと（弁護士の立場から）

弁護士の立場から，連携する公認心理師に特にお願いしたいことを以下に列挙する。

(1) 弁護士に相談する前の心理的支援（障害受容に向けての土台作り）　当事者およびその家族は，発達障害と診断されたことによって少なからず精神的なショックを受け，障害を受容できないでいることがある（その一方で，診断を受けることでそれまでの「生きづらさ」の正体が分かって安堵するケースもある）。

そこで，弁護士に相談する前に，公認心理師において，当事者やその家族の心理的混乱をある程度修復し，障害特性を受容した上で，何を弁護士に相談したいかを当事者自身が何となくイメージできるようにしておいていただけると，弁護士との相談がスムーズになることが期待できる。

(2) 手続の各段階における被害者心理の揺れ動きに対する心理的支援　当事者やその家族の方が「こうして欲しい。」と希望されても，必ずしも法的にすべてが可能とは限らず，弁護士としては，手続上（法律上），不可能なことについては，心を鬼にして「無理です。」と申し上げなければならない場面もある。

その場合，当事者やその家族の心理的な動揺や不安が生ずる場合があり，一歩間違えれば，弁護士と当事者やその家族との信頼関係が損なわれる危険を孕んでいるわけだが，これに対して，公認心理師が専門的な知識や経験に基づいてサポートしてくださることにより，その危険を回避することが可能となると同時に，当事者やその家族にとっても手続に対する理解が深まり，解決の近道になることが期待できる。

(3) 当事者支援に関する法制度についての知識の取得　公認心理師は，心の専門家であり，法律の専門家ではないので，発達障害当事者支援のための法律や各種制度について必ずしも熟知しておく必要はないが，これらについて全く知らないということになると，弁護士その他の専門家・関係機関との連携がスムーズにいかない可能性がある。

よって，発達障害当事者の支援に携わる公認心理師としては，当事者支援のための法律や各種制度について，できる限り理解を深めておくことが望ましいと思われる。

(4) 発達障害そのものについての理解　言うまでもないことではあるが，公認心理師が発達障害当事者の支援を行うためには，発達障害の特性に関する十分な理解が必要である。特に，発達障害は，外見から見えにくい障害であり，特性の現れ方も人によって様々であることから，対応の仕方も人によって異なることを十分に理解しておくことが必要である。

〔参考文献〕
発達障害の支援を考える議員連盟編著(2017)　改正発達障害者支援法の解説　ぎょうせい
【伊藤克之】

## ▶§4.2.2__ 発達障害者支援法 ❷ 【心理職の視点から】

### ▶▶1__発達障害のある人たちが存在することを公認する役割

　発達障害者支援法以前には，知的障害のない発達障害のある人たちの支援を受けるうえでの課題があった。適応状況に大きな課題があっても，障害者手帳がないということで，支援から排除されてきた。残念ながら，発達障害者支援法が成立する契機の1つとしては，発達障害のある何人かの少年が重大犯罪の加害者となったことがある。知的障害がない発達障害の人たちの支援の困難さの理解と，当事者団体での当事者家族を中心とする働きかけの中で，超党派の議員連盟ができ，議員立法として発達障害者支援法は成立した。発達障害者支援法によって，広汎性発達障害（自閉スペクトラム症等），注意欠如多動性障害（ADHD），学習障害等の発達障害の人たちの存在が公認され，その後の支援につながる法的根拠が得られた。

### ▶▶2__発達障害のある人たちが発達支援を受けられるようにする法的根拠

　発達障害者支援法が2004年に成立し，2005年4月より施行されたことで，障害者基本法の2011年改正において，発達障害が位置付けられ，障害者自立支援法や障害者総合福祉法による障害者福祉サービスを利用することができるようになった。幼児期の児童発達支援や学校における特別支援教育の拡大によって，子どもの障害の特性や状況に応じた支援を求められるようになった。また，障害者雇用枠での就労も可能になっていった。発達障害者支援法によって発達障害のある人たちの存在が公認され，支援を受けることの権利が明確にされたことで実際の支援につながり，障害者雇用枠での就労の拡大がなされるなど，社会参加の拡大につながった。

### 【1】 発達支援における課題

　発達障害者支援法においては，発達障害の早期発見やライフステージの応じた発達支援の提供が定められている。しかし，心理職の中でも，標準的な診断アセスメント手法や，家族支援手法，本人への発達支援手法を実施できる人材は十分ではなく，医療機関での専門医の不足と相まって，診断の遅れによって子ども虐待に発展してしまう事案などもあり，心理職が標準的な専門的な手法を積極的に学ぶことが求められている。発達障害者支援法においては，実態把握や研究の推進も定められているが，実際に当事者や当事者家族に還元できるような研究が十分に行われてい

るとは言い難い現状もある。

## 【2】 発達障害者支援センターの意義と課題

発達障害者支援法においては，発達支援の都道府県や政令指定都市での取りまとめ機関として位置付けられている。しかし，実際には，センターの機能は非常に曖昧で，予算的にも厳しく，市町村などとの連携を持ちながら取り組む努力がなされているのだが，有効な形に「間接支援」を行えるような形にはなっていない。本来，国レベルの発達支援の方向性やガイドラインにそって，必要なアセスメント手法や支援手法を普及するための役割を果たすことが求められているが，十分に役割を果たすことはできていない。

## 【3】 発達障害者支援法の抱える次なる課題

発達障害者支援法の改正において，軽度の知的障害のある人たちの支援に関して，課題として位置付けられた。例えば，無料低額宿泊所や救護施設に入所している居宅のない（ホームレスの）人たちの60％ほどに軽度の知的障害が見られることが明らかになっている。知的障害に関しては，知的障害者福祉法によって位置づけられているが，定義も不明確で，ライフステージを通した支援のあり方が十分に議論されていない。発達障害者支援法は，従来の障害者福祉で取り組んできた障害のある人たちと比較すると，障害の度合いの軽いとみなされる人たちの支援を可能にしてきた半面，まだまだ支援の網目から落ちている人たちがいる。障害が軽度とみなされる場合，社会から「普通」を求められて，うまくいかずに自己評価を低下させたり，気分障害や不安障害などの精神疾患の併存が大きくなったり，障害が重いとみなされる人たちとはまた違った深刻な課題があることも明らかになっている。

最後に，障害の度合いが軽度に見えたとしても「親亡き後」の課題は深刻な課題であり，一人暮らしを地域で行っていくための支援の枠組みは十分ではない。家族が家庭でサポートしているので就労が継続できても，親が老いていなくなった時に同じことはできないし，障害者が借りるとみなされるとグループホーム等の経営・運営は容易ではなく，持続可能な仕組みの創設が求められている。心理専門職が発達障害のある人の状態を把握し，必要な成人期の支援に取り組めることが求められている。

〔参考文献〕
発達障害の支援を考える議員連盟（編著）（2017） 改正発達障害者支援法の解説――正しい理解と支援の拡大を目指して　ぎょうせい
発達障害者支援法ガイドブック編集委員会（編著）（2005） 発達障害者支援法ガイドブック　河出書房新社
カイパパ（著）（2005） ぼくらの発達障害者支援法　ぶどう社

【辻井正次】

4

教育分野

## ▶§*4.3.1*__ いじめ問題 ❶ 【法律職の視点から】
いじめ防止対策推進法

### ▶▶*1*__いじめ防止対策推進法の概要

### 【1】 いじめ防止対策推進法の制定等について

　2013年9月，いじめ防止対策推進法が施行され，以降，文部科学省より，

　　・「いじめの防止等のための基本的な方針」（2013年10月・改定2017年3月）

　　・「不登校重大事態に係る調査の指針について」（2016年3月）

　　・「いじめの重大事態の調査に関するガイドライン」（2017年3月）

等を始めとする様々な通知等が出され，地方自治体・学校等の責務が明確化されつつある。同法および国の基本方針等により，いじめのとらえ方や対応に関する規定は大きく変わり，以前と比べ，教職員が注意すべき点は格段に多くなっている。

　一方，地方自治体や学校側の状況としては，必ずしも十分な人員体制等が整っているとはいえず，また，同法に関する十分な理解が進んでいるとも言えない状況も存在する（「いじめ防止対策推進法の施行状況に関する議論のとりまとめ」（文部科学省・2016年11月），「いじめ防止対策の推進に関する調査＜結果に基づく勧告＞」（総務省・2018年3月）等参照）。

　今後，同法に関する認知の広がりとともに，保護者から学校への要望も，同法を前提としたものとなってくることが予想される。その際，仮に教職員が同法を前提としない回答を行った場合，保護者からの無用の不信感を持たれる原因となりかねない。したがって，この点からも，今後，同法に関する理解はますます重要なものとなってくる。

### 【2】 いじめ防止対策推進法の特色

　いじめ防止対策推進法の特色を挙げるとするならば，例えば，

　　・いじめの定義を広く捉え，学校側に早期発見・早期対応を求めていること

　　・いじめについて，「あってはならない」という捉え方から「どの子供にも，どの学校でも，起こりうる」という捉え方を前提としていること

　　・これまで教員個人に任されてきた対応を，組織的に行うように求めていること

　　・心理・福祉等の専門家との連携が規定されていること

　　・重大事態への対応を明記したこと

　　・PDCAサイクル（plan-do-check-act cycle）による施策の定期的な見直しを学校等に求めていること

等が挙げられる。

### 【3】 いじめ防止対策推進法の具体的な内容

（1）　大まかな分類　　同法（以下「法」）の内容を大まかに分類すると，①基本的な事項（法の意義・理念・いじめの定義・基本的考え方等），②国が実施すべき施策，③地方公共団体が実施すべき施策，④学校が実施すべき施策，⑤重大事態への対処となる。

この点，公認心理師を始めとした学校関係者に特に関連するのは①，④および⑤であるところ，以下，重要な点に絞って紹介する。

（2）　いじめの定義　　基本的な事項のうち，いじめの定義については特に理解をしておく必要がある。法2条1項は，「この法律において『いじめ』とは，児童等に対して，当該児童等が在籍する学校に在籍している等当該児童等と一定の人的関係にある他の児童等が行う心理的または物理的な影響を与える行為（インターネットを通じて行われるものを含む）であって，当該行為の対象となった児童等が心身の苦痛を感じているものをいう。」と規定している。

簡潔に言えば，いじめの有無の判断にあたっては，原則として被害を受けた児童生徒の主観を基準とし，当該児童生徒が心身に苦痛を感じていればいじめと捉える，との広い定義となっている。

上記定義は，2006年に文部科学省が変更したいじめの定義を踏襲するものであるところ，2006年以前の定義では，「自分より弱い者に対して一方的」，「継続的」，「深刻な苦痛」との要件を含む限定的なものとなっていた。

定義を広範囲なものに変更した理由は様々あるが，学校との関係でいえば，2006年以前において，学校側がいじめの認知に消極的だったことが挙げられる。今後，学校側としては，「いじめの認知件数が多いことは教職員の目が行き届いていることのあかし」と積極的に捉え，「いじめの芽」や「いじめの兆候」もいじめとして，早期発見・情報共有・組織的な早期対応により，いじめがエスカレートすることを未然に防止していく必要がある（文部科学省・平成28年3月18日「いじめの正確な認知に向けた教職員間での共通理解の形成および新年度に向けた取組について（通知）」参照）。

なお，上記いじめの定義に該当したとしても，必ずしも，民事上の損害賠償責任に結び付くものではない。この点，例えば，損害賠償責任の判断において，「被告生徒らの行為の具体的な性質，それがされた前後の具体的な状況，行為の継続性等を総合的に勘案した上で，それが社会通念上許される限度を超え，客観的に違法な不法行為として損害賠償請求権を生ぜしめるものなのか否かを慎重に検討する必要がある」とした裁判例がある（横浜地方裁判所横須賀支部平成28年11月7日判決）。

（3）　学校が実施すべき施策　　学校が実施すべき施策としては，①学校いじめ防止基本方針の策定，②学校いじめ防止対策組織の設置，③学校におけるいじめの防止等に関する措置等が規定されている。

（a）　学校いじめ防止基本方針の策定　　法13条は，学校ごとに，当該学校の実情に応じた基本方針を定めるように求めている。

この学校基本方針の内容としては，例えば，①体系的・計画的な活動のための包括的な取組方針の策定，②具体的な指導内容のプログラム（「学校いじめ防止プログラム」等）の策定，③アンケート・いじめの通報・情報共有・適切な対処等のあり方についてのマニュアル（「早期発見・事案対処のマニュアル」等）の策定，④これらの徹底のための「チェックリストを作成・共有して全教職員で実施する」等の具体的な取組，⑤年間活動計画の策定（校内研修の取組も含む），⑥加害児童生徒が抱える問題解決のための具体的な対応方針，⑦学校いじめ対策組織を中心とするPDCAサイクルの規定などが，国の基本方針等で求められている。

　(b)　学校いじめ防止対策組織の設置　　法22条は，学校に「複数の教職員，心理，福祉等に関する専門的な知識を有する者その他の関係者により構成されるいじめの防止等の対策のための組織」を置くように規定している。

　この学校いじめ対策組織は，いじめの未然防止，早期発見，情報共有・記録，いじめへの対応方針の決定，児童生徒への支援・指導，保護者との連携，年間計画の実施，施策の見直し等の組織的対応の中核となる常設の組織である。

　上記組織が活動の中心となることで，①特定の教職員に問題を抱え込ませないこと，②複数の目による状況の見立てを可能とすること，③必要に応じた外部専門家（スクールカウンセラー・スクールソーシャルワーカー，弁護士，医師，警察官経験者等）の参加による実効的な解決等が期待される。

　(c)　学校におけるいじめの防止等に関する措置　　学校におけるいじめの防止等に関する措置としては，①「いじめの防止」，②「早期発見」，③「いじめに対する措置」等が規定されている。

　①　「いじめの防止」では，児童生徒が自主的に考え議論する等の活動や環境づくり，いじめへの理解を深める取り組み，教職員の指導の在り方等が挙げられている。

　②　「早期発見」では，いじめを積極的に認知するための教職員の姿勢，定期的なアンケート調査や教育相談の実施等による実態把握，それらの結果の検証，組織的な対処方法の定め，児童生徒からの相談に対する迅速な対応等が挙げられている。

　③　「いじめに対する措置」では，速やかな情報共有，適切な記録，事実関係の確認，組織的な対応方針の決定と対応，加害児童生徒に対する指導，保護者との協力，関係機関・専門機関との連携等が挙げられている。この点，同法施行後も，適切な情報共有がなされずに重大事態に至ってしまったケースは多くみられ，情報共有の手順および情報共有すべき内容は予め定められておかなければならない。

　スクールカウンセラーには，専門職として，①から③の場面，すべてにおいて重要な役割が期待されている。

　(4)　重大事態への対応　　法28条は，いじめによる重大事態が発生した場合を特に取り上げ，学校設置者や学校に対し，調査等の対応を行うことを義務付けてい

る。

　いかなる場合を重大事態とするかについて，法は，①生命，心身または財産に重大な被害の疑い（「生命心身財産重大事態」）と，②相当の期間学校を欠席することを余儀なくされている疑い（「不登校重大事態」）の2つの類型に分けて規定している。

　この点，①生命身体財産重大事態については，例えば，「児童生徒が自殺を企図した場合」，「身体に重大な傷害を負った場合」，「金品等に重大な被害を被った場合」，「精神性の疾患を発症した場合」などが例示されている。

　また，②「不登校重大事態」の「相当の期間」については，年間30日（累計）の欠席が目安とされている。ただし，児童生徒が一定期間，連続して欠席しているような場合には，上記目安にかかわらず，迅速に調査に着手することが必要であり，また，児童生徒や保護者から申立てがあったときは，その時点で重大事態が発生したものとして報告・調査等に当たる必要があるとされている。

　なお，不登校が30日を超えても，安易にいじめに起因するものではないと考え，重大事態として取り扱わないとの運用が一部なされており，問題であるとの指摘がある。この点でも，児童生徒が連続して欠席している場合，30日が累積する以前から迅速に調査に着手しておく必要がある。

　重大事態が発生した場合，その後の流れとしては，①重大事態の発生を地方公共団体の長等へ報告，②設置者による調査主体の決定，③組織の構成員の決定，④調査の実施（アンケート・関係児童生徒からの聞き取り等）・報告書の作成，⑤被害児童生徒・保護者への適切な情報提供，⑥調査結果の地方公共団体の長等への報告，⑦調査結果を踏まえた適切な措置，などが想定されている。

　この点，上記①から⑦等の対応を行う上では，慎重な判断を要する点が多く存在する。例えば，重大事態として対応を開始する時期，組織の構成（外部専門家等の任用），調査方法の選択，調査対象の生徒に聴き取りの際に伝える被害児童生徒側の事情の範囲，報告書にまとめる際の事実認定，保護者等に対する調査結果報告の要請と個人情報保護の要請との調整，調査結果を踏まえたその後の対応等については，個別の事案ごとに慎重な検討が必要である。

　公平性・中立性を確保しつつ適切な対応を行うためにも，スクールカウンセラー等の外部専門家の果たす役割は大きい。迅速，適切に対応できるよう，事前に，国の基本方針の他，文部科学省「いじめの重大事態の調査に関するガイドライン」（2017年3月），「不登校重大事態に係る調査の指針について」（2016年3月）等の内容や過去の実例等を学校と共に検討しておく必要がある。

### ▶▶2＿いじめ問題に関する事例
### 【1】　いじめが疑われる事案の発生

市立中学校のスクールカウンセラーAは，生徒Bから，面談の際，「クラスメイトから殴られる」，「学校に来るのが辛い」，「でも，このことは絶対に他の先生には言わないで欲しい」と告げられた。AはBに対して，他の先生に知られることを懸念する理由等を詳しく聞くなどして学内での情報共有に理解をしてもらうよう努めたが，Bは頑なに嫌がる状況であった。今後，Aは，いじめ防止対策推進法との関係において，どの様な点に注意して対応を行っていくべきか。

【2】　スクールカウンセラーとして注意すべきこと

（1）　早期発見・情報共有　　スクールカウンセラーが最初にいじめの相談を受けるなどのケースは多くあり，当然のことながら，いじめの申告を受けた際の学内での情報共有は法的にも実際上も重要となる。

　この点，スクールカウンセラーには，「チームとしての学校」の一員として，また，集団守秘義務という考え方，さらには，いじめ防止対策推進法23条1項（「いじめに関する通報等の責務」）等により，学校との情報共有が求められている。

　他方，公認心理師法41条は，「正当な理由がなく，その業務に関して知り得た人の秘密を漏らしてはならない」と規定しており，同条に違反した場合には，「1年以下の懲役または30万円以下の罰金」（同法46条）とされている。

　この情報共有義務と秘密保持義務との関係については，疑義なく明確な線引きができているとはいえず留意が必要である。この点，基本的には，いじめ防止対策推進法23条1項や児童生徒の生命・身体の安全にかかわる恐れがあることを根拠に，「正当な理由」があるとして秘密保持義務が解除されると考えられる。しかし，直接的にはいじめと関係しないようにもみえる事情等，なお疑問が残るケースも存在する。関係機関によるガイドラインの策定や保護者・児童生徒等から情報共有に関する事前の了解を得ておくなど制度的な解決が図られるべき問題であるが，現状，各自が慎重に検討する必要があるとともに，疑義があると感じた場合には，念のため，教育委員会・公認心理師協会・弁護士等に相談すべきである。

　事例のようないじめの申告があり，児童生徒の生命・身体の安全にかかわる恐れがある場合は，「正当な理由」があると考えられるので，できる限り本人の心情に沿いつつも情報共有を行うことになる。その際，情報共有の人的範囲にも注意が必要であり，職員会議での全教員との共有などは控え，原則としてまず学校いじめ対策組織と共有すべきである。

（2）　調査・対応　　学校いじめ対策組織に情報が共有された後は，組織の判断により調査・対応等が行われることとなる。そのため，組織の判断の前に独自の判断で行動しないよう留意が必要である。調査においては，事案に応じて聞き取りやアンケート等が行われる。その後，調査の結果に応じて，組織が具体的な対応を行う。

　この点，学校は，介入により児童生徒間に軋轢を生むことを懸念して，静観や隠

密的な調査・対応のみを選択することがある。しかし，一方で，介入を躊躇した結果，時期を逸し，事態が悪化するケースも存在する。例えば，状況の把握が不十分な可能性がある場合には，顕在化を恐れずに十分な調査を行うべきである。

なお，教員と保護者や児童生徒との信頼関係が失われてしまっているなどのケースでは，スクールカウンセラーが窓口となって保護者・児童生徒の対応を行うこともある。そのため，重大事態の前後の対応方法について，法を理解するとともに学校と十分な協議を行っておくことが有用である。

(3) 重大事態等に発展した場合　　万が一，重大事態に発展した場合，スクールカウンセラーも，心理の外部専門家として，または学校いじめ対策組織の一員として調査委員会の委員となる例が多くみられる。

調査の流れの概要は前記(2)で述べた通りであるが，特に不登校重大事態においては，問題解消に向けた対応においても，スクールカウンセラーは重要な役割を果たすことになる（「不登校児童生徒への支援に関する最終報告」（文部科学省・2016年7月）・「不登校児童生徒への支援の在り方について（通知）」（文部科学省・2016年9月）等参照）。

#### ▶▶3＿スクールカウンセラーに期待される役割の拡大と弁護士との連携

スクールカウンセラーは，いじめ防止対策推進法上，多くの場面において，心理の専門家として重要な役割を求められている。学校と児童生徒・保護者との間の信頼関係が破壊されているような場合には，学校側で唯一，児童生徒や保護者とコミュニケーションを図れる立場となることもある。不登校対応においては，家庭訪問への同行，保護者への説明やケアなども求められることもある。さらに再発防止の場面における被害・加害児童生徒双方に対する支援なども重要となる。

そして，こうした役割の拡大とともに，法的問題に直面する場面も増えてくる。そのため，スクールカウンセラー自身も，法的問題について一定の理解をしておき，少なくとも慎重な検討が必要な問題かもしれないと思い浮かぶようにはしておく必要があるとともに，判断に迷う場合には弁護士等に相談できることが好ましい。

現在，弁護士と学校の距離は遠い状況にあり，弁護士へのアクセスは必ずしも容易ではない。しかし，近年，一部の自治体では，スクールローヤー制度が試験的に導入され始めており，今後，スクールカウンセラーと弁護士が協働する機会も増えてくると予想される。

これまで学校現場では教育的観点が重視されてきたが，近年の法化社会においては法的観点もすべての関係者にとって重要なものとなってきている。スクールカウンセラーにおかれては，日々の業務についてはもちろん，学校を説得するためや法的リスクから自らを守るためにも，弁護士を上手く利用して頂きたい。また，スクールローヤーに対して，学校現場では多く存在する法的観点からだけでは結論の出な

い様々な問題についてアドバイスをいただければと思う。スクールカウンセラーとスクールローヤーの専門職としての密な連携により，学校を取り巻く状況を抜本的に改善できる大きな可能性があるように思われる。

【小島秀一】

## ▶§**4.3.2** いじめ問題 ❷ 【心理職の視点から】
いじめ防止対策推進法

### ▶▶**1** いじめ問題における心理支援の諸側面と特徴

いじめは，多くの場合，いじめ被害児と加害児のみで生じるわけではなく，加害側につく観衆や見て見ぬふりの傍観者もいて成り立つ集団現象である。初期の対応を誤ると，それぞれの家族や担任等の教員を巻き込み，互いへの不信感や仕返しの意思が増していく。「いじめ問題」とは，関係者を巻き込んで波及する，人間関係を破壊する問題である。本節では，主に，加害側と被害側に関して述べていく。

#### 【1】 いじめ問題における心理支援の諸側面

学校におけるいじめ問題対応においては，いじめの認知と早期対応，いじめ事案対応，いじめの予後のそれぞれにおいて，児童生徒や教員，保護者への心理支援が必要となる。いじめ事案が起きていない時期は，いじめ防止対策推進法に則して，予防教育の実施やいじめ認知のための調査実施への支援等が心理職に望まれる。いじめ事案が生じた際に心理職は，いじめ事案のあった学級の担任等，生徒（生活）指導担当の教諭，養護教諭，管理職らと適切な情報交換と合意形成を行いつつ，チームで対処することになる。いじめ防止対策推進法の遵守がこのチームに求められるが，この段階では，弁護士等の支援を要する事例は少ないと思われる。事案が深刻化した場合（経験的には，いじめ被害側の保護者の来校が深刻度の境目）には，弁護士や警察との対応も必要になることがある。深刻ないじめの予後においては，児童生徒の入院や転校をめぐる支援も必要な場合がある。

#### 【2】 いじめ問題における心理支援の特徴

学校におけるいじめ問題が深刻化した場合でも，その被害側の当事者も加害側の当事者も同じ学校の児童生徒や保護者であり，学校は片方のみを支援するわけにはいかない。しかし，同じ教員が被害側と加害側の両者の聴き取りを行うことは，一方の言い分をもう片方に伝えることでかえってこじらせる場合もあり，望ましくない。いじめの重大事態では，被害者のダメージを最小限に抑えることが第一の目標なので，心理支援は被害側に集中せざるをえない。その一方で，いじめ加害側の児童生徒や保護者も，被害側の家族や警察への対応に過度におびえてしまう可能性も

あり，そちらも以前の学級担任などが心理的に支援する体制をつくることが望まれる。それでも保護者間の関係や学校と保護者の関係がこじれる場合があり，教員らの労働時間や心理的負荷は増大する。支援者支援が必須である。

### ▶▶2 __ いじめ問題における心理支援と弁護士との連携

#### 【1】 いじめ被害側への支援

いじめの被害側の弁護士は，被害側に完全に寄り添って支援をするので，学校の教員等は，最悪の事態としての自殺を避けるためにも，いじめ被害側の弁護士とも対立するのではなく，その弁護士を最悪の事態を回避するための助力者であるととらえたい。ただし，被害側の児童生徒の語る内容が他の児童生徒や教員の事実認識と全く異なる場合に，その不一致の原因を安易にいずれかの虚言としないため，児童生徒の心理状態（ある思い込みをしてしまう心理）の理解のための心理職の支援が，弁護士側と学校側の関係調整の一環として必要になる。

#### 【2】 いじめ加害側への支援

いじめの加害側も，背景に家庭事情があったり加害に至った理由があったりする。それを無視・否定しないで聴き取り，その上で，加害側と被害側の主観にずれがあることを丁寧に伝える役割も，教職員にできない場合には心理職に期待される。加害側への支援で最も重要なことは，繰り返させないことである。いったん収束したかに見えたいじめ事案が，加害側の子になされた処遇への不満や，被害側の家族等の過剰になった処罰感情などのために再燃することがある。そうなると，各保護者の学校への不信感も高まる。事後のケアにおける心情の機微を理解して教員に伝えるのも，心理職に期待される。また，警察への通報後に少年課などによる児童生徒の面談も行われるような場合，加害側の子も保護者も，今後の処遇に懸念と不安を抱く。そのような場合を含め，非行全般への校内での対応のためにも，私立学校の中には元警察官を雇用している学校もある。公立学校でも，教育委員会が契約している弁護士などと相談できる場合がある。

### ▶▶3 __ いじめ問題への心理支援を行うに際しての公認心理師の役割

① 解釈の提供　　いじめ事案の経緯の説明や関係者の意図の理解が，被害側と加害側とで異なることがある。双方が納得できる解釈の提供は，事態解決へ動き出すための重要な心理支援である。

② 見通しの提供　　最悪の事態を避け，関係者の心理的負担が急激に増加しないよう，あらゆる可能性を見越して必要に応じて伝えることも，有益な心理支援である。

③ 支援者の支援　　対応に疲弊する教員や保護者を心理的に支えることは，二

次的な問題の予防のためにも望まれる心理支援である。

　これらの支援の実際は，事例ごとに異なる部分も多いが，心理職間で可能な範囲の情報共有をすることで，関係者の受けるダメージの低減に貢献しうる。

【戸田有一】

# 第**5**章＿＿司法・犯罪分野

▶ §**5.1.1** ＿ 民法一般 ❶ 【法律職の視点から】

## ▶▶**1**＿民法とは

　私たちは，日々，物を買ったり，サービスの提供を受けたり，お金を払ったりと，実は様々な契約を結んではその内容に従った行動をしている。けれど，そのようなことはほとんど意識せずに日常を過ごしている。これは，自分も相手も等しく約束の内容を理解し，約束を守っているからである。

　しかし，もし相手が約束を守らなかったどうなるだろう。もし約束どおりの商品が届かなかったらどうなるだろう。もし相手にだまされていたとしたらどうなるだろう。そういうときに，日本のルールではどうなっているのか，法律ではどう定められているのかと立ち返り，よりどころとなるのが民法である。

　民法とは，私人間のルールを定める基本法である。私人とは個人や企業，任意団体などを指し，国や自治体などの公権力は除かれる。こうした私人間での取引や出来事などを取り決めるときのルールが民法である。民法は物やサービスといった財産関係を定める財産法と，夫婦関係や相続関係を定める家族法とからなるが，本章では財産法（総則，物権，債権）を扱う。援助対象者が財産をめぐるトラブルに遭っているとき，民法のことを知っておけば，落ち着いて問題のありかを探ることができ，弁護士などの専門家に適切につなぐことができる。

## ▶▶**2**＿契約とは

　そもそもどうして契約を守らなければならないのか。約束したからだろうか。ではなぜ約束は守らなければならないのか。ジグゾーパズルのピースをイメージしてほしい。凸のピースと凹のピースがかみ合うと，二つのピースは引っ張っても離れなくなる。

　契約はこれと似ている。売買であれば，この商品を1万円で買いたいという申込みと，その商品を1万円で売りたいという承諾がかみ合ったときに売買契約が成立し，両者は契約を守らなければならなくなる。つまり，売主はその商品を用意して

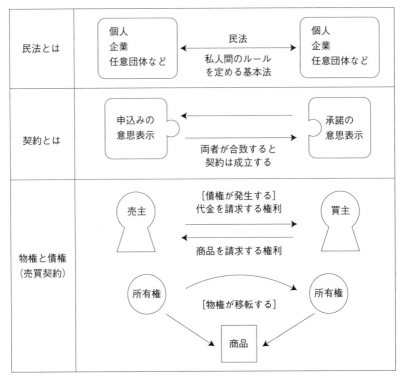

| | | |
|---|---|---|
| 民法とは | 個人<br>企業<br>任意団体など | 民法<br>私人間のルール<br>を定める基本法 | 個人<br>企業<br>任意団体など |
| 契約とは | 申込みの<br>意思表示 | 両者が合致すると<br>契約は成立する | 承諾の<br>意思表示 |
| 物権と債権<br>（売買契約） | 売主<br>所有権 | ［債権が発生する］<br>代金を請求する権利<br>商品を請求する権利<br>［物権が移転する］<br>商品 | 買主<br>所有権 |

図5.1.1　民法，契約，物権・債権とは

買主に引き渡す義務を負い，買主は商品の代金を支払う義務を負う。この義務を守らなければ，相手方は，裁判を起こしてでも自分の権利を実現することが認められている。

　この申込みと承諾という二つのピースを，民法では「意思表示」という。売りたいとか買いたいという「意思」を外に出して「表示」することである。この二つの意思表示がかみ合い一致すると，権利や義務といった「法律効果」が発生する。法律効果が発生すると，裁判を起こしてでも相手に強制することができる力が発生する。約束のなかでも，最終的には裁判による強制力によってまで実現できる約束，これが「契約」である（図5.1.1参照）。

## ▶▶3__民法総則
## 【1】　権利能力，行為能力
　民法総則では，契約が有効に成立するための要件を定めている。まず，契約を結

べるためには，「人」でなければならない。民法では自然人（個人）と法人（会社，一般社団法人，NPO法人など）とが「人」として契約の主体になることができ，これを権利能力という。

　次に，契約の主体となる個人は，きちんとした判断能力がなければならない。これを行為能力という。未成年者（2022年4月1日より施行の改正民法により，成年年齢は18歳となる）や成年被後見人は判断能力が不十分なので，仮に単独で契約をしてもこれを取り消すことができる。未成年者には親権者などの同意が必要であるし，成年被後見人には成年後見人の存在が必要となる。成年後見人になるためには，家庭裁判所における審判が必要なので，例えば援助対象者が精神病や認知症にかかっており，その判断能力に不十分さを感じる場合には，成年後見手続の検討が必要になる場合がある。

## 【2】　錯誤，詐欺，強迫など

　行為能力がある人でも，不本意な契約をしてしまうことがある。商品の見間違いだったり，相手から騙されたり脅されたりして購入してしまった場合などである。契約は意思表示の合致により成立するが，買いたいという「表示」をしたけれど，それに対応する「意思」がなかったり問題があるとき，その意思表示は無効または取り消せることを民法は定めている。勘違いであれば「錯誤」，だまされたら「詐欺」，脅されたら「強迫」として，契約を事後的に取り消したりすることができる。

## 【3】　適法性，社会的妥当性等

　次に，結ぶ契約の内容が適法で社会的に妥当なものでなければならない。

　民法の大原則として，どのような相手とどのような契約を結ぶことも自由であるという私的自治の原則がある。この原則によって，私たちは国家から干渉されない自由な経済活動を保証されている。しかし，だからといって何でも許されるわけではない。違法薬物の売買だとか，一生無償で働かされる契約などは適法性や社会的妥当性に欠け無効である。もし援助対象者がおかしな内容の契約書にサインをしてしまったとしても，こうした観点から，本当に守らなければならない契約なのかを吟味する必要がある。

## 【4】　代理

　人は，すべての行為を自分でしなければならないわけではなく，他人に代理権を与えて，自分の代わりに契約を結んでもらうことができる。この場合，誰にどの範囲で代理権を与えたのかを明確にする必要がある。しばしば，援助対象者の代理人と名乗る人が相談に同席したり，問い合わせをしてきたりするが，本当に本人から依頼を受けているのか，どの範囲で代理権を受けているのを明らかにしてもらう必要がある。そうしないと，後々，本人から「あの人に任せてなどいないのに，なんであの人と話を進めたんだ」などといったトラブルが起きる原因となる。

## 【5】 時効

　権利があっても，長年にわたって放置していると，消滅時効で権利が消えることがある。「権利の上に眠る者は保護しない」という格言があり，貸金債権や代金債権でも5年間や10年間，何の請求もしないでいるともはや権利は行使できなくなる。ただ，時間がたてば自動的に権利が消えるわけではなく，義務者の方から「消滅時効を援用します」と債権者に伝える必要があるので，そのこともあわせて知っておく必要がある。

## ▶▶4　物権
## 【1】 物権と債権

　権利には大きく二種類ある。物に対する権利(物権)と人に対する権利(債権)である。例えばパソコンを購入する契約を結んだ場合，買主は売主に対して，パソコンを渡すようにと請求することができる。これを債権という。また，買主はそのパソコンを自分のものとして自由に使うことができる。これを物権という。民法では物権と債権とを別々に定めており，それぞれの権利関係を学ぶ必要がある。

## 【2】 所有権

　物権は物に対する権利であり，所有権がその典型である。所有権とは，他人に干渉されずに物を直接支配する権利であり，物を自由に使ったり，人に貸したり売ったりすることができる。この使用，収益，処分の3要素からなるのが所有権である。もし他人が人の所有物を奪った場合，所有権に基づいてその物の返還を請求することができるし，所有地の上に他人が物を勝手に置いておいたら，それをどかすようにと所有権に基づき妨害排除を請求することができる。

## 【3】 抵当権

　次に重要なのが抵当権である。土地や建物といった不動産を購入した場合，住宅ローンを組むのが通常だが，金融機関としては，もし債務者がローンを払えなくなった場合には，その不動産を売却してローン返済に充てようと考えている。不動産を担保としてお金を貸すわけだが，具体的には不動産に抵当権を設定する。抵当権は，いざ債務が払われなくなったらその物を売却できる権利である。所有権の3要素のうち，処分できる権利だけを抽出したものともいえる。

## 【4】 登記

　物権といっても目に見えないものであるから，これを見えるようにしたのが登記である。登記は不動産について定めたもので，法務局で管理しており，だれでも調べることができる。不動産登記には土地と建物のそれぞれの登記があり，不動産の概要や所有者の情報，抵当権設定の有無など様々な情報が記載してある。

## ▶▶5 債権

### 【1】 債権

債権とは人に対して一定の行為を要求する権利である。売買であれば,売主は買主に対して代金を払うよう請求することができ,買主は売主に対して注文どおりの商品を渡すようにと請求することができる。権利の内容どおりに債務者がその内容を履行すれば問題は起きないが,そうでない場合に債権者は何を請求できるのかを知っておく必要がある。

例えば,買主が売主から自社加工の名産品を購入したものの,パッケージ加工が不十分で中身が一部漏れていたらどうだろう。売主は契約どおりの商品を渡す義務があるので,買主は契約どおりの名産品を改めて渡すよう請求することができる。また,もしそれを食べてお腹を壊して入院することとなったら,その治療費を損害賠償として請求することもできる。また,そのような商品はもはやいらないということであれば,契約を解除することもできる。

このように,債務者が約束どおりの義務を果たさなかった場合,これを債務不履行といい,債権者は債務者に対して,①契約内容の履行請求,②損害賠償請求および③契約の解除という権利を行使することができる。なお,「損害」には,財産的損害と精神的損害があり,前者にあたるのが治療費や休業損害,修理費などであり,後者の精神的損害を賠償するのが慰謝料である。

### 【2】 各種契約

「契約」には様々な種類があり,契約ごとに様々な権利が発生する。民法では典型的な契約が13種類定められており,これらを典型契約という。実務では民法に定められていない契約形態も数多くあり,それらを非典型契約という。

典型契約の一つである売買契約は,売主がある物を売り,買主がそれをいくらで買うという約束をすることで成立する。また貸金契約は民法では金銭消費貸借契約と呼び,貸主が借主にお金を渡し,双方が返還約束をすることで成立する。賃貸借契約は,貸主がある物を借主に使用させ,借主が一定期間後に返還する約束をすることで成立する。

これらの契約は書面を交わさなくても成立するとされるので,契約書がないからといって契約そのものがなかったことにはならない。それでも,例えばどんな商品を渡すべきだったのかとか,本当に返還約束はあったのかなど,双方の認識の食い違いから後日トラブルに発展することが多いので,契約書などの書類を作成し保管しておくのが望ましい。もし援助対象者から取引をめぐる相談を受けたときは,何か裏付けとなる書類はあるのかを尋ねてみるとよい。

### 【3】 不法行為

ここまで契約を中心に説明をしてきた。契約を結ぶことで当事者には権利と義務

5

司法・犯罪分野

が発生する。もっとも，契約以外にも権利義務が発生する場合がある。その一つが不法行為である。

　例えば交通事故が起きた場合，それまで加害者と被害者の間には何らの契約関係もなかったが，被害者には加害者に対する損害賠償請求権が発生する。上司からパワハラやセクハラを受けた場合も同様で，これらは民法上不法行為と呼ばれる。

　不法行為は，①故意または過失による違法行為，②損害結果，③①と②との間の因果関係によって成立し，被害者は加害者に対する損害賠償請求権を取得する。

　故意とは違法な行為をあえて行うことをいい，過失とは通常求められる注意を怠って不注意で行うことをいう（①）。また，被害者には一定の損害が発生することが必要であり（②），さらに「①の行為によって②の損害が発生した」といえるだけの因果関係が必要である（③）。

　被害者としては，これら3つの要件がそろったことを証明して初めて，不法行為に基づき加害者に対して損害賠償請求をすることができる。

　別の言い方をすると，嫌な思いをしたからといって，それだけでただちに慰謝料や損害賠償請求が認められるわけではない。したがって，援助対象者からそのような相談を受けた場合には，その思いに共感するべきではあるけれど，安易に同調して損害賠償請求しましょうなどとアドバイスすると間違うおそれがある。援助対象者の思いに共感しつつも，事実関係を丁寧に聞き取り，適切なタイミングで弁護士など法律の専門家につないでアドバイスを受けるべきである。

## ▶▶6＿事例から考える

### 【事例】

　借金がふくらんでもう返せなくなってしまったというAさん。詳しく話を聞いてみると，カードローンや消費者金融から数十万円ずつ借りており，合計で約300万円になる。また，ヤミ金からも借りており，年50％を超える利息を取られている。自宅は持ち家だが，住宅ローンが残っており，まだ3000万円ほどのローンが残っているという。Aさんは，どうやって返せばいいのか，返さなくてよい方法があるのか，自宅を売れば何とかなるのか，どうしていいか分からず悩んでいるとのことであった。

### 【検討】

　お金を借りる契約のことを金銭消費貸借契約という。Aさんはいずれも自分で申し込んで借金をしているので，本件ではどの契約も有効に成立しそうである。もっとも，ヤミ金については，利息制限法や出資法に明らかに違反する高金利となっている。これは民法上も「適法性」に欠け，公序良俗違反として無効だと主張することができる。

次に，住宅ローンが残っている自宅には，土地と建物に抵当権がついている。自宅を売って抵当権付きの不動産を売却した場合，売買代金は優先的に住宅ローンにあてられ，なお余剰金があれば本人が取得できる。そうすれば，余剰金を借金の返済にあてることができる。しかし，売買代金をあてても住宅ローンを完済できない場合，引き続き残ローンを支払う義務は残ってしまう。そのため，自宅の価値がいくらなのか，あらかじめ不動産業者などに査定してもらう必要がある。

　売却の結果，残った借金が全く返せないのならば，自己破産により借金を帳消しにする手続を選ぶ必要性が高い。総額を圧縮すれば返せる余地があるのならば個人再生手続を選ぶことができる。あるいは，毎月の弁済額や弁済回数を組み直す交渉を行うこともできる。いずれの方法も，弁護士に依頼して進めることが望ましい。

### ▶▶7＿公認心理師に期待すること

　以上のとおり民法を概観してきた。日ごろ民法を意識する場面は少ないものの，援助対象者が何らかの取引のトラブルに巻き込まれたり，おかしなお金の動きが見られたりするときは，民法にその解決のヒントや権利保護の仕組みが用意されているので，そのための手掛かりとして積極的に民法を学んでほしい。

　また，契約とは何か，物権や債権とは何かといった，法の基本的な考え方が民法には集約されているので，一見とっつきにくい法律ではあるけれど，気長につきあってほしい法律でもある。

　その他，互いの言い分が食い違う時などは，実際に何があったのかを示す証拠書類が重要な役割をもつことが多い。そのため，本人が契約書や証書類など関係書類を持っているようであれば，きちんと保管し，弁護士に引き継げるようにしておくことが望ましい。

【波戸岡光太】

### ▶§*5.1.2*＿民法一般 ❷ 【心理職の立場から】

　心理支援業務を行う中で，民法の4編「親族」，5編「相続」を参照することはあっても，1編「総則」，2編「物権」，3編「債権」を意識することはほとんどないだろう。ただ，私たちの行う心理支援業務の法的意味を考える上では一定の民法知識が必要となるので，その点について簡単に述べた上で，実務で出会うことが増えている具体的問題として，多重債務者への対応について述べる。

## ▶▶1__心理支援の法的位置づけ

　私達が，カウンセリングや心理療法を実施するときには，開始時に目的，方法（料金や場所，時間，技法，当面の方針など）について互いに合意し，約束（治療契約）をするが，この行為は，法的には民法656条に定める準委任契約と考えるのが通常である。準委任契約（委任契約の規定を準用）は，請負契約とは異なり，結果を約束するものではないが，「善良なる管理者の注意を以て委任事務を処理する義務を負う」（民法644条）のであって，これはその領域の専門職種として基本的に持っていなければならない知識，技法，倫理態度などに裏付けられた能力を怠ることなく発揮して受託した務めを果たすことと理解するべきだろう。この辺りの議論は別稿（伊藤 2015）に詳述したので参照されたい。

　公認心理師法41条には「秘密保持義務」が定められ，罰則も設けられたが，この秘密保持も含めた心理支援業務全体の安定した流れを作るために必要なのが適切なインフォームドコンセントである。これを欠くときに，要支援者から「秘密を漏らした」「面接の方針がわからなかった」「言葉で傷つけられた」等の訴えを受けることになる。多くは所属団体への倫理申立となるが，ときに民事裁判が起こされることもあり（東京地裁平成7年6月22日判決など），その際には，民法415条の「債務不履行による損害賠償」，民法709条の「不法行為による損害賠償」が訴えの根拠とされることになる。

## ▶▶2__多重債務者への対応
### 【1】　自己破産に至った事例

　旧知の開業精神科医から，私の職場の近くに住む慢性期の統合失調症患者の相談に乗ってやってほしいと依頼され，40代前半の彼が70代の母とともにやってきた。20年余り前に遠方の勤務先で発病してのち，母の元で暮らしてきたが，性格的な偏りが顕著で青年期から家庭内でかなりひどい暴力をふるっていた弟が失業して家に戻ったのを機に，この一月余りはカプセルホテルなどを転々としているという。また，以前から趣味に金をつぎ込み，百万円単位の借金を作っていることも判明していた。

　2～3回の面接で事情を把握した後，すでに関わりのあった保健師と相談の上で福祉事務所につなぎ，世帯分離の上で生活保護受給ができるようにし，近くのアパートに落ち着かせた。平行して，成年後見制度（民法7～18条）利用の可能性も考えて，母と家庭裁判所の家事相談に行かせたりもしたが，当面する借金の処理を先行させるために，任意整理，自己破産手続などについて概略説明した上で，弁護士の無料相談窓口を紹介した。

　弁護士との相談過程でも，不安になったり決断ができなかったりするのを側面か

らサポートしながら，最終的に破産手続開始（破産法30条）に至った（自己破産では管財人費用等として20万円程度の費用が生じることがあり，払い込まない限り自己破産はできないが，弁護士の助力で同時廃止が可能になると，後からほぼ同額の弁護士費用を分割払いすることにはなるものの，自己破産は時をおかずに成立し，不安から解放される）。

こうして，生活の場と借金問題を解決し，その後も私のところに通いながら，種々不安定な時期はありながらも都度乗り越えて生活保護費の範囲で暮らせるようになった。

### 【2】 多重債務者への対応

多重債務者は往々にして債務を隠したがる。10あるうち9まで明らかにしても，何故か一つだけ隠していて，それが後々問題化することがよくある。彼らのかろうじて保っているプライドを傷つけないように聞き出すには細心の配慮が必要である。

ほとんど返済の見込みもなく利子ばかり払っているような状態でも，無力感からなかなか行動に移せない人も多い。少しずつ無力感から脱して，正常な不安を感じてもらうためには，信頼に裏打ちされた力づけが必要である。

利用可能な社会資源の知識は必須である。この問題の相談の窓口としては，①法テラス，②市町村，自治体などの無料弁護士相談，③弁護士会法律相談センター・クレサラ相談窓口，④家庭裁判所家事相談，簡易裁判所窓口などがあるが，紹介して終わりにするのではなく，支え手としては支援を継続しつつ，それら資源を当事者自らに活用させながら現実感をつけ自ら生活の立て直しができるようになってもらうのも心理援助者の役割であろう。

〔参考文献〕
伊藤直文（2015）「心理臨床の倫理と社会常識」『心理臨床講義』金剛出版所収

【伊藤直文】

▶§**5.2.1**＿ 家族法 ❶ 【法律職の視点から】

▶▶**1**＿はじめに——家庭の中の法律問題

家庭内の紛争は，かつては「法は家庭に入らず」と言われるように，私的な問題として自主的な解決をすべき事柄とされていた。しかし，そのような私的領域の問題として片づけられることによって，家庭内における夫婦間・親子間のいびつな力関係による違法行為・犯罪行為と評価し得る行動が見逃されてきた面がある。

そこで，家庭内の問題であっても，法が積極的に介入すべきものとされ，2000（平

成12）年には児童虐待防止法が，2001（平成13）年には配偶者からの暴力の防止及び被害者の保護（等）に関する法律（以下「DV防止法」という。2013年の法改正により法律の名称に「等」が追加された）が，2005（平成17）年には高齢者虐待防止法がそれぞれ成立した。

　家族間の紛争を扱う上で心に留めておくべきこととして，当事者の心理面から言えば，簡単に理屈の問題やお金の問題では片づけられない，家族間であるからこその根深い心理的対立があることが多い。法律家としては，理屈上の問題とは別に，このことに対する配慮が必要な場面がある。そこで，心理職との連携が必要な分野として，実際に当事者対応について心理職からのアドバイスを得たり，当事者の心理的ケアを心理職へ依頼することも少なくない。

　本節では，家族間の問題として主に夫婦の問題をベースに取り上げたい。

### ▶▶2＿家庭内の法律問題を規律する法律

　家族間のことを規律する法律として「家族法」という名称の法律はなく，私法の一般について定めた「民法」の中に，「親族」「相続」という編があり（第4編と第5編），そこに，家族間の法律関係について一般的なルールが定められている。例えば，どうすれば婚姻・離婚が成立するか，婚姻するとどのような義務が発生するか，どういう場合に離婚が成立するかなどについて，定められている（このような法律関係を定めている法律を下記の「手続法」と対比して「実体法」と言う）。

　これに対して，家族間の紛争についての手続に関する法律として，「家事事件手続法」「人事訴訟法」という法律がある。これらは，民法に定められた家族間の法律関係を実現する「手続」に関するルールである。例えば，裁判所に調停の申立てをする場合，あるいは，裁判所に訴訟を提起する場合について，どこの裁判所が管轄するか，裁判所での手続をどのように進めるかなど細かいことが定められている。

　上記以外にも，前述の通り，家族間の特定の領域について定められたDV防止法，児童虐待防止法，高齢者虐待防止法などの特別法もある。

### ▶▶3＿離婚紛争

　最も身近な問題として，夫婦間の離婚について，基本的な知識を取り上げる。

【1】　離婚の方法

　離婚の方法として，主には，　①協議離婚（民法763条），②調停離婚（家事事件手続法268条以下），③裁判離婚（民法770条）の3つの方法がある（そのほかには，審判離婚，和解離婚，認諾離婚などもある）。

　①　協議離婚　　協議離婚は離婚全体の約9割を占める。当事者双方が離婚の意思をもって，離婚届に署名・押印をして役所に届出をすることで成立する。のちに

述べる民法が定める離婚原因が存在しない場合でも，当事者間の合意によって離婚が成立する方法である。

　②　調停離婚　　日本においては，原則，突然に離婚裁判を提起することはできず，まず，家庭裁判所に調停の申立てをしなければならない（「調停前置主義」と言われる。家事事件手続法257条1項）。これは，家庭に関する問題については，なるべくであれば，話し合いで解決することが望ましいとされていることに起因する。

　調停離婚とは，家庭裁判所の話し合いの手続である調停手続において，離婚および離婚条件に合意することによって成立する。協議離婚同様，民法上の離婚原因が存在しない場合であっても，当事者の合意によって成立する。

　③　裁判離婚　　民法に定められた離婚原因（民法770条）が認められる場合，裁判所が判決によって離婚を認める手続によって，成立する離婚である。裁判が提起されても，和解で離婚が成立する場合もあり，これを「和解離婚」と呼ぶ。

## 【2】　離婚原因

　民法は770条1項1号～4号に具体的な離婚原因を定めている。

・1号　不貞行為
・2号　悪意の遺棄
・3号　3年以上の生死不明
・4号　回復の見込みのない強度の精神病

　上記に加え，民法770条1項5号は「その他婚姻を継続し難い重大な事由」を離婚原因とする。したがって，夫婦間に1号～4号やその他の事情があり破綻状態にあった場合（5号），基本的には離婚が認められる。

　ただし，離婚原因に主たる原因がある「有責配偶者」（例えば，不貞行為を行った配偶者あるいは暴力を行った配偶者）からの離婚請求は，一定程度制限されている。判例上は，次の事情が認められる場合に限って，離婚を認めても差し支えないとされている。具体的には，①別居期間が年齢・同居期間と比して相当長期間に及ぶこと，②未成熟子が存在しないこと，③相手方配偶者が離婚により精神的・社会的・経済的に極めて過酷な状況に置かれる等の社会正義に反する特段の事情がないこと，が考慮要素とされている。

## 【3】　離婚に関連する問題

　①　婚姻費用　　夫婦には，相互に，婚姻費用分担義務がある（民法760条）。婚姻費用とは，具体的には子に係る生活費を含む生活費全般を指す。別居をしても，同義務は継続する。そのため，別居した夫婦の間で，一方から他方に対して，婚姻費用の分担を求めることができる。

　婚姻費用の請求の方法は，協議で任意での支払を求める方法のほか，家庭裁判所を利用した調停・審判も利用することができる。

婚姻費用の金額は，2019（令和元）年12月23日に公表された養育費・婚姻費用に関する「標準算定方式・算定表（令和元年版）」を用いる方法が一般化しており，裁判所のHPにも掲載されている（https://www.courts.go.jp/toukei_siryou/siryo/H30shihou_houkoku/index.html）。家庭裁判所の調停・審判では，子どもの人数・年齢，当事者双方の年収をもとに，この「養育費・婚姻費用に関する標準算定方式・算定表（令和元年版）」を用い，金額を算定している。

　②　養育費　　父母は，未成熟子に対して扶養義務を負う(民法877条1項)。これは，別居しても離婚しても同様である。したがって，子の監護費用(民法766条)，すなわち，子どもの生活費について，監護親から非監護親に対して請求することができる。また，子どもから親に対しても，扶養料としての請求もできる。

　養育費の請求の方法は，婚姻費用と同様，協議での支払を求める方法のほか，家庭裁判所を利用した調停・審判も利用することができる。金額についても，「標準算定方式・算定表（令和元年版）」を用いて算定されることが一般的である。

　③　慰謝料　　離婚に伴い，慰謝料請求できる場合がある。例えば，相手方配偶者が不貞行為をしたこと，暴力を行ったこと，モラルハラスメントによる抑圧行為を繰り返されたこと等によって離婚を余儀なくされた場合，そのことによる精神的苦痛の慰謝料が認められる場合があり得る。

　裁判において慰謝料が認められるか否かの判断は，相手方の行為に違法性があるか否かによって決する。ただし，夫婦間では，事情が入り組んでいることが多く，その認定は単純ではない。例えば，妻側が日常的な夫の暴言を強く主張していても，その暴言が多くの場合に妻の挑発行為によることが認定された場合は，夫の暴言に違法性が認められない場合もありうるだろう。すなわち，1つの事実を以って認定されるのではなく，夫婦の離婚に至る事情を見通して，その有責行為の違法性が判断される。

　慰謝料の金額は，有責性の程度，資力，子の存在など様々な要因によって定められる。どのような場合にいくらの慰謝料が認められるかを基準化することは難しいが，一般的には，裁判でも500万円以上の慰謝料額が認められることはごく稀であり，300万円以内での認定が大部分を占める。

　④　財産分与　　婚姻中，夫婦が共同して築いた財産は，名義の如何を問わず，夫婦の実質的共有財産として，離婚時，清算の対象となる。例えば，会社員の夫が婚姻期間中に貯めた預貯金が500万円で，専業主婦の妻は100万円であった場合，夫婦の実質的共有財産は600万円となる。これを財産分与することとなるが，清算割合は原則2分の1とされているため，上記の例ではそれぞれ300万円の権利を有することとなり，妻から夫に対して200万円の財産分与請求ができることとなる。

　財産分与の対象となる資産は，預貯金だけでなく，不動産，株式等の有価証券，

生命保険, 自動車, 退職金債権, 年金等, 婚姻期間中に形成した資産価値のあるものが含まれると解される。

また, 財産分与の対象となるのは, 原則として「別居時」に保有していた財産である。ただし, この財産の資産評価の基準時は, 離婚時とされている。すなわち, 別居時に有していた株式は財産分与対象財産となるが, 同株式の資産価値は離婚時の価額で算出されることになる。

なお, 婚姻前から保有している財産, 相続によって得た財産などは夫婦共有財産とはならず, 一方配偶者の固有の資産とされ, 財産分与の対象にはならない。

⑤　面会交流　　離婚において, 子を巡る紛争は複雑化してきていると言える。特に, 非監護親が子と交流する面会交流に関する事件は, 家庭裁判所において年々事件数が増加している。

面会交流については, 2011 (平成23) 年の民法改正により, 民法766条で明文化され, 家庭裁判所においても, 面会交流の重要性が強く意識されている。家庭裁判所の考え方としては, 子の福祉に反するなどの特段の事情がない限り, 面会交流を実施する方向で考える傾向にある。裁判所の考える「特段の事情」とは, 例えば, 非監護親の子に対する暴力行為・虐待行為, 監護親に対する暴力行為, 連れ去りのおそれなど, 子の心身への影響が想定される場合である。しかし, このような原則は面会交流を実施することを前提に, 例外的な事情がある場合にのみ面会を制限するという, いわゆる「原則実施論」には強い批判もある。

子にとって, 自己のルーツである父母との関わりは心身の発達において非常に重要なものであることは否定できない。しかし, 子の年齢, 性質・性格, 発達の度合い, 意向, 父母間の紛争の程度・段階など, 様々な事情を総合考慮して, 「子の福祉」は判断されるべきである。面会交流の方法も, 直接の面会交流のみを実施するか否かの二者択一ではなく, 一定期間は手紙・写真等の間接交流から始め一定期間経過後に直接交流を試みるという方法や, 初めの数回は子の親しみのある第三者の付添を検討したりすることも柔軟に対応されるべきである。

また, 父母間の葛藤が激しく対面できないケース, 連れ去りの危険性があるケースなどは, 面会交流について中立的に関与してくれる第三者機関の存在がある。多くは, ①付添型援助 (面会交流日時の連絡調整, 子の受け渡し, 面会交流中の立会い), ②受渡型 (面会交流日時の連絡調整, 子の受渡し), ③連絡調整型 (面会交流日時の連絡調整) の援助形態を用意しており, 当事者双方が合意することで利用することができる。ただし, 面会交流1回につき付添型援助の場合には1万5000円～2万円の費用が掛かるところが一般的である。

#### ▶▶4 家庭内暴力について──DV防止法

　離婚事件では，一方が他方から家庭内暴力を受けており，夫婦間のゆがんだ力関係の中で過ごしてきて，弁護士のところにたどり着くというケースは少なくない。家庭内暴力があるケースでは，特に配慮が必要であることから，以下，DV防止法の定める保護命令の制度について簡単に記載する。

　DV防止法は，配偶者からの暴力を受けた者に一定の要件のもとで，

① 　接近禁止命令（加害者の被害者，被害者の同居の子，被害者の親族等への接近を6か月禁止する）

② 　退去命令（加害者を生活の本拠から2か月間の退去させる）

③ 　電話等禁止命令（接近禁止期間中，面会要求，電話等を禁止する）

を認めている。これらをまとめて「保護命令」と呼ぶ。命令が発せられた場合，この命令に違反した加害者には刑罰が科されるという制度の立て付けになっている。

　保護命令の要件は，配偶者または元配偶者（いずれも法律婚，事実婚を含む）から婚姻中に身体に対する暴力または生命等に対する脅迫を受けた者が，さらなる身体に対する暴力によりその生命または身体に重大な危害を受けるおそれが大きい（DV防止法10条1項）場合に認められる。

　ここでいう「生命または身体に重大な危害を受けるおそれ」とは，殺人，傷害等の被害を受けるおそれを指すと言われている。裁判実務においては，暴力行為の程度，時期などを考慮して，判断される（例えば，これまで受けてきたものが脅迫行為のみである場合，暴力行為の程度が軽微である場合，暴力行為等がかなり過去の事実である場合などは慎重な判断がされる）。

　そのほか，配偶者暴力相談支援センターまたは警察の生活安全課に相談・援助・保護を求めた事実があること（DV防止法12条1項5号）が要件となっており，その事実がない場合には必要事項を記載した被害者の供述調書を作成し，公証人の認証を受ける必要がある（宣誓供述書，DV防止法12条2項）。保護命令の申立ては，管轄する地方裁判所に対して，被害者自身が申立てをすることを要する。

#### ▶▶5 弁護士の立場から心理職に期待すること

　家族の紛争のうち離婚について制度を概観したところ，実際のケースを参考にした架空の事例を題材に，弁護士の立場から心理職との連携の必要性について考えたい。

【ケース】

　妻が夫からの強度の家庭内暴力を受けていた40代夫婦（就学前の子あり）の事例において，別居直後に申立てをした保護命令（接近禁止・退去命令）が認められ，別居後1年程度で離

婚判決による離婚も成立した（親権者は母）。妻は夫の暴力によるひどいPTSDの症状があったが，別居・離婚と進み，症状が徐々に改善していっていた。

そんな矢先，元夫から子との面会交流を求める調停が申し立てられた。元妻は，居場所が知られてしまうのではないかという強い不安を感じるようになり，PTSDの症状が悪化していった。

家庭裁判所の調停手続では，一般的な父子交流の必要性が説明された。元妻は，父子交流の必要性を頭では理解していたものの，面会交流によって元夫と何らかの接触を持つことに強い恐怖感を感じ，身体的な症状（蕁麻疹・胃痛）が出現するなどした。またそのことで，「自分のせいで，子どもを父親に会わせてあげられないんだ」と自分を責めるようになり，益々，追い込まれていった。

このようなケースにおいて，元妻に対しては，弁護士だけでは十分な支援をすることはできず，心理職の援助は必須である。法的な問題解決と，心理面での回復は，表裏一体である。

ただ，例えば，弁護士が裁判実務を「面会交流は特別な事情がないと拒否できません」と説明し，心理職が「あなたの症状からして面会交流なんて絶対に応じてはいけない」という説明をした場合，元妻は異なる専門職の間で板挟みになってしまうことになる。専門職間の意見のはざまで揺れ動くクライアントは少なくない。しかし，それぞれの専門職はベースが違うのであり（弁護士は法的手続をフィールドに，心理職は心身の状況をフィールドに考えている），このような意見の行き違いは当然のことともいえる。

法的分野の立場から述べると，依頼者にとってAの結論が有益であっても，Aの結論に至ることが盤石ではないということや，法的にはAではなくBの結論になってしまう，というケースはままある。それは証拠による立証がどうしてもできない場合や，法的な立て付けによってやむを得ない場合など理由は様々である。このときに，当然，弁護士としては依頼者の利益のためであればAの結論に向けて代理人活動をするわけだが，それでも結論がAに至らないことは残念ながらあるのである。

このようなとき，先に述べたとおり，心理職や他の専門職から，クライアントの心情に配慮して，クライアントに向けて「なぜAではないのか」「Bの結論に絶対応じてはいけない」という責任追及に似た疑問が投げかけられることがある。これが，結果として，クライアントがこれまでの自分自身の選択に疑問を持ち，混乱が生じ，大きな不安を抱える結果を生んでしまうことがある。

このようなケースにおいて，弁護士としては，心理職に積極的にアプローチをして協力を依頼することが必要であるし，方針決定・手続進行に置いても心理面への配慮は必須である。他方で，心理職もまた法的手続の前提知識を共有・理解することが期待される。例えば，実際には，Aの結論を得ることが難しい道のりであることが心理職に理解されていれば，Aの結論を勝ち取るために心理職の立場から何か

できることがないかをクライアント・弁護士と一緒に考えることができ（前記の事例では，面会交流をすぐに実施することは困難との結論を得るために，例えば心理職の立場からの意見書，報告書の作成などが考えられる），仮に，Aの結論を勝ち取れなかったときには，依頼者に対して一面からの疑問を投げかけるのではなく，クライアント自身は最善を尽くしたことや，実務の運用や制度の建て付けに対する疑問を共有することなどで，依頼者の置かれている立場を真に理解した援助が実現すると考えられる。

心理的な問題解決に法的問題解決は必須であるし，法的問題解決には心理の分野の支援が必須であるところ，このようなケースは家族紛争の分野では極めて数が多い。弁護士においても，法的手続のフィールドだけで考え，依頼者の心身の状況を無視して進めていくといったことでは，依頼者の真の利益にはならないことを肝に銘じなければならない。心理職にも，法的手続の概要やその限界などを，理解・共有してもらえることが，法と心理のはざまに置かれたクライアントの支援につながると考える。

弁護士，心理職が互いに，専門職間での連携をすることによって，クライアントへの立体的支援の実現を目指したい。

【早坂由起子】

## ▶§**5.2.2** 　家族法 ❷ 　【心理職の視点から】
#### 暴力被害者への心理支援を中心に

### ▶▶**1**　暴力の実態

配偶者からの暴力は，犯罪となる行為をも含む重大な人権侵害である（DV防止法前文）と同時に，両親間の暴力の目撃は児童虐待である（児童虐待防止法）。

令和元年児童虐待防止対策の強化を図るための児童福祉法等の一部を改正する法律が成立し，児童虐待防止法において，強化を図るべき連携機関として婦人相談所が明記され（児童虐待防止法4条1項），配偶者からの暴力の防止および被害者の保護等に関する法律においては，連携機関として児童相談所が含まれることが明記された（同法9条）。

暴力とは，身体に対する暴力またはこれに準ずる心身に有害な影響を及ぼす言動をいう（DV防止法1条）。内閣府が平成30年（2018）に発表した「男女間における暴力に関する調査」によると，一度でも暴力があった女性は31.3%，男性は19.9%。これまでに配偶者から何らかの被害を受けたことのある人に，相手との関係をどうしたのかを聞いたところ，「相手と別れた」女性12.6%，男性7.2%「別れたい（別れよう）と思ったが別れなかった」が女性44.5%，男性21.5%。別れなかった理由は，「子

どもがいるから，子どものことを考えたから」が最も多く（女性65.8%，男性60.4%），次いで「経済的な不安があったから」が女性44.7%，男性16.7%であった。被害による生活上の変化については，自分に自信がなくなった，夜眠れなくなった，心身に不調をきたしたなどとなっている。被害を受けながらも別れることが難しい状況が示されている。

▶▶**2**__DVの構造

「DVは配偶者の暴力的支配による人権侵害」である。暴力に対し，当初は抵抗するが，次第に対応できなくなり，機嫌を損ねないように気を遣うようになり，我慢すればいつか分かってくれる，子どもができたら変わるのではと期待するが，耐えれば耐えるほど人権侵害は増す。

家庭という密室で結婚の制度と重なると，人権侵害は見えにくい。加害者は暴力を正当化し，被害者は自分が至らないためにこのような事態になってしまったと自信を失い，被害者であるにもかかわらず暴力の責任を引き受け，被害者と加害者が逆転する。自分に非があることを相談したり，支援を求めることは難しい。経済的不安も子どもを一人親にしたくない思いも大きい。「離婚はするべきでない」，「妻は夫に従うべき」などの伝統的な価値観があると，できることなら壊すのではなく立て直したいと努力する。暴力の恐怖も避難を難しくする。

▶▶**3**__暴力による心理的被害

加茂（2006）は，精神健康被害として，「PTSDは33〜84%，うつも37〜63%と高い率で診断されており，その他自殺傾向，不安障害，身体化障害，アルコールやや薬物乱用も見られている」という。

暴力の恐怖に直面しながら生活を続けることになるので，感情を麻痺させ，苦痛を忘れながら過ごすことになり，現実認知は歪み，暴力は過小評価される。淡々として無表情で涙も出ない。また，理不尽な暴力にあうと，自分に非がある」という否定的な気分が生じ，罪責感をいだきやすい。自信や自尊心，自己評価も低下，無力感，孤立感を抱く。

▶▶**4**__支援の方法

【1】　支援の制度

DV防止法は，都道府県が設置する婦人相談所その他の適切な施設が「配偶者暴力相談支援センター」の機能を果たすように定めている。支援センターでは，相談，カウンセリング，緊急時の安全の確保と一時保護，自立生活促進のための情報提供，保護命令制度の情報提供などを行う。

5

司法・犯罪分野

離婚に関する知識，夫が離婚に応じない場合どうしたらいいのか，別居時の婚費，慰謝料，親権，養育費のほか，面会交流は両親間に暴力がある場合にはどうしたらいいのか等，法的支援の情報は非常に重要で，司法との連携は欠かせない。情報を得ることによって，今後の生活を具体的に組み立てていくことができる。

## 【2】 公認心理師による心理的支援

DV被害者支援の最初の段階は，まず安全と安心の確保である。ついで，暴力の状況を客観的にとらえなおし，「暴力は振るう側に責任があり，妻が至らないためではない」というDVの構造と，このことによって生じている可能性のあるPTSDや人権侵害に伴う被害の症状を「心理教育」として伝える。これらは単なる知識の伝達ではなく，自分の中で起きている人には言えないようなつらい気持ちをわかってくれる人がいる，理解したうえで，進むべき方向や見通しを提示してくれる専門家がいるという安心感にもつながる。本人に生命の危険がある場合，子どもが被害を受けている場合は，傾聴だけでなく，通報など介入する義務も負う。

支援者は，二次被害を防止し，逃げない被害者を責めるのではなく，女性が生きやすい社会ではないことを認識し，寄り添うことが大切である。支援者自身の健康管理も重要である（代理受傷・二次受傷）。

〔参考文献〕
加茂登志子(2006) 心的トラウマの理解とケア第2版　じほう
内閣府男女平等参画局(2018)　男女間における暴力に関する調査報告書

【米田弘枝】

## ▶§ *5.3.1* __ 刑事一般 ❶ 【法律職の視点から】

### ▶▶*1*__刑事司法（成人）に関する法律・制度の概要

#### 【1】 はじめに

従来，心理職が成人の刑事司法手続と接点を持つ場面は限られていた（非行少年の司法手続については本書*5.4.1*参照）。精神鑑定において心理テスト等で鑑定業務の一部に関与するような場面くらいであろうか。

しかし，医療観察法の施行により，いわゆる触法精神障害者に対するチーム医療の一環として，心理職の役割が大きくなった。

さらに，近年，刑事司法分野において，医療観察法の対象とならないような場面であっても，隣接領域(医療，心理，福祉等)との連携の必要性が強く叫ばれるようになっている。

本節では，心理職にはあまりなじみがないと思われる，刑事司法手続の全体像を

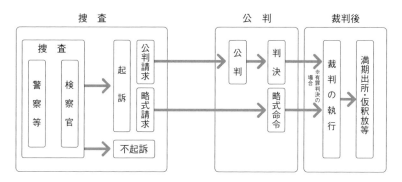

※被疑者が少年（20歳未満）である場合には，一旦事件は家庭裁判所に送致されますが，家庭裁判所において刑事処分が相当（刑罰を科すのが相当）であると判断された事件は，再び検察庁に事件が戻され，この場合，原則として起訴されることとなります。それ以外の事件については，家庭裁判所で保護観察や少年院送致などの処分が決められます。

図5.3.1　刑事手続の流れ

出所）法務省のサイト　http://www.moj.go.jp/keiji1/keiji_keiji11-1.html

俯瞰した後，責任能力等の特殊な専門用語について解説する。その上で，弁護士と公認心理師が連携して被告人の支援をする架空事例を紹介し，公認心理師に期待されている刑事司法手続における具体的役割を検討してみたい。

【2】　刑事司法手続の流れ

　刑法上，人を段ったり，他人の物を盗んだり，法律上定められた犯罪行為をした者に対しては，一定の刑罰が科せられると定められている。ここでは，犯罪が発生してから，犯罪行為をしたとされる者に対して刑罰が科せられるまでの流れ（ここでは「刑事司法手続」と呼ぶ）を概観する。刑事司法手続（刑事手続とも）とは，刑事訴訟法，少年法などの法律に拠る手続で，刑事事件の事案の真相を明らかにし，科すべき刑罰を定める手続を指す。捜査（起訴を含む）手続と公判手続にわかれる。

　一般的には，犯罪行為の被害にあった者が警察に申告して（「被害届」や「告訴」など），警察は犯罪行為を認知し，捜査を開始する。警察が捜査をするなかで，犯人ではないかと疑いを持った対象者（法律上は「被疑者」と呼ぶ。マスコミでは「容疑者」と呼称されることもある）から事情を聴く。任意で（逮捕をせずに）被疑者から事情を聴くこともあれば，所定の手続を経て，被疑者を逮捕（身体拘束）することもある。

　警察は，被疑者を逮捕した場合，48時間以内に検察官に身柄を送らなければならない。これを「検察官送致（送検）」という。検察官は，送致を受けると被疑者から事情を聴き，すぐに釈放することもあるが，さらに身体拘束が必要だと判断すれば，24時間以内に勾留請求をする。勾留とはさらに長期間身体拘束をすることである。検察官が裁判官に勾留請求をして，裁判官が勾留を認めると，勾留は原則

10日，最大さらに10日勾留されることになる。その期間内に，検察官は，起訴をするか，釈放するかを判断しなければならない。

起訴とは，犯罪をしたと疑われる者に刑罰を科すため，刑事裁判にかけることである。略式請求という簡易な手続で罰金が科されるような場合を除き，起訴（公判請求）されると，公開の法廷で裁判（「公判」という）が開かれる。1回の公判で終了する事件もあれば，1年以上かかるような大きな事件もある。

起訴されることによって，呼称が「被疑者」から「被告人」に変わる。マスコミ報道では，被疑者を「容疑者」，被告人を「○○被告」と呼ぶのが慣例であるが，法律上の正式名称は「被疑者」「被告人」である。

公判期日では，裁判官が，公開の法廷において，検察官および被告人・弁護人から提出された証拠を検討して，被告人が犯罪事実を行ったかどうか，行ったとすれば，いかなる刑に処するべきかを判断する。被告人が事実を認めていて，大きな争点もなく，殺人のような重罪ではない事件では，1～2回の公判で終わることがほとんどである。

判決で有罪が認定された場合，宣告される刑罰の種類には，死刑・懲役刑・禁錮刑と罰金刑とがあり，罪名ごとに刑罰の種類が定められている。懲役刑・禁錮刑・罰金刑には，一定の条件で，執行猶予が付く場合がある。執行猶予は，刑の執行を一定期間猶予し，その間に犯罪を行わなければ刑を受けずに済むという制度である。

執行猶予がつかない懲役刑・禁錮刑を宣告された場合（このような場合を「実刑」という），上訴期間が経過して判決が確定すると，被告人は，刑務所に収監される。

## 【3】 裁判員制度

裁判員制度は，刑事裁判に，国民のなかから選ばれた裁判員が参加する制度である。

1つの事件について，原則として，裁判員6名と裁判官3名が担当する。裁判官と裁判員は，刑事裁判の審理に出席して証拠を見聞きし，対等な立場で議論して，被告人が有罪か否かを判断する。裁判官3名と裁判員6名で評議を行い，最終的にどうしても意見が一致しないときは，多数決によって決める。有罪の場合には，法律に定められた範囲で，どのような刑罰を宣告するかを決めなければならない。

裁判員制度の対象となるのは，殺人罪，強盗致死傷罪，傷害致死罪，現住建造物等放火罪，身代金目的誘拐罪などの重大な犯罪の疑いで起訴された事件に限定されている。

## 【4】 責任能力

刑法39条は，「1. 心神喪失者の行為は，罰しない。2. 心神耗弱者の行為は，その刑を減軽する。」と定めている。ここでいう心身喪失とは責任能力がない状態をいい，心神耗弱とは責任能力が一部しかない状態を指す。責任能力がなければ無罪となり，限定責任能力であれば刑が軽くなる，ということである。責任能力とは，

物事の是非善悪を判断して，その判断に従って行動をコントロールする能力である
とされている。

　なぜ，責任能力のない者の行為は処罰されないのか。

　刑事責任の本質は，法規範による命令・禁止（例「人を殺してはならない」）に従って
意思決定ができたにもかかわらず，そうしなかったことに対する非難にあると理解
されている。法規範による命令・禁止を理解して，それに従って意思決定ができた
場合に，初めて非難が可能（＝刑罰を受けても自業自得だということ）になり，刑罰を科
すことが正当化される。逆に，犯罪行為に及んだ場合であっても，自分のしている
行為が悪いこと・してはいけないことであると理解できず，あるいは，自分の意思
で行動をコントロールできないような場合は，その人を非難することができない（＝
刑罰を受けても自業自得だとはいえない）。そのため，そのような非難をすることができ
ない者＝責任能力のない者の行為は処罰されないのである。

　なお，しばしば誤解されることがあるが，精神障害のある人は全員，常に何をも
しても責任能力なし（＝心神喪失）と判断されるわけではない。あくまで，犯行時に，
精神障害の影響で物事の是非善悪の判断ができていなかった場合，または，行動の
コントロールができていなかった場合に限られる。精神障害のある人でも，犯行時
に，物事の善悪が判断でき，自分の行動をコントロールできていた（にもかかわらず
犯行に及んだ）のであれば，通常どおり，刑罰を科されることになる。

　検察官が，被疑者の責任能力の有無を判断したり，裁判官が被告人の責任能力の
有無を判断したりする際には，精神鑑定が実施されるのが通常である。検察官や裁
判官は，精神鑑定の結果に拘束されるわけではないが，精神医学の専門家ではない
検察官や裁判官が責任能力を判断するにあたっては，精神鑑定は重要な意味を持つ。

【5】　医療観察法

　「心神喪失等の状態で重大な他害行為を行った者の医療および観察等に関する法
律」（以下，医療観察法という）は，平成15（2003）年に成立，平成17（2005）年に施行
された法律である。医療観察法の目的は，心神喪失または心神耗弱の状態で，殺人，
放火等の重大な他害行為を行った人の社会復帰を促進することとされている。この
法律に基づく申立てがなされた場合，裁判所は，原則として，その人を，強制的に
入院させて医療を受けさせるか，通院させて医療を受けさせるか，それとも医療を
行わないかの決定をすることになる。

　医療観察法の対象となる行為は，殺人，放火，強盗，強制性交等，強制わいせ
つ（これらの未遂を含む），傷害といった，重大な他害行為に限定されている。たとえ
ば，心神喪失等の状態で，これ以外の他害行為（万引きや無銭飲食等）を行ったとしても，
医療観察法の対象とはならない。

　医療観察法の対象となるのは，対象行為を行った者が，①心神喪失・心神耗弱に

より不起訴となった場合，②心神喪失で無罪判決が確定した場合，③心神耗弱により刑が減軽され実刑とならなかった場合である。

このような対象者に対して，検察官が，地方裁判所に対して，医療観察法による医療を受けさせる決定をするよう申立てをする。

裁判所では，裁判官1名と精神保健審判員1名の合議体で処遇判断をする。精神保健審判員は，職務を行うのに必要な学識経験を有する医師の中から任命される。裁判所は，必要に応じて，精神保健参与員を選任し，処遇の要否および内容についての意見を聴く。精神保健参与員は，精神保健福祉士など，精神障害者の保健および福祉に関する専門的知識および技術を有する人の中から選任される。

裁判所が審判をするにあたり，社会復帰調整官（精神保健福祉士などの精神保健福祉の専門知識を有した人の中から選ばれ，保護観察所に所属する）が，対象者の生活環境の調査などを行う。社会復帰調整官は，審判後も，入院決定を受けた対象者の退院後の生活環境を調整したり，通院決定を受けた対象者に対する精神保健観察を実施したりする職務を担う。

裁判所によって入院の決定がなされた場合，対象者は，指定入院医療機関において，強制的に入院をさせられることになる。6か月ごとに裁判所が入院継続の判断をするが，法律上入院期間の上限は定められていない。

通院決定がなされた場合，対象者は，指定通院医療機関での医療を受けることになる。この通院期間については，原則3年とされている（2年を超えない範囲で延長可能）。

### ▶▶2　刑事司法手続のなかでの支援事例

#### 【1】　はじめに

公認心理師が弁護士と協働して加害者となってしまった人の支援をする具体的なイメージを共有するため，架空事例をご紹介する。

ここでご紹介するような公認心理師の関わりは，現実的には数は少ないかもしれない。公的な制度も不十分である。しかし，刑事司法と隣接領域との連携の必要性が強く叫ばれるようになるなかで，アセスメントやカウンセリングの高度な技術を持つ心理職への期待は今後ますます高まっていくと思われる。そのような期待を込めて，本事例をご紹介するものである。

なお，本事例は，末尾の参考文献（一般社団法人東京TSネット編2016，172頁以下）に掲載された参考事例をベースに，公認心理師向けに筆者において再構成したものである。実際の刑事手続の流れや支援方法などについてより詳しく学びたい読者は，参考文献もあわせて参照されたい。

#### 【2】　加害者となってしまったAさんの事例

被疑者Aさん（27歳，男性）は，自宅ガレージに駐輪してあった，実母の再婚相手

が所有するバイクに火をつけ，さらに，路上駐車してあった他人の自転車にも火をつけたとして，警察官によって現行犯逮捕された。

　Aさんの国選弁護人は，接見で当日の行動についてAさんに尋ねると，○時○分に起きて，何をどう料理して食べて，どんな服を着て……と訊かれていないことも非常に詳細に供述する一方で，被害者に対する気持ちについては「謝っても燃えたバイクが直るわけではなく，謝っても意味がない」と答え，火をつけた場合の周りへの影響について質問しても「周りのことは自分にはわからない」と答えるばかりであった。また，犯行動機について訊ねても，「むしゃくしゃしていたから」「何となく」というばかりで，要領を得なかった。

　起訴前本鑑定（精神鑑定）が実施され，鑑定書には「自閉スペクトラム症（発達障害）」との診断所見が記載されていた。責任能力には問題ないと判断した検察官は，Aさんを建造物等以外放火の罪名で起訴した。

　起訴後，弁護人が，開示された鑑定書を読んだところ，自閉スペクトラム症との診断がなされていることを知り，弁護方針として執行猶予を求めるためには，Aさんに対するアセスメントやカウンセリング等が必要であると考えた。そこで，知り合いのX公認心理師に協力を要請した。

## 【3】　情報収集

　X公認心理師は，弁護人と一緒に，Aさんが勾留されている拘置所に赴き，Aさんと面会をした。通常，弁護人以外の者が拘置所で面会をする際は，面会時間はごく短時間に制限されるのが一般的であるが，弁護人からの申入れにより，30分間の面会が認められた。

　面会では，X公認心理師は，自己紹介をして，今後Aさんの支援を弁護士と一緒にしたいと申し出た。Aさんは，X公認心理師とあまり目を合わせようとせず，「どうせ俺なんか……」と投げやりな態度が見られたが，今後も話し相手になってほしいと希望した。Aさんは定期的にAさんと面会を繰り返して，Aさんとの信頼関係の構築を図りつつ，並行して，関係者からの情報収集を進めた。Aさんの自宅を訪問して，母親やその再婚相手からも話を聞いた。

　母親の話によれば，Aさんは，小さいころから同年代の友達をつくることが苦手で，学校でも周囲とは馴染みにくいタイプの子どもであった。小学生のとき，担任の先生から，発達障害かもしれないのでと受診を勧められたものの，母親としては断ってきたとのこと。中学生になり，不良仲間と交流するようになり，学校にはいかず，バイクに夢中になって，改造や無免許運転をするようになった。Aさんが中学生のときに，父親が死亡した。以後，自宅では母親と2人暮らしとなったが，ほとんど自宅に寄り付かなくなった。

　20歳のときに，詐欺罪（振り込め詐欺の出し子）で逮捕され，執行猶予判決を受けた。

その後は，Aさんは真面目に働こうと，コンビニのアルバイトなどをしようとしたものの，人間関係がうまくいかず，すぐに辞めてしまい，転職したもののやはりうまくいかず，ということが続いた。次第に，家に引きこもるようになっていった。

　事件の1年ほど前に，母親が再婚した。Aさんは，その再婚相手の男性と同居するようになったが，母親も再婚相手の男性も，Aさんに対しては口うるさく「早く働け」と迫った。Aさんは，母親に暴力をふるったり，家の物を壊したりするようになった。そのなかで，今回の事件が発生した。

　母親や再婚相手は，今回の事件について，Aさんの甘えやわがままが招いた結果であると考えていた。「2回目だし，一度刑務所に入った方が反省するのではないか」「この家には帰ってきてもらいたくない」とX公認心理師に話した。

## 【4】　アセスメント

　X公認心理師は，Aさんや家族からの聴取，弁護人から貸与を受けた刑事記録の分析等によって得られた情報を整理・分析した。

　Aさんは，起訴前本鑑定で「自閉スペクトラム症」との診断を受けている。Aさんは，学生時代，障害の影響もあって，集団生活になじめず，また，障害特性に応じた教育の機会も得ていなかったものと思われる。その結果，自己肯定感を育む機会に恵まれず，不良仲間との交友関係に居場所を見出していったようである。前回（詐欺罪）もそのような交友関係の延長で発生したものであった。

　執行猶予判決後，Aさんはいったん就職したものの，職場の暗黙のルールや上司・同僚からの指示が理解できず，職場になじめなかった。これは自閉スペクトラム症の特性（社会性やコミュニケーションの障害）が影響していたと思われた。職場の上司・同僚も，自閉スペクトラム症について理解がなく，適切な配慮を得ることがなかった。Aさん自身，自閉スペクトラム症だという認識がなかったので，職場でうまく振舞えないことについて，ますます自信を失っていった。

　母親は，これまでAさんの障害に対する理解がなかった。再婚相手も同様であり，特に血のつながりがない再婚相手は，Aさんに対して家計に貢献することをことあるごとに強く求めていた。母親も，再婚相手の影響を受け，犯行直前ころは特にAさんに対して，働くことを強く要求するようになった。

　このような生活のなかで，Aさんは，母親や再婚相手に対する反発を強め，ストレスをため込んでいったが，そのストレスを解消する方法を持っておらず，感情をどうコントロールしていったいいか，わからなかった。

　犯行直前ころは，Aさんは，自宅に引きこもり，ストレスを解消するような活動や，相談等ができる外部との関係が一切なかった。

## 【5】　カウンセリング

　X公認心理師は，Aさんが前回詐欺罪で執行猶予判決を受けたあと，真面目に働

こうとしていた点に注目した。それ以前からの不良交友関係は，事件をきっかけに解消し，その後の付き合いはなくなっていた。執行猶予判決以降，約7年間，触法行為を誘発することなく生活を送ることができていたのは，そのようなAさんの努力の成果であったと思われる。就職をして職場とうまくいかなかったときも，すぐにあきらめることなく，再び就職活動をしている（残念ながら，転職先でもうまくいかずに，益々自信を失う結果となってしまったが）。

X公認心理師は，何度も拘置所に通って，Aさんとの面会を繰り返した。Aさんが，執行猶予判決後は不良交友関係を断ち切って，何度も就職活動を試み，努力を重ねていたことを称賛した。

面会を繰り返すうちに，Aさんは，X公認心理師に対して，想いを吐露するようになった。Aさんは，中学で父親を失い，女手1つで育ててくれた母親に安心してもらうため，早く安定した職を得たいという想いをずっと持っていたという。しかし，がんばって就職をしても，新しい職場で上司の指示の意味が理解できなかったり，同僚のちょっとした言葉や態度が我慢ならなくて衝突してしまったりと，馴染むことができなかった。

X公認心理師は，ある日の面会で，職場の上司や同僚との関係がうまくいかなかったのは，自閉スペクトラム症の影響かもしれないということを，障害の意味や特徴も含めて，丁寧に説明した。Aさんは，発達障害という名前は事件前も聞いたことがあったし，鑑定をした医師や弁護人からも聞いていたが，「自分は障害者ではない。何かの間違いだろう。」と思っていた。

しかし，X公認心理師から，Aさんの職場でのエピソードに沿って説明を受けるうちに，自閉スペクトラム症の一般的特徴と，Aさん自身がこれまで職場などで経験してきたこととピッタリ一致し，妙に腑に落ちた。もちろん，戸惑いはあったものの，X公認心理師から，決してAさんの努力不足ではなく，脳の器質的な障害のせいであることや，そのことを自覚して適切なトレーニングと，周囲のサポート（合理的配慮）があれば，世のなかには活躍の場がたくさんあるということを教えてもらい，自分でもやっていけそうだという気持ちが芽生えた。

X公認心理師は，「安定した職について，自立して，母親を安心させたい」というAさんのイメージする「より良い人生」を叶えるためのサポートをすると約束した。

## 【6】 支援の実施

X公認心理師の働きかけにより，障害についての理解や周囲のサポートの必要性について自覚したAさんは，弁護人とも相談して，精神障害者保健福祉手帳の取得に向けて手続を進めることになった。並行して，Aさんを受け入れてもよいというグループホームが見つかったため，釈放後は，グループホームに入居する準備を進めた。また，一般企業での就労に向けた期間限定のトレーニングを行う就労移行支

援事業の利用も検討していくことになった。

　Aさんの刑事裁判では，X公認心理師が情状証人として出廷し，Aさんに対するアセスメントやカウンセリングの経過，今後のサポートについて証言をした。

　X公認心理師によるアセスメント・カウンセリングを経て，Aさん自身が障害理解等を進め，今後のサポート環境も整えられたことなどが裁判官に評価され，Aさんには執行猶予付きの判決が言い渡され，釈放された。

　X公認心理師と弁護人は，判決後，拘置所にAさんを迎えに行った。そして，そのまま，役所で必要な手続を済ませ，新しい住居となるグループホームに同行した。

　Aさんは，久しぶりの外の空気と，これからの新しい生活に不安な気持ちを隠せずにいたが，X公認心理師が自分の名刺を見せながら「いつでもここに相談してください」と声をかけると，少し表情が和らいだ。

　その後，Aさんは，精神障害者保健福祉手帳を取得し，グループホームで生活をしながら，就労移行支援事業所でトレーニングを積んだ。そして，約1年間のトレーニングを経て，生活雑貨などを製造する大手企業の特例子会社への就職が決まった。

　X公認心理師は，釈放直後は定期的にAさんに連絡を取っていたが，Aさんの生活が安定するにつれ，Aさんの支援はグループホーム，相談支援事業所，就労移行支援事業所の各支援者にバトンタッチする形でフェードアウトしていった。

　特例子会社への就職が決まった際には，久しぶりに，AさんからX公認心理師へ電話があった。Aさんの嬉しそうな声を聞いて，X公認心理師も安堵した。

　新しい就職先では，もちろん大変なこともあるが，上司や同僚に恵まれ，Aさんはメキメキと力をつけているようである。

## ▶▶3__公認心理師への期待

### 【1】　刑事司法と隣接領域の連携の必要性

　元衆議院議員の山本譲司氏による『獄窓記』（2003）では，刑務所のなかで，高齢や障害のある受刑者たちが，あたかも刑務所を居場所としている実態が描かれた。刑務所への出入りを繰り返す「累犯障害者」と呼ばれる人たちが少なからず存在する。平成27年度法務省矯正統計年報によれば，新規受刑者の能力検査値は，2万1539人中4557人がIQ69以下（テスト不能の者も含む）だという。つまり，新規受刑者のうち実に約21％（5人に1人以上）に知的障害の疑いがあるという。

　発達障害がメディア等で注目されることも増えてきた。一昔前のようにセンセーショナルに，発達障害を誤った文脈でことさらに取り上げることは少なくなってきたと思われるが，刑事司法の現場では，発達障害に起因すると思われる，一見不可解とも思われる動機・態様での犯罪行為に対してどのような処遇をすべきか，あるいは，周囲から孤立した結果として犯罪行為に至っているような場合，刑事司法手

続を離れた後を見据えてどのような支援が可能かなど，複雑・困難な課題に直面している。

　もとより，障害を持つ人々が，罪を犯しやすいわけではない。医学的にも，統計的にも，そのようなエビデンスはない。統計上は，むしろ，精神障害（知的障害を含む）のある人の方が，そうでない人よりも，罪を犯して検挙される率は少ない。

　にもかかわらず，少なくない数の「累犯障害者」が刑務所の中に存在し，あるいは，刑事司法において障害のある被疑者・被告人への対応がこれほど問題になるのは，刑事司法手続に至るもっと前の段階において，本来受けるべきはずの支援の網から外れ，地域社会から排除され，孤立した結果，刑事司法手続に流れ着いてしまった，あるいは，そのループから抜け出せなくなってしまった人たちが少なくないからではないかと考えられる。

　このような社会的課題を解決するため，厚生労働省が地域生活定着支援事業を創設し，平成23年度末までに全都道府県に「地域生活定着支援センター」が設置された。同センターによって，高齢または障害により自立が困難な矯正施設退所者に対し，退所後直ちに福祉サービス等につなげられるよう，矯正施設に入所中から支援が実施されるようになった。

　さらに，矯正施設退所者のみではなく，矯正施設に入る前の段階，すなわち，捜査機関が捜査をしている段階や裁判所で刑事裁判が行われている段階から，被疑者・被告人となった高齢者・障害者に対しても，刑事司法と隣接領域が連携して適切な支援ができないかと模索されるようになった。

　このようななかで，公認心理師への期待は今後益々高まるものと思われる。刑事司法を担う法律専門職（裁判官，検察官，弁護士等）は，障害について詳しいとは限らない（むしろ，全く知見がない方が一般的である）。公認心理師をはじめとする心理の専門職には，医療や福祉との連携にとどまらず，刑事司法領域との連携も大いに期待されるところである。

【2】　アディクション問題

　本節では詳しく触れることができなかったが，犯罪行為にアディクション（嗜癖）が関与している場合も，公認心理師の役割は大きいと思われる。

　違法薬物に対する依存によって，刑事司法手続と縁が切れない薬物依存患者の存在は深刻な社会問題である。矯正施設等では，薬物乱用防止プログラムが開発され，また，刑の一部執行猶予制度の施行にあわせて，保護観察所などでも，同様のプログラムが実施されつつある。このようなプログラムでは，認知行動療法等の心理的アプローチが重要であり，公認心理師の活躍が期待される。

　薬物依存だけではない。アルコール依存，万引き依存（窃盗症／クレプトマニア），ギャンブル依存，逸脱した性的嗜癖行為（痴漢，レイプ，盗撮など），家庭内暴力（DV）など，

5

司法・犯罪分野

刑事司法手続とアディクションは密接な関係がある。これらの依存症状に対しては，刑事司法手続によって刑罰を科すだけでは限界があることが今や常識となりつつある。「分かっちゃいるけどやめられない」のがアディクションの根深いところである。

もとより，薬物療法だけでも限界がある。アディクションに対しては，司法機関や医療機関だけにとどまらず，多くの心理職の参入が切望されている。

### 【3】 刑事司法領域との連携を

刑事司法領域との連携は，従来はあまりなじみがなかった分野かもしれないが，近時，状況はダイナミックに動いている。

アセスメントやカウンセリングについて高度な専門技術を持つ公認心理師の活躍の場は，今後ますます広まっていくものと思われる。

ぜひ，刑事司法領域についても，公認心理師の将来の重要な活躍の場として，大いに関心を持っていただきたい。

〔参考文献〕
一般社団法人東京TSネット編（2016） 更生支援計画をつくる——罪に問われた障害のある人への支援　現代人文社
山本譲司（2003） 獄窓記　ポプラ社

【浦﨑寛泰】

▶§**5.3.2** __ 刑事一般 ❷ 【心理職の視点から】

▶▶**1**__刑事司法分野での心理支援

刑事司法場面で勤務する心理専門職を除いて，刑事司法にかかわるクライエントと仕事をする機会のある公認心理師は少ないかもしれない。とはいえ，犯罪被害者やその家族に対する心理支援はその重要性を増しつつあるし，犯罪者本人やその家族に対しても更生を支える心理専門職の責任も大きくなる一方である。

たとえば，ストーカーやDV加害者，子どもに虐待をした親，薬物依存症，痴漢・露出・盗撮・小児性愛などの性犯罪，窃盗癖，さらには精神障害や心理的問題を抱えたクライエントによる犯罪加害など，多くの臨床場面で犯罪に関連するクライエントに対して支援をする可能性がある。

ここでは，犯罪加害者に対する心理支援について述べる。その際にまず重要なのは，リスクアセスメントである。Bonta & Andrews（2017）は，アセスメントにおいては，専門家の臨床判断や投影法など，妥当性・信頼性に問題のある方法の活用を強く戒めている。一方，セントラルエイト（central eight）と呼ばれるエビデンスに

基づく犯罪のリスク要因を綿密にアセスメントすることが重要で，それには，①犯罪歴，②反社会的交友，③反社会的価値観・認知，④反社会的パーソナリティ，⑤家族問題，⑥学校・仕事上の問題，⑦物質使用，⑧不適切な余暇活用が含まれる。これらをアセスメントするためのツールとして処遇レベル質問紙（Level of Service Inventory-Revised: LSI-R）があるが，わが国では少年鑑別所で類似の法務省式ケースアセスメントツールが用いられている。

犯罪者の更生，治療に関しては，Bonta & Andrews（2017）は，効果的な処遇の3原則をまとめている。それは，リスク（Risk），ニーズ（Need），治療反応性（Responsivity）原則の3つであり，頭文字を取ってRNR原則と呼ばれている。

リスク原則とは，「誰」を治療の対象にするかを示す原則であり，リスクに応じて治療強度を変え，特にリスクの大きい者こそを治療対象とすべきだと説く。ニーズ原則は，「何」を処遇の標的にすべきかを示す原則であり，アセスメントによって明らかになったリスク要因を治療ニーズとしてとらえ直し，それを治療の標的にすべきということである。治療反応性原則は，「どのような」治療を提供すべきかを示す原則で，具体的には認知行動療法（リラプス・プリベンション，弁証法的行動療法，ソーシャルスキル訓練，アンガーマネジメントなど）を用いるべきとされている。これら3原則すべてを遵守した場合，再犯率を約30%低下させる効果があるが，どれにも従わなかった場合は，再犯率が上昇するというエビデンスがある（Bonta & Andrews, 2016）。

治療に当たっては，以下のような基本的態度で臨むことが重要である（原田 2015）。

① 温かい受容的な関係を築く　犯罪者とはいえ，治療場面では当然1人の人間として尊重する。

② 常に権威であること　人間としては対等であるが，公認心理師は専門職として，治療や更生にあたって，科学的な専門知識を有する権威でなければならない。

③ 向社会的な行動モデルとなる　犯罪を許容しない価値観や適応的な行動のモデルとなる。犯罪的価値観には，迎合しない。

## ▶▶2__行政・司法との連携について

裁判前や裁判中のクライエント場合は，弁護士などとの連携が重要になる。多くのケースは，弁護士や家族などに勧められて治療を受けに来ており，なかには治療を受けていることが裁判に有利に働くだろうという思惑があるかもしれない。しかし，内発的な動機はどうであれ，治療にさえつながればよい治療効果が期待できる。また，治療動機づけを高めるためには，動機づけ面接の技法を用いればよい。公認心理師は，本人の思惑や裁判の動向よりも，クライエントの犯罪に関連する問題性をどのように治療するかを念頭に置くべきであるし，公正で科学的なアセスメント

5

司法・犯罪分野

結果や治療の進捗状況を関係者に伝達するよう心掛けるべきである。

　刑が確定したクライエントの場合，たとえば保護観察中の場合は，保護観察官や保護司との連携が必要になる。保護観察遵守事項を共有したうえで治療目標を設定したり，アセスメント結果や治療の進捗状況などをクライエントの許可を得たうえで，適宜共有したりすることが必要になるだろう。

### ▶▶3__公認心理師の役割

　公認心理師のなかには，司法領域に関して苦手意識がある者もいる。しかし，他領域で仕事をしていても，クライエントが犯罪加害者や被害者となる可能性がある。その場合は，自身が直接的な支援をしなくても，関連機関や専門家にリファーする必要が出てくる。この場合には，やはり司法領域の法律や制度を熟知していないと，適切な対処をすることが不可能になる。

　一方，司法関係者のなかには，治療について懐疑的な者も少なくない。公認心理師は，犯罪者治療の効果についてのエビデンスを提示するなど，信頼の獲得につながるような社会的啓発活動もその職責として期待される。

〔引用文献〕

Bonta, J. & Andrews, DA.〔原田隆之訳(2018)　犯罪行動の心理学　北大路書房〕(2017)
　　　The Psychology of Criminal Conduct. 6th edition.
原田隆之(2015)　入門　犯罪心理学　ちくま新書

【原田隆之】

## ▶§5.3.3__　医療観察法　【心理職の視点から】

### ▶▶1__医療観察法における心理支援

　医療観察法（正式名称：心神喪失等の状態で重大な他害行為を行った者の医療及び観察等に関する法律）で心理職が出会う対象者は，精神障害を抱える苦労に加えて，その病状のために加害者となり，被害者を生むという多重に不幸な状態にある。制度目的である「社会復帰の促進」のためには，精神科リハビリテーション，加害者更正，社会統合などの多重の視点が心理職に求められる。以下には医療観察法内における心理支援について述べるが，このような複合的視点の必要性は，触法精神障害者への支援全般にあてはまる。

　医療観察法制度において心理職 が提供する支援は，鑑定入院機関，指定入院医療機関，指定通院医療機関によって異なる。

## 【1】 鑑定医療機関における支援

　医療観察法で行われる鑑定は，対象者が医療観察法による医療を必要としているかどうかを，地方裁判所における審判で決定する資料にするために行われる。心理職は鑑定助手として各種の心理検査を実施している。

## 【2】 指定入院医療機関における支援

　審判で入院による処遇が必要であると決定された対象者が入院するのが，全国にある指定入院医療機関である。手厚い人員配置のもと，心理職は全ての指定入院医療機関に必ず配置されている。

　指定入院医療機関の医療は，医師，心理職，看護師，精神保健福祉士，作業療法士等から成る多職種チーム（Multi-Disciplinary Team：MDT）で行われる。心理職はアセスメントを行い，心理学的な見立てを他職種と共有し，幻覚・妄想の認知行動療法，メタ認知トレーニング，怒りのマネジメント，性犯罪者治療プログラム，SST，内省プログラム等，対象者のニーズに応じた心理的介入を集団ないし個別で実施する。

　一般精神科と異なるのは，リスクアセスメントが相対的に重視されることである。心理的介入上は，医療観察法対象者では，精神障害について知るだけでなく，それが他害行為にどのようにつながったかを理解し，対処スキルの獲得や再発予防計画（クライシスプラン）の作成が不可欠となる。医療観察法の対象者は医療と司法の重複領域にいる者たちであり，処遇原則としては，再他害行為防止のためのRNR原則（189頁参照）だけでなく，精神障害からのリカバリーを支援するためのストレングスモデルも重視される。

## 【3】 指定通院医療機関における支援

　対象者は指定入院医療機関を退院後，または審判で「入院によらない医療」の決定を受けた場合は最初から，指定通院医療機関に通う。指定通院医療機関の心理職はMDTの一員として対象者に関わるが，その支援は検査のみから個別心理面接の実施まで，医療機関や事例ごとに異なっているのが現状である。

## ▶▶2　医療観察法における行政・司法との連携について

　医療観察法は法務省と厚生労働省の共管の制度であり，対象者に対しては処遇の全期間，医療と司法の関わりが行われている。

## 【1】 保護観察所と心理職の協働

　医療観察法では，処遇の開始から終了まで保護観察所の社会復帰調整官が関わり，ケア会議等を通じて対象者の処遇に関わる多機関の連携をはかる。社会復帰調整官が処遇の全期間関わることは，入院から通院など，再発の起こりやすい移行期の支援をするためにも，重要な役割を果たしている。心理職は，MDTの一員として対象者，リスクアセスメントや，再発や再他害のシナリオ，有効と考えられる対応方

法などを共有することで連携する。

【2】　弁護士と心理職の協働

　権利擁護の観点から，当初審判では必ず付添人を付けることになっており，本人や付添人からも資料提出や意見陳述ができる。処遇開始後も審判の決定に納得がいかなければ，決定から2週間以内であれば取消しを高等裁判所に求めること（抗告）ができ，付添人に相談することができる。その際の心理面接では，抗告に対する両価的な感情を扱ったり，付添人に相談するにあたって伝えたい内容を言葉で整理する援助を行ったりする。

　弁護士との連携は狭い意味での権利擁護目的にとどまらない。対象者の一部は，たとえば借金を抱えてそのことが精神病症状の悪化につながっているなど，適切なリーガルアドバイスを必要としている。精神保健福祉士と対象者が弁護士に債務整理を依頼する手続を進めるのと並行して，心理面接では問題解決法や相談スキルの向上を図る介入を行ったり，借金などの生活面のストレスがいかに病状悪化や他害行為につながったかについての理解を深め，今後の援助希求を強化するような働きかけを行ったりする。認知機能の特徴から弁護士の説明の理解が困難であれば，どのような配慮をすることで理解が進むかについての情報提供を心理職から弁護士に対して行うこともある。

#### ▶▶3　医療観察法における心理職の役割

　医療観察法の対象者は，単一職種や単一機関の支援だけでは処遇困難な者が大半を占める。MDTの一員として他の職種や機関と協働しつつ，対象者の社会復帰に向けた介入を行っていくのが医療観察法における心理職の第一の役割である。そのためには，法律や関連制度を理解するだけでなく，他の職種のものの味方を理解した上で，自らの専門性に立った意見を伝わる言葉で共有し，対象者の状態を総合的に見立てる必要がある。わが国における「非自発的」な司法精神科医療の一翼を担う職種として，説明責任を果たせるよう，エビデンスに基づく実践や発信が望まれる。

〔参考文献等〕

法務省医療観察制度Q&A　http://www.moj.go.jp/hogo1/soumu/hogo_hogo11-01.html#01
菊池安希子，岩崎さやか，朝波千尋，福井裕輝，岡田幸之，吉川和男（2007）　統合失調症患者の再他害行為防止のための心理学的介入――医療観察法指定入院医療機関における介入構造　臨床精神医学36(9)，107-1114
菊池安希子（2016）　医療観察法入院処遇の心理療法において対象行為に対する責任をどのように扱うか　司法精神医学11(1)，56-62

【菊池安希子】

▶▶*1*＿はじめに──少年事件における配慮の必要性

　未成年者が刑法に抵触する犯罪行為等を行った場合には少年事件という成人の刑事手続と異なる特別な刑事手続に付されることになる（少年事件では，女子も含めた20歳に満たない者を「少年」としている。また，少年法3条は，犯罪少年，触法少年，ぐ犯少年を定義している）。

　成人の刑事手続との最大の違いは少年事件手続の目的が非行をした少年や罪を犯すおそれのある少年に対して処罰ではなく「保護」を目的としていることにある。少年事件手続においても少年院送致や保護観察といった「保護処分」がなされるがこれらは刑罰ではなく少年の保護を目的とした教育指導的な性格の処分である（刑罰ではないため処分を受けても前科とはならないが前歴としては記録される）。

　こうした特別な手続規定が設けられているのは少年犯罪の多くが精神的には未成熟な段階で家族や友人関係等の様々な要素から影響を受ける中で惹起されることから，成人と同様の非難を加え責任追及することが必ずしも適切ではなく，むしろその可塑性に鑑みて，適切な援助，教育を与えて立ち直りを支えることがより適当であるという刑事政策的な配慮が根底にある。

　成人の刑事手続では犯罪の内容に応じて罰金や懲役刑といった刑罰の範囲が定められていて，刑罰の軽重も基本的には当該犯罪行為の態様や犯罪被害の軽重をもとに判断され，成育歴や生活環境といった要素はあくまで補助的な考慮要素に留まる。これに対して少年の保護手続は，少年が行った非行態様だけでなく，少年自身の性格，資質や成育歴，生育環境といった少年を取り巻く様々な要素が判断において重要視される。

　例えば百円単位の万引き行為が行われた場合，成人であれば厳重注意のうえで不処分や罰金刑等の比較的軽微な刑事処分におさまるのが通常である。これに対して少年の場合には，行われた行為は軽微な万引き行為であったとしても，その少年が家出中で家によりつかないという事情があり家庭での引取も期待できず，少年自身も非行内容以上に深刻な課題を抱えていると評価される場合には，少年の要保護性を重視して少年院送致が適当という判断がなされることがある。

　少年事件手続は成人刑事手続と比較して簡易で甘い手続と思われがちであるが実際には成人にはないパターナリスティックな要請等から成人以上に強権的に手続が作用する場面も少なくない（なお，14歳に満たない者へ刑罰の適用がないことは刑法で定められていることであり少年法の定めではない。そして少年法においては14歳に満たない者が非行を行っ

た際の処分に関する規定を特別に設けている)。

　このように少年事件手続は目的の違いから成人の刑事手続と比較して複雑な規定が定められているが，世間からは誤解も大きく，専門機関においても制度への理解は十分ではない。また，少年法をはじめとした少年事件手続に関する法制度は制定以来議論が重ねられているが，少年法の趣旨や少年事件の実情に関して正確な事実認識に基づいた議論が行われているとは必ずしも言えないように思われる。本稿では少年法改正の議論の是非については言及しないが，今後も少年事件手続に関する法制度については改正が予想されることから，公認心理師としても法制度の内容や実務について正しく把握，理解していく必要がある。

## ▶▶2__少年事件に関する法制度の制定の歴史

### 【1】　少年法

　少年法とは未成年者が犯罪や非行を行った際の成人と異なる処遇を定めた刑法の特別法である。1922年に制定された旧少年法が戦後，日本国憲法の制定に伴い1948年に全面改正がなされ，現在の20歳未満を適用対象として「保護主義」を基本理念とする現在の少年法が定められた。下記に述べる少年審判に関する各種規定の他，死刑の禁止や実名報道の禁止等の刑事手続における特別規定が設けられている。

　少年法は制定以降，繰り返し厳罰化に向けた議論がなされており実際に刑事罰対象年齢の引き下げや検察官送致事件の拡大等の改正が行われている。また，現在は選挙権年齢や民法の成人年齢引下げに伴う適用対象年齢の引下げが議論されている状況にある。

　なお，年齢満18歳以上20歳未満の少年を「特定少年」として規定して，引き続き少年法の保護の対象とする一方でより成人に近い形で実名報道等を認める特別規定を定めた改正法が2021年5月に成立した。

### 【2】　少年院法・少年鑑別所法

　少年事件手続の中で少年が収容，処遇を受ける特別な施設が少年院・少年鑑別所である。従前は少年院法において少年院・少年鑑別所の設置・種類・管理，および収容者の処遇・教育などに関する各規定が定められていたが，少年院法の大幅な改正に伴い，少年鑑別所に関する規定が「少年鑑別所法」として独立した法律が制定された。

　少年院法は，制定以来抜本的な改正が行われずにいたが，在院者の権利義務や職員の職務権限の範囲に関する定めが不明確であったこと等から大改正が行われた。もっとも，改正された規定の多くは従前から求められるようになっていた実務上の要請を明文化・適正化したものであり，少年院の目的や手続内容が改正により大きく変容したわけではない。

少年鑑別所は従前は少年事件手続に付された少年の心身鑑別を主な目的としていたが，改正後は地域社会における非行や犯罪の抑止に関する援助事業が実施されるようになった。

## 【3】 更生保護法

更生保護法は，刑務所や少年院を仮釈放・仮退院した者や，執行猶予や少年審判手続の中で保護観察に付された者に対する再犯防止を目的とした更生支援，指導・監督に関する制度を定めた法律である。日本の更生保護の制度は官民連携の仕組みを基本とした独特のものであり，その起源は明治の頃まで遡る。民間を中心に広がっていた犯罪者の立ち直り支援のための取組が国の刑事政策のひとつとして取り入れられるようになり，昭和14年に司法保護事業法が制定され，戦後に犯罪者予防更生法と執行猶予者保護観察法という2つの法律が成立して現在の更生保護が出来上がった。これらの法を整理・統合する形で平成19年に新法として制定されたのが更生保護法である。新法では，保護観察における遵守事項や受刑者等の社会復帰のための生活環境の調整の充実，犯罪被害者等が関与する制度の導入がなされた。

## ▶▶3＿少年事件の実務

## 【1】 少年事件における公認心理師の役割

少年犯罪が行われる理由，要因は様々であるが多くは少年自身の性格，能力，特性といった資質的な要素と少年の生育や家族や友人といった周辺環境の影響が相関する中で引き起こされる。そのため，少年法において，少年，保護者または関係人の行状，経歴，素質，環境等について，医学，心理学，教育学，社会学その他の専門的知見を活用することが求められている。

公認心理師が少年事件に関わる場面は，警察や検察等の捜査機関，家庭裁判所調査官，保護観察所技官，少年院等の各手続段階で関わる専門機関所属の職員や嘱託を受けた専門家として関わることもあれば，これらの機関とは独立した立場から弁護士や家族，あるいは少年本人から相談を受けることで関わることが考えられる。いずれの場合においても少年の非行臨床として心理学の専門家である公認心理師が担う役割は大きい。

## 【2】 少年のための各種制度等

①少年審判　　少年審判も刑事裁判の一種であるが成人の刑事裁判と比較すると下記の通り手続・運用において大きな違いがある。例えば成人の刑事事件をはじめとした通常の訴訟手続は当事者対当事者の対審を基本としており，当事者が互いに主張反論を繰り返したうえで裁判官が判断をする構造となっている。これに対し少年審判では，あくまで裁判官が主導して進める職権主義的構造を基本としている。審判手続には付添人（少年審判における弁護人的役割を担う存在で弁護士以外の者が務めること

表5.4.1　成人と少年の刑事手続

| | 成人刑事事件 | 少年事件 |
|---|---|---|
| 管轄裁判所 | 地方裁判所 | 家庭裁判所 |
| 裁判構造 | 当事者主義的（対審） | 職権主義的 |
| 手続 | 公開 | 非公開 |
| 裁判所の判断 | 刑罰（懲役・禁固・罰金　等）無罪 | 保護処分（少年院送致，児童自立支援施設送致，保護観察）不処分，審判不開始，検察官送致，児童相談所長送致 |

もある），家庭裁判所調査官，少年鑑別所等が関与することになる（一部の重大事件では検察官が関与することもあり得るが成人の刑事手続と異なり検察官関与はあくまで例外的な場面となる）が，これらの関与者は対立した関係ではなく，各々の立場，専門性に基づいて少年の更生のために協力して活動する関係となる。実際には少年の処遇や非行性の評価をめぐって付添人と調査官とで意見が相違するような場面もあるが，通常の訴訟手続のように主張反論を繰り返して意見の優劣を争う関係にはないことに留意が必要である。また，少年審判手続では非公開が原則とされており，一般に裁判傍聴は認められておらず，事件関係者であっても裁判官の許可を受けなければ審判に立ち会うことができない。

　②　鑑別・観護措置　　前述の通り少年審判手続においては少年の資質面の判定が重要となり，そうした専門的な検査，判定を担う中心機関が少年鑑別所である。少年鑑別所法では鑑別とは，「医学，心理学，教育学，社会学その他の専門的知識および技術に基づき，鑑別対象者について，その非行または犯罪に影響を及ぼした資質上および環境上問題となる事情を明らかにした上，その事情の改善に寄与するため，その者の処遇に資する適切な指針を示すもの」と規定されている。

　少年鑑別は通所による実施も可能であるが，充実した鑑別を実施するために一定期間，少年の身柄を預かったうえで実施する必要がある。その場合に行われるのが『観護措置』である。観護措置の期間は原則として2週間以内であり，特別な場合には家庭裁判所の決定により最大8週間までの延長が認められており，実務では事実認定に争いがないケースで概ね4週間程度，事実認定に争いがあるケースでは6週間程度の期間実施される。

　③　保護観察　　多くの少年事件では少年の非行性や非行要因が少年審判手続の中ですべて解消するわけではなく，手続終了後の社会生活の中で時間をかけて向き合いながら解消していくことになる。そうした少年審判手続終了後の少年へ継続的に関わり更生を支える制度が保護観察である。

　保護観察は，刑務所や少年院で処遇を行う「施設内処遇」と対比して「社会内処

遇」と呼ばれる。保護観察中に守らなければならないと定められた事柄（遵守事項）を定め，対象者と定期的に面接を実施するなどの指導・監督に加えて補導・援護を行うことで更生を図る。実務としては常勤の国家公務員である保護観察官とボランティアである保護司の協働により行われる。

　少年に対する保護観察は原則として20歳を迎えるまで継続することになり，少年が遵守事項を守りながら生活を続けられていて保護観察を継続する必要がないと判断される場合には良好措置として保護観察が解除される。反対に少年が遵守事項違反を繰り返すような場合には，少年に対して警告が発せられ，それでも改善がみられない場合には不良措置として家庭裁判所に新たに少年院送致等の保護処分を実施するよう求めることもある。

　④　少年院送致　　少年院では，在院者を社会生活に適応させるために生活指導，職業補導，教科指導，体育指導等の矯正教育が実施される。刑務所と同様のイメージを抱かれがちだが学校や福祉施設に近い性質を持っている。少年院の処遇課程は概ね1年以内の期間で仮退院を目指すようにプログラムが組まれているが，成人の刑務所と異なり刑期という概念がないため，少年の成績や帰住地調整の状況によっては2年以上の長期間処遇が継続することもある。少年院の分類としては第一種少年院から第四種少年院までの4分類が設けられており，少年の年齢，犯罪傾向，障害の有無等からいずれかの分類に振り分けられる。

　⑤　試験観察　　少年鑑別所の鑑別結果や調査官，付添人の意見を参考として保護処分がなされることになるが，一定期間，経過観察を経た上で判断することが望ましいような場合になされる中間判断が試験観察である。

　通常は審判の終局判断を留保したうえで概ね2〜3か月程度（少年本人の状態像や試験観察中の動向によっては1年近く継続することもある），社会生活をおくる中で調査官との面接指導を行い経過観察が行われる。そして，その経過を踏まえて改めて少年審判が開かれて終局判断が下されることになる。試験観察は家庭等の従前の生活環境で行われることもあれば，家庭復帰が困難な場合には，新たに設定された住居や施設，住み込み就労先で生活をおくることを条件に行われることもある。実務的には少年院送致が適当か否かの分水嶺となるようなケースで実施されることが多いが，その他にも保護観察や不処分が相当と見込まれるケースにおいて，少年に枠組みを意識した地域社会での生活を実施させるためにあえて試験観察が行われることもある。

　⑥　少年刑務所，検察官送致　　未成年者が一定の重大な刑事事件を犯した場合には，成人同様の刑事裁判手続に付される場合がある。また成人同様の刑事裁判手続に付されたが，審理の結果，家庭裁判所の少年審判手続に付すのが相当として再び家庭裁判所に送致されることもある。成人同様の刑事裁判手続に付される場合であっても，少年の場合には死刑の禁止，不定期刑の適用といった少年法上の特則が

適用される。

　刑事裁判手続において懲役等の実刑判決の言い渡しをうけた少年が主に収容されるのが少年刑務所である。少年刑務所は分類上は刑務所と同様であり少年院とは目的を異にする。

### ▶▶4　少年事件の事例

### 【1】　少年事件の発生——少年の生い立ちの把握と理解

#### 【事例】

　A（17歳）は，窃盗行為を行ったとして警察に逮捕され家庭裁判所に送致され少年審判手続に付されることになった。

　Aは，小学校低学年の頃に虐待により児童相談所で一時保護され里親家庭で生活をおくるようになった。その後，加齢に伴い暴力や盗癖といった問題行動がみられるようになったことから児童自立支援施設に措置変更となった。

　Aは15歳を迎え中学卒業と同時に施設を退所して住み込み就労をはじめ自立を目指すことになった。しかし，勤務を始めて数か月で職場内での人間関係上のトラブルが原因で退職となり，以後は地元の友人宅を転々とする中で次第に非行傾向のある友人たちとの親和性を高め窃盗や無免許運転といった犯罪を繰り返すようになった。

　Aは，16歳のときに無免許運転で検挙され少年審判手続に付された。Aは保護観察処分となり，実親のBに引き取られて生活することになった。Aは，Bのもとで生活しながらアルバイトをして，保護司との面談も欠かさず行っていたが，やがてBとの折り合いが悪くなり家出をして再び友人の家を転々とする生活を繰り返すようになった。その中で再び窃盗を行ったということから警察に検挙された。

#### 【解説】

　少年事件において重要となるのは非行内容だけでなくそれまでの成育歴や支援機関の関わりを把握することである。非行少年の成育歴をたどっていくと虐待や障害その他生活上の困難の影響が見え隠れすることが少なくないが，少年本人からの聞き取りではこうした情報を正確に聴取することが困難であるかあるいは適切でないこともあるため，関係機関からの支援情報の把握が重要となる。もっとも，ケースによっては過去の支援情報がほとんどなくゼロベースで成育歴や家庭環境に関する情報を収集していくようなことも珍しくない。

### 【2】　少年事件への対応——付添人選任から審判対応まで

#### 【事例】

　Aの担当国選弁護人として選任されたC弁護士はAと警察署での面談を重ねた。AはC弁護士からの質問にもまともに答えようとせずにふて腐れていて，反省とは程

遠い態度をみせていた。Aは家庭裁判所に送致され少年鑑別所に収容されることとなった。

　C弁護士は担当のD調査官とカンファレンスを実施した。D調査官としては保護観察中の再犯であること等から少年院送致も視野に入れているものの，AとBの折り合いが悪くなるまでは保護司との面談を実施できていたことや生活が崩れる原因となった経緯には同情できる面もみられるため判断に迷っている様子であった。カンファレンスではAが自身の非行に向き合い内省を深めること，Aの身元を引受け生活を監督していく環境を整えることが課題として確認された。

　C弁護士は公認心理師のEに相談をしてAとの関わり方についてアドバイスを求めた。そしてC弁護士はEの助言を意識した面談を実施したところ少しずつAの態度は軟化していき，C弁護士の問いかけにも応じるようになった。また，並行してD調査官もAとの面談調査を重ねる中でAへの内省を促す働きかけを行った。Aは少しずつ自身の悩みや生きづらさ等の本音を語るようになった。

　C弁護士としては今後のAの身元引受先を確保するために保護者Bに連絡を取ったが，Bは繰り返し少年犯罪を繰り返してきたAに厳しい感情を抱いており今後の面会や引受の一切に拒否的な態度であった。C弁護士は知人のつてをたどりAのような事情のある若者の身元を積極的に引き受け更生を支える取組を行っている協力雇用主のFに相談をし，Fが経営する会社で住込み就労を引き受ける内諾を得ることができた。

　【解説】

　少年審判手続では，数週間という限られた期間の中で少年本人との関わりや複数の関係機関との連絡調整を同時並行で進める必要があり，他機関との連携，役割分担が重要となる。

## 【3】　少年審判

　【事例】

　少年鑑別所としてはAについて少年院送致相当という意見が出されたが，D調査官は少年の現時点での内省の深まり具合や今後の更生を支える引受先の見込みがあること等を評価して試験観察相当という意見を出した。C弁護士もE公認心理師の心理所見を付したうえでAの試験観察が相当とする意見を提出した。

　Aの少年審判が実施された。裁判官からは，Aにこれまでの振り返りや現在の心境などを確認していった。Aは審判では普段は見せない緊張した様子を見せており，時折，緊張から裁判官の質問と嚙み合わない回答をしてしまっていたが，C弁護士から緊張をほぐす言葉をかけたことで以後はハキハキと答えられるようになった。

　【解説】

　成人の刑事裁判手続では予断排除の要請から裁判官が先立って証拠や事件の内容

にふれることは禁止されているが，少年審判手続では裁判官は家裁送致時点から裁判資料を閲覧することが可能である。客観的事実関係に関しては審判に先立ってある程度の心証が形成され，審判においては少年本人の内省状況等の確認により重点が置かれる。そのため，審判に向けて少年本人の内省を深めていくことと共に，少年の障害やコミュニケーション特性を把握して裁判官に配慮を求めるような働きかけが必要となる。

## 【4】 少年審判と審判後の関わり

### 【事例】

Aは，試験観察となりFの会社で住み込みで働きながら経過をみていくこととなった。Aは見違えるような働きぶりをみせていた。しかし，その後Aは仕事上での失敗をきっかけにして無断欠勤を繰り返すようになり，やがては職場を飛び出して無断外出を行うまでに至ったことから，最終的に少年院送致という判断となった。

その後もC弁護士とE公認心理師は少年院に定期的に訪問してAとの面会を行った。Aは少年院に入院当初は，少年院での生活に馴染むことができず反則行動を繰り返していた。しかし，C弁護士らの励ましと少年院職員の献身的な関わりにより徐々に少年院での生活に適応するようになり以後は，見違えるように順調にプログラムをこなしていくようになった。

やがてAの出院が検討されるようになり，従前Aを引き受けたFが改めてAを引き受けることを内諾しAはFのもとで生活を送るようになった。現在も保護観察所の指導を受けながらもFの会社での就労を継続している。C弁護士とも連絡を取りあい気軽に相談にのるような関係が続いている。

### 【解説】

保護観察処分や少年院送致といった保護処分が下され少年審判が終了することで付添人弁護士の役割も基本的に終了となる。

しかし，少年の立ち直りにむけた過程は少年審判終了後から始まる。特に少年院送致処分となった少年の中には，未だ気持ちの整理がついていないこと，内心では孤独や不安を感じているようなことが少なくない。第一次的には家族が継続的に関わることが望ましいが，家族関係によってはそうした関わりが期待できないか，あるいはかえって不適切ということもあろう。

従前から少年と伴走し関わった支援者が少年院に面会に生き少年を励ますのは少年にとってもとても大きな助けとなる。現行制度ではこうした関わりを支援する仕組みがないためボランティアを前提とした関わりとなってしまうが，弁護士や公認心理師が保護観察所や少年院と連携しながら継続的に関わり少年の立ち直りを支えていくことが理想である。

## ▶▶5 少年事件において公認心理師に期待されること

### 【1】 弁護士と公認心理師——それぞれの役割

　少年事件手続では少年に対する心理・教育的な関わりや周辺環境の調整といった弁護士本来の専門性を超えた心理的，福祉的な関わりが求められるため弁護士の負担は大きい。

　少年事件に熱心に取り組む弁護士の中には自ら心理や福祉の専門技術を修得しようとする者もいるが，大多数の弁護士にとっては専門外の事柄であり手探りの対応となるのが実情である。時には目覚ましい立ち回りがなされることもあるが，心理や福祉の観点からみれば不適切な関わりをしてしまうこともある。また，弁護士個人が抱え込み，振り回され少年と共依存的な関係に陥ってしまうリスクもある。

　こうした事態を防ぎ，より適切な付添人活動を実現するために，公認心理師が弁護士の専門外の部分を補い役割分担をしていくような連携がぜひとも期待される。

　もっとも，少年審判手続の審理期間が短期間であることや非公開であることから現実に手続外の第三者が少年審判手続に関与することは容易ではない。公認心理師が直接少年と面談を実施してアセスメントや促しを行うことが望ましいが，現実的には事例のような形で付添人弁護士に対するコンサルテーションとしての関わりを行うような形での連携が主になると考えられる（所定の手続を踏めば付添人弁護士以外の専門職が少年本人と面談を行うことも可能であるが少年鑑別所の許可が必要であり面談時間等も制限される）。この場合，公認心理師が得る情報は主に付添人弁護士が聴取した情報を通して得る形になるが，付添人弁護士からの情報自体に弁護士自身の受け止め方等による歪みがないか留意する必要がある。少年との直接の面会が難しい場合には面会や聴取のポイント等を具体的に付添人弁護士に指示することも有用であろう。なお，在宅事件や試験観察，保護観察段階においては，上記のような面会制限等が及ばないため公認心理師がより積極的に少年本人と関わることも可能となる。

### 【2】 連携する公認心理師にお願いしたいこと （弁護士の立場から）

　少年事件での公認心理師の関わりは，少年鑑別所や保護観察所等の少年事件上の関係機関の職員として関わる場面と，独立した立場で関わる場面が想定されるが以下では主に独立した立場として関わる場面を前提として所見を述べる。

　① 独立した心理の専門家として　　少年審判手続では家庭裁判所調査官や少年鑑別所といった様々な立場から心理の専門家が関わることが予定されているため，これらの機関とは独立した立場で公認心理師が関わる意義があるのか疑問に思われるかもしれない。実際問題として，これらの公的機関では相応の時間と資料を用いて判断が行われるのに対して，民間の独立した立場で行える関わりには限界がある。互いの見解を争う関係にあるわけでもないため，基本的には調査官や少年鑑別所の見解を尊重していく必要がある。

しかし，調査官や少年鑑別所の見解も絶対ではない。実情として調査官は複数の
ケースを兼任にしていることからケースによって十分なアセスメントの時間を割く
ことができないことがある。あるいは調査官の知見には個人差があり，不慣れな知
見が求められるケースにおいてはアセスメントに偏りが生じる可能性もゼロではな
い。鑑別所においても観護措置という閉じられた環境の中での鑑別だからこそアセ
スメントが難しく，評価を見誤るようなケースもありえるだろう。
　心理の専門家ではない弁護士ではこうした調査官や鑑別所の見解に歪みがあった
としても気がつくことは困難である。あるいは何らかの歪み，違和感を感じたとし
てもそれを心理の専門性から言語化することまではできない。公認心理師が独立し
た立場で関わる意義はここにあると思われる。公認心理師としては調査官や鑑別所
の見解に感じた違和感等の所見を臆することなく伝えていくことが重要であるとい
える。
　また，このことは調査官や鑑別所との関係だけでなく弁護士との関係においても
同様である。弁護士の側が偏った捉え方に固執していて，調査官や鑑別所の見立て
の方が適切という場面もあり得るため，時には相談を受けた弁護士をたしなめるよ
うな立ち回りが期待されることもあるだろう。
　②　少年との関わり方――構造的枠組みの活かし方　少年審判の目的が少年の
教育であることから付添人弁護士やその依頼を受けた公認心理師としては少年に寄
り添った関わりが求められる。しかし，どんなに寄り添いを意識したとしても，少
年審判手続そのものは審判という強度に権威的で構造化された枠組であり，付添人
弁護士や公認心理師の関わりもあくまでそうした構造を前提とした関わりにならざ
るを得ないため，通常の対人援助の場面と同様の関係性構築には限界がある。一方
で，そうした特異な構造であるからこそ，通常の対人援助の場面では出来ないよう
な構造的な関わりを行うこともできる。
　少年に対して可能な限り通常の対人援助の場面同様の寄り添い型の関わりを重視
すべきか，あえて審判構造を意識した構造的な関わりをするかは，少年の状態像や
周囲の社会資源との関係を意識しながら考えていく必要がある。弁護士としてこう
した寄り添いと構造の使い分けに思い悩むことが多いため，どのような関わり方が
望ましいのか，公認心理師が少年のコミュニケーション特性等に配慮して助言して
いくことが期待される。また，ケースによっては弁護士が構造的に関わり，公認心
理師が寄り添い型で関わる（あるいはその逆の形）といった役割分担もありえるだろう。
　③　家族調整　多くの少年事件において少年と親との関係は重要な要素とな
る。本事例で取り上げたケースでは少年は親から虐待を受けており，親子間での葛
藤は並々ならぬものがあるとみられる。事例では親が少年の引取を拒絶して以降は
親に対する関わりは行われていない。

こうした親子間葛藤は根深く複雑であるため修復・再統合は少年本人の立ち直り以上に長い期間が必要となるだろう。そのため，少年事件手続の中で安易に再統合を促すことは危険であるが，少年や親が抱いている葛藤へのケアについては並行して考えていく必要がある。

少年にとって周囲の支援者のどんなに献身的な関わりよりも親から一言，受容の言葉をもらえることがなにより立ち直りの原動力になることもある。拒否的な態度を示している親も内心では少年への想いや葛藤の念をひとりで抱え込んでしまっているということもある。

こうした少年や親が抱く心の葛藤へのケアは弁護士ではできない関わりであり，心の専門家である公認心理師の協力が是非とも求められる。

【安井飛鳥】

## ▶§**5.4.2**＿ 少年事件 ❷ 【心理職の視点から】

### ▶▶**1**＿少年事件における心理職の関与の必要性

少年事件においては，事案の責任を追及して処罰を与えるのではなく，指導や援助，教育等を通じて対象者の立ち直りを促すことに重点が置かれており，個々の対象者に適した働き掛けを見極める上で，心理的視点からのアセスメントが求められている。非行や問題行動の背景には，生活環境への不適応，家族・交友関係の問題，逸脱行為を誘発・正当化する思い込みなど，心理的な要因が含まれる場合が多い。さらに，事例によっては，発達・知的側面，虐待等の被害体験，物質依存など，様々な要因が絡み合っており，それらの総合的な理解が，指導や援助，教育の出発点として重要となる。

また，非行少年と接する際には，対象者の内的資源を引き出す面接スキルが役に立つ。非行という形で行動化している少年たちの多くは，物事をじっくりと考えた経験に乏しいので，彼らに内省や成長を促すには，予断を交えることなく話を聴くことから始める必要がある。そして，面接の局面に応じて，変化に向けた気持ちの動きを捉えて動機付けを高めたり，対象者がどのような自分になることを望んでいるのかを明確化し，そのための具体的な方法を行動レベルで考えられるよう導いたりといった多様なスキルが求められる。

### ▶▶**2**＿少年非行の領域における行政・司法との連携
【1】 少年審判手続の一環としての関わり──少年鑑別所の場合

筆者の所属する法務省では，かねてから心理職が活躍しており，臨床心理士の資格を有する者のほか，公認心理師の資格を取得する者もいる。特に少年鑑別所は，家庭裁判所等の求めに応じて鑑別対象者の「鑑別」を行うことを中核業務の一つとしており，少年審判手続の中でアセスメントを担う公的機関である。鑑別とは，医学，心理学，教育学，社会学などの専門的知識や技術に基づき，非行等に影響を及ぼした資質上，環境上問題となる事情を明らかにした上で，その事情を改善するため，一人一人の特性に応じた指針を示すことであり，上述した心理学的アセスメントの果たす役割は大きい。その過程では，心理職が教育職や医師等と連携しながら事例理解を進めた上で，判定会議と呼ばれる事例検討の場を設けたり，統計的な裏付けの下に再非行の可能性等を指標化したアセスメントツール等を参考資料としたりして，客観性・科学性を担保し，鑑別精度の向上に努めている。

【2】　少年鑑別所と他機関との連携

　以上で述べた鑑別の手続では，家庭裁判所等はもとより，処遇機関との緊密な連携が欠かせない。鑑別の結果は少年審判の資料として活用されるほか，保護処分の決定を受けた者については，処遇機関である少年院や保護観察所に引き継がれ，指導や援助，教育に役立てられている。さらに，少年院在院中や保護観察中に鑑別を再び実施するなど，継続的に関与し，処遇効果の検証や残された課題の分析を行う場合もある。

　加えて，少年鑑別所法の施行以降，全国の少年鑑別所は法務少年支援センターとしての機能を有するようになり，少年審判の対象以外の様々な事例に対しても，非行や犯罪の防止に向けた「地域援助」を中核業務の一つとして実施している。地域援助においては，対象者やその家族の相談に応じるのはもちろんのこと，関係機関との連携にも力を入れている。具体的には，学校や福祉機関等と連携し，青少年の非行や問題行動に関する知見を生かして，コンサルテーションを実施したり事例検討会議に参加したりしている。こうした取組を通じて，少年鑑別所では，少年審判手続や保護処分の過程だけでなく，少年たちが事件を起こす前の段階や，保護処分終了後のフォローアップ段階を含め，司法手続を縦貫する心理的な支援を実施している。

### ▶▶3__少年事件において公認心理師に求められる役割

　司法手続の様々な段階で，様々な対象者に対してアセスメントや支援を実施する少年鑑別所においては，高度な専門性を有する心理職が求められており，公的機関の職員として公認心理師がこの業務を担う意義は大きい。実際，心理職との面接を通じて，こんなに大人にきちんと話を聞いてもらったのは初めてであるといった感想を述べる対象者は少なくなく，心理職との出会いが，周りの大人を多少なりとも

信じてみようとする気持ちにつながり，立ち直りの原動力になることを信じたい。

　対象者の気持ちに寄り添う一方で，再非行・再犯の防止の観点も不可欠であり，エビデンス（実証的な根拠）を踏まえたアセスメントや支援を行うことが重要である。非行・犯罪領域の代表的な理論的枠組みとしては，リスク・ニーズ・反応性原則（RNR原則）（Andrews & Bonta 2010）が挙げられる。これは，対象者の再非行可能性（リスク）や教育上の必要性（ニーズ）の程度，更には，対象者の能力や学習スタイル（反応性）を踏まえた処遇が，将来の非行や犯罪の可能性を低減させるというものであり，アセスメントにおいて特に役立つ考え方である。

【原田杏子】

## ▶§ *5.5.1* __ 犯罪被害者支援 ❶ 　【法律職の視点から】

### ▶▶*1*__犯罪被害者支援にかかわる法律・制度の全体的概要について

**【1】　はじめに——犯罪被害者に対する支援の必要性**

　犯罪による被害に遭った場合，犯罪被害者（以下，単に「被害者」という）は，当該犯罪から直接受ける被害だけでなく，以下に述べるような様々な問題に直面することになる。

① 安全確保（加害者からの再被害の危険性）

② 心身の健康回復

③ プライバシーの保護

④ 事件に関する情報の取得

⑤ 司法手続への関与

⑥ 経済的負担への対応（被害弁償の問題）

しかしながら，多くの場合，傷ついた被害者が自力でこれらの問題と向き合うことは困難であることから，国あるいは地方公共団体において，支援のための法律・条例等を制定し，法的制度を整備したうえで，それらの制度を用いて，各分野の専門家が実際に支援を行うことが重要となる。

**【2】　犯罪被害者支援に関する法制度の制定の歴史**

（1）　犯罪被害者等基本法

　犯罪被害者が直面する上記のような問題に対処するため，2004年12月1日に犯罪被害者等基本法（以下「基本法」という）が制定され，2005年4月に施行された。

　基本法では，初めて犯罪被害者等の「権利」が明文化され，その権利を保護し，被害者等を積極的に支援することが国の責務であると定められた。

各種の犯罪は，被害者はもとよりその家族にまで損害を与えるものであり，被害者等がその被害から回復しようとすることは，憲法13条に保障された基本的人権の回復にほかならない。基本法は，「すべて犯罪被害者等は，個人の尊厳が重んぜられ，その尊厳にふさわしい処遇を保障される権利を有する」（3条1項）と定めているところ，これにより犯罪被害者等への支援が同情や慈悲によるものではなく，犯罪被害者等の権利に基づくものであることが明確になったといえる。

　(2)　犯罪被害者等基本計画（被害者支援のための基本的な施策の実現）

　基本法に基づき2005年12月に，「犯罪被害者等基本計画」（以下「基本計画」という）が策定され，関係各省庁，地方自治体，民間支援組織，被害者組織など，すべてにわたる総合的で継続的な支援策が講ぜられることとなった。従来のように，個別事案に応じて，場当たり的に支援策を講ずるのではなく，司法，医療，福祉，雇用などあらゆる分野で総合的に施策を講じることが国および地方自治体の責務として定められたのである。

　基本計画においては，5つの重点課題（①損害回復・経済的支援等への取組，②精神的・身体的被害の回復・防止への取組，③刑事手続への関与拡充への取組，④支援等のための体制整備への取組，⑤国民の理解の増進と配慮・協力の確保への取組）が掲げられ，これらの重点課題について，以下に挙げる具体的な施策を講ずべきとされている。

　①　相談及び情報の提供（基本法11条関係）
　②　損害賠償の請求についての援助等（基本法12条関係）
　③　給付金の支給に係る制度の充実等（基本法13条関係）
　④　保健医療サービス及び福祉サービスの提供（基本法14条関係）
　⑤　安全の確保（基本法15条関係）
　⑥　居住の安定（基本法16条関係）
　⑦　雇用の安定（基本法17条関係）
　⑧　刑事手続への参加の機会の拡充のための整備（基本法18条関係）
　⑨　保護，捜査，公判等の過程における配慮等（基本法19条関係）
　⑩　国民の理解の増進（基本法20条関係）
　⑪　調査研究の推進等（基本法21条関係）
　⑫　民間団体に対する援助（基本法22条関係）

　その後，2011年3月には第2次基本計画，2016年3月には第3次基本計画，2021年3月には第4次基本計画が策定され，被害者支援の制度が次第に拡充されつつある。

【3】　犯罪被害者支援の実務

　(1)　犯罪被害者支援における公認心理師の役割

　心理臨床に関連する施策は，基本計画に掲げられた5つの重点課題のうち，主と

表5.5.1　犯罪被害者支援と心理職

| |
|---|
| ①　犯罪被害者等に対する心のケアに関する保健所および精神保健福祉センターの相談窓口における活動 |
| ②　犯罪被害者等に関する専門的知識・技術を有する臨床心理士の養成・研修 |
| ③　被害少年に対する学校におけるカウンセリング体制の充実等<br>　（a）スクールカウンセラーや子どもと親の相談員の配置<br>　（b）教員に対するカウンセリングに関する研修など（犯罪による被害だけでなく，いじめなどへの対応も含む）。 |
| ④　被害少年の精神的打撃軽減のための継続的支援の推進<br>　　警察における被害少年に対する継続的支援に際して，臨床心理学，精神医学など高度な知識を有する専門家を「被害少年カウンセリングアドバイザー」として委嘱する。 |
| ⑤　児童相談所での児童福祉司，児童心理司等による相談活動 |
| ⑥　精神科医の犯罪被害者等への治療および支援の一環としての心理的療法への関与 |
| ⑦　各省庁，自治体等の機関が行う被害者支援活動に対する臨床心理士の協力（法廷への付添支援等も含め，被害者の心理的ケアを担当） |
| ⑧　民間の犯罪被害者支援組織が行う支援活動に対する臨床心理士等の協力<br>　　実際，公益財団法人全国被害者支援ネットワーク傘下の各都道府県における民間犯罪被害者支援センターにおいては，相談活動，直接的支援活動，ボランティア養成講座等，様々な場面で臨床心理士が活躍している。 |

して，「②精神的・身体的被害の回復・防止への取組」および「④支援等のための体制整備への取組」の中で定められており，実際に，表5.5.1のような取組みが実施されている（『令和3年版犯罪被害者白書』参照）。

（2）　犯罪被害者支援のための各種制度等

　犯罪被害者支援のための各種制度を，被害者のニーズという観点から整理すると，以下のようになる。被害者のニーズに応じて，刑事・民事の両面で様々な制度や救済手段が整備されつつある。

（a）「事件に関する情報を取得したい」

　事件のことについて一切思い出したくないという被害者は多いが，他方で，自分がどうして犯罪被害を受けることになってしまったのか，加害者はどのような人間なのか等について，積極的に知りたいという被害者も少なからず存在する。そのようなニーズに対しては，以下のような制度が対応している。

①　警察による被害者連絡制度

　被疑者の検挙，氏名等，処分状況について，警察から被害者に通知する制度である。

②　検察による被害者等通知制度

　起訴・不起訴などの処分結果，公判期日，刑事裁判の結果などを，検察庁から被害者に通知する制度である。

③　刑事事件記録の閲覧・謄写

　自分が被害者となった刑事事件の記録について，一定の範囲で閲覧・謄写することができる。

(b) 「事件について，自分の意見や希望を述べたい」（司法手続への関与）

以前は，被害者は刑事事件において単なる「証拠」の一つに過ぎず，裁判手続に積極的に関与することは認められていなかった。

しかしながら，現在では，以下のように一定の範囲で，被害者の司法手続への関与が認められつつある。

① 「加害者を起訴して，処罰して欲しい」

ⅰ）被害届，告訴

ⅱ）不起訴処分に対する検察審査会への審査申立て（刑事訴訟法260条・261条，検察審査会法30条・38条の2）

② 「刑事裁判や少年審判に関与して，意見を述べたい」

ⅰ）心情等に関する意見陳述（刑事訴訟法292条の2，少年法9条の2）

被害者は，被害者参加制度の利用の有無にかかわらず，刑事裁判において，被害に関する心情その他被告事件に関する意見を陳述することができる。

ⅱ）被害者参加制度

被害者は，刑事手続に直接参加することができ，実際に公判期日に出席して証人尋問や意見陳述等を行うことができる。

③ 「仮釈放，保護観察の場面で意見等を伝えたい」

ⅰ）意見等聴取制度

地方更生保護委員会が行う加害者の仮釈放・仮退院の審理において，被害者が意見を述べることができる制度である。

ⅱ）被害者の心情伝達制度

被害者から被害に関する心情等を聴取し，それを保護観察中の加害者に伝える制度である。

(c) 「被害弁償や経済的補償を受けたい」

例えば，一家の経済的な支柱であった方が犯罪により亡くなった場合，その家族は経済的に困窮することになる。また，事案によっては，高額の治療費や引っ越し費用がかかる場合もあり，被害者の経済的負担は決して軽いものではない。

この点，被害者の経済的負担，すなわち被害者の被った損害を補填する（被害弁償を受ける）ための制度としては，以下のようなものがある。

① 民事訴訟

加害者との間で任意に示談交渉をしたものの，解決に至らない場合等に，裁判所に対し，損害賠償請求訴訟を提起することにより被害から回復を図る。

② 損害賠償命令制度

刑事裁判で一定の対象犯罪について有罪判決が言い渡された後に，判決を言い渡した刑事裁判所がそのまま損害賠償命令の申立てについての審理を行うことができ

る制度である。

③　刑事和解

被害者と加害者との間で和解の取決めをした場合，刑事事件を審理している裁判所に申立て，当該和解内容を公判調書に記載してもらう制度である。

④　犯罪被害給付制度

殺人事件の遺族や重傷病や障害の被害を受けた被害者に，国が一定の範囲で給付金を支給する制度である。

(d)　「再被害やプライバシー侵害等の二次被害を避けたい」

近年では，インターネットの普及により，マスコミによる報道だけではなく，インターネット上で被害者の個人情報等が公開される被害も生じるようになった。

特にインターネット上で公開された内容に関しては，被害者が様々な手段を講じても削除できなかったり，転載されたりして長期間残ってしまう等の深刻な問題が生じているのが現状であり，以下のような対策が必要となる。

①　マスコミ対策

ⅰ）捜査機関への被害者個人情報秘匿の申入れ

ⅱ）マスコミへの取材自粛要請

ⅲ）報道被害の救済手段（裁判外，裁判上）

②　プライバシー保護

ⅰ）被害者特定事項の秘匿制度（刑事訴訟法290条の2）

被害者が申し出ることにより，公判廷において被害者の住所・氏名などを秘匿することを裁判所に決定してもらう制度である。

ⅱ）法廷における被告人との遮へい（刑事訴訟法316条の39第4項）

被害者が被害者参加人として出廷する際に，被告人（加害者）から見えないように遮へいする制度である

ⅲ）法廷における傍聴人との遮へい（刑事訴訟法316条の39第5項）

上記と同様に，被害者が被害者参加人として出廷する際に，傍聴人から見えないように遮へいする制度である。

(e)　「弁護士に依頼したいが，費用が支払えない。」

国が設立した日本司法支援センター（通称「法テラス」）には，弁護士に依頼するための費用の援助をはじめ，被害者が利用しうる次のような制度がある。

①　各種情報の提供

刑事・民事など法的な制度に関する情報および犯罪被害者支援を行っている機関や団体の紹介・取次

②　犯罪被害者支援に精通した弁護士の紹介

③　犯罪被害者等への法律援助事業（日弁連委託援助事業）

マスコミ対策，検察審査会申立て，犯罪被害者等給付金の申請など，損害賠償請求以外の手続等を弁護士に依頼する費用の援助

④　民事法律扶助事業

加害者に損害賠償請求をするための弁護士費用，裁判費用等を援助

⑤　刑事裁判に被害者が参加したときの被害者参加国選弁護士制度

## ▶▶2＿犯罪被害者支援の具体例（ケーススタディ）

### 【1】　犯罪被害の発生

被害者の女性（25歳）は，インターネットを通じて知り合った男性と一緒に飲食店で食事をした。その後，店のすぐ近くに当該男性の自宅があるので，さらにお酒を飲みながら話をしようと誘われ，それに応じた。

男性の自宅において，男性は酒の勢いもあり，被害者に性交渉を強要するに至った。被害者は，当初抵抗したものの，拒否したら殺されてしまうかも知れないという恐怖を覚え，当該男性の要求をやむなく受け入れ，性交渉に応じた。

被害者は，当該男性の家から帰る途中に警察に被害を申告したが，当該男性は，お互い合意の上で性交渉に及んだものであり，違法性はないと主張している。

### 【2】　刑事事件への対応

性犯罪は，密室で実行されることが多く，目撃者等の証拠が乏しいことから，そもそも刑事事件として取り上げてもらえないのではないかと思い，警察に相談することを躊躇してしまう場合が少なくない。また，被害届は出したものの，加害者を起訴してもらえるのかどうか不安であり，捜査状況等を知りたいという被害者の要望は多いと思われる。

そこで，本設例においては，まず，起訴前の捜査段階において，弁護士が被害者の代理人となり，「警察や検察による捜査状況はどうなっているのか」等を確認したり，プライバシー保護のためにマスコミへの取材自粛を要請したり，加害者側から示談の申し入れがあった際に対応したりすることが有用となる。

次に，加害者が起訴され，刑事裁判が始まった場合，被害者は被害者参加制度を利用することによって，刑事裁判において，①公判期日に出席したり，②情状証人に尋問したり，③加害者（被告人）に質問をしたり，④事実関係についての意見や被害者が相当と考える刑罰の適用に関する意見（求刑意見）を述べたりすることができる（なお，被害者参加制度を利用せず，上記の「心情等に関する意見陳述」だけを行うことも可能である）。

よって，本設例においても，加害者が起訴された場合には，被害者は，弁護士のサポートを受けながら，刑事裁判においてどのような行為を行うかを検討することになる。

ただ，被害者は，被害に遭った後，複雑な精神状態にあることから，上記のような制度が用意されていることを知っても，実際に制度を利用する気持ちになれないという場合もある。そこで，弁護士による上記のようなサポートと並行して，公認心理師による精神面のサポートが重要となる。

**【3】　被害弁償**（民事事件への対応）

　本設例のような事案においては，被害による精神的ショックを緩和するために，カウンセリング等の心理療法が必要となる場合もあり，また，加害者に電話番号や住所等を知られてしまったのであれば，電話番号の変更や引っ越しのための費用が必要となる場合もある。

　これらの費用を賄うために，被害弁償を受けることが重要となるが，被害者が自ら加害者側と交渉することは多くの場合，困難を伴うので，やはり弁護士が代理人として，加害者側と交渉することが有用となる。

　また，加害者側から任意に必要な被害弁償を受けることができないという場合には，上記のとおり，民事訴訟の提起や損害賠償命令の申立て等の法的手段によって，被害回復を図ることを検討する必要があり，法律の専門家である弁護士の助力を得ながら，手続を進めるのが望ましいといえる。

　なお，本設例のようなケースでは，被害に遭ったのは自分が男性の家に行ったせいであり，自業自得であるとして自分を責める傾向にある被害者も多く，その場合，加害者側に被害弁償を求めるべきではないと勝手に思い込んでしまっていることもある。そこで，公認心理師による精神面のサポートがここでも重要となる。

## ▶▶**3**＿犯罪被害者支援において公認心理師に期待されること

**【1】　弁護士と公認心理師，それぞれの役割**

　「犯罪被害者支援」という言葉を使うと誤解されやすいが，被害者は「支援されるべき弱者」ではない。被害者は，自ら犯罪被害を克服し，その後の人生を主体的に生きていこうとする存在である。

　被害者が犯罪被害を克服し，自らの尊厳を保ちつつ回復の方向に進むために，弁護士や公認心理師は，ともに被害者のサポーターとしての役割を有しているといえ，被害者に寄り添うことが何より大切であると考える。

　犯罪被害に遭ったとしても，被害者の日常生活は続いていくのであり，社会との接点が消えることはない。被害者は，否応なしに刑事事件の当事者として警察による捜査（事情聴取）や刑事裁判に関与することを余儀なくされ，また，犯罪被害により失われたものを填補するための損害賠償請求の問題に直面することになる。

　弁護士は，①被害者が社会の中でこれらの問題とどう向き合い，対処していくか，そして，②犯罪被害を克服し，自らの尊厳を損なわずにその後も自分の人生を生き

ていけるようにするためにはどのような法的手段・手続を活用すべきか等について助言し，サポートする役割を担っている。

　もっとも，被害者が各種法制度を利用して被害回復への道のりを進んでいく中で，弁護士や周囲の人間から言われたとおりに行動していただけでは，真の意味での「被害回復」には辿り着けない。

　そこで，公認心理師が，心の専門家として，①犯罪被害に遭った被害者が心の中で「自分自身」とどう向き合うか，②被害者自身が，理不尽なこと・現実的に実現不可能なことをどのように受け止めるか，等の点について，被害者に助言し，サポートすることが重要となってくるのであり，被害者支援において公認心理師が果たすべき役割は大きいといえる。

## 【2】　連携する公認心理師にお願いしたいこと（弁護士の立場から）

### （1）　弁護士に相談する前の心理的支援（被害回復に向けての土台作り）

　被害者は，被害によって少なからず精神的なショックを受け，自分自身で何がしたいのかを整理できていないことが多いと思われる。

　そこで，弁護士に相談する前に，公認心理師において，被害者の心理的混乱をある程度修復し，何を弁護士に相談したいのかを被害者自身が何となくイメージできるようにしておいていただけると，弁護士との相談がスムーズになることが期待できる。

### （2）　手続の各段階における被害者心理の揺れ動きに対する心理的支援

　被害者の方が「こうして欲しい。」と希望されても，必ずしも法的に全てが可能とは限らず，弁護士としては，手続上（法律上），不可能なことについては，心を鬼にして「無理です。」と申し上げなければならない場面もある。

　そのような場面では，被害者が心理的に動揺したり，不安を覚えたりすることが予想され，弁護士としても細心の注意を払うものの，一歩間違えれば，弁護士と被害者との信頼関係が損なわれる危険を孕んでいる。

　これに対し，連携する公認心理師が専門的な知識や経験に基づいてサポートしてくださることにより，その危険を回避することが可能となり，同時に，被害者にとっても制度や手続に対する理解が深まり，解決の近道になることが期待できる。

### （3）　被害者支援に関する法制度についての知識の取得

　公認心理師は，心の専門家であり，法律の専門家ではないので，被害者支援のための法律や各種制度について必ずしも熟知しておく必要はないが，これらについて全く知らないということになると，弁護士その他の専門家・関係機関との連携がスムーズにいかない可能性がある。

　よって，被害者支援に携わる公認心理師としては，被害者支援のための法律や各種制度について，できる限り理解を深めておくことが望ましいと思われる。

【山崎勇人】

▶ **§*5.5.2*＿** 犯罪被害者支援 ❷ 　　【心理職の視点から】

## ▶▶*1*＿犯罪被害者支援の領域における心理的支援の必要性

【1】　犯罪被害者の心理の特徴

　犯罪被害は第三者の悪意や無策によって生命や身体，財産，名誉の権利，心身の統合性を侵害される体験である。いわば，被害者の意思は無視され，あたかもモノのように扱われることを意味する。つまり，被害者やその家族および遺族（以下「被害者等」と称する）にとって，人としての尊厳を少なからず傷つけられる体験となる。その上，被害そのものの苦痛だけでなく，司法にかかわる負担を伴い，周囲の無理解や心ない言動（二次的被害）に晒されやすく，それまで有していたアイデンティティや価値観や信念などが覆される。他のトラウマ体験に比して，対人暴力におけるPTSD（心的外傷後ストレス障害）の発症率は高く（Kessler et al., 1995），犯罪被害者遺族においては心的外傷性悲嘆の状態になりやすい（飛鳥井 2008）。

【2】　犯罪被害者に必要な心理的支援

　被害者支援は，権利保護にかかわる法的支援，金銭面での補償といった経済的支援，家事援助や外出付添といった生活支援，心理的支援の四点で考える必要がある。これらの支援に共通して求められるのは以下の点である。被害者等は他者から害された体験をしており，他者への信頼感が大きく損なわれている。そこで，支援者と信頼関係を育むことが，他者への信頼を取り戻す一歩となる。また，一方的に害される受動的な体験は無力感や屈辱感を伴う。そこで被害者等の意思を尊重するのはもちろんのこと，自己選択・自己決定を支持し，主体性や統制感の回復を支援する。いかなる理由があろうとも犯罪の責任は加害者にあり，「あなたは悪くない」という姿勢で被害者等に臨むことが求められる。支援する‐支援されるという上下関係によって，被害者等をさらに無力化することがないように留意する。

　中でも公認心理師はこころの健康にかかわる専門家として，心理的なアセスメントに基づいた介入が求められる。被害直後は混乱していることもあり，心理的な内容に限定せず，さしあたって困っている問題はないかの視点を持つことが大事である。その上で，トラウマや悲嘆の心理教育，リラクセーションを通じて自己対処を促し，自己効力感や自己統制感の回復を目指す。被害者等はPTSDのウルトラハイリスク群であり，PTSDの治療法として有効性が実証されているトラウマ焦点化認知行動療法やEMDR（眼球運動による脱感作と再処理法）の有用性は極めて高い。精神医療や専門的な心理療法につなぐことも重要な役割である。

5

司法・犯罪分野

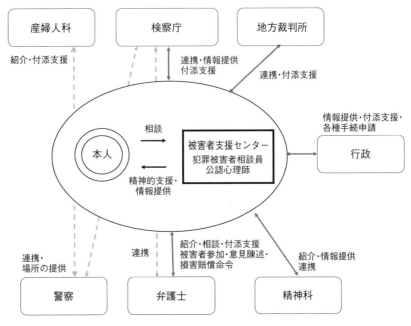

図5.5.2　性犯罪被害支援の多機関連携例

## ▶▶2__犯罪被害者支援の領域における行政・司法との連携について

　被害者等は，警察，検察，裁判所といった非日常的な空間で，なじみのない法律やその専門家と深くかかわることになる。付添支援によって被害者等の緊張を和らげ，被害者等の心情や状態を伝えることで二次的被害を防ぎ，関係機関や専門家とのコミュニケーションが円滑に進むように橋渡しを行う。支援を受けるたびに被害を口にしなければならない負担を軽減するために，被害者等の同意を得た上で情報提供をすることも大事である。図5.5.2は被害者支援団体において，性犯罪被害における多機関連携の例を示したものである。

【1】　被害者支援団体

　被害者支援団体は被害者の必要とする包括的な支援のネットワークをもち，全国各都道府県には公益社団法人全国被害者支援ネットワーク傘下の団体が一ケ所以上設置されている。そこでは，被害者支援に関わる法律や医療，福祉，心理について一定の訓練を受けた犯罪被害相談員（以下「相談員」と称する）が電話や面接相談に応じ，専門家や関係機関との連携を図り，直接的支援（自宅訪問や警察・検察・裁判所への付添支援）を提供している。被害者等の支援のニーズを見立てて，支援のコーディネートやマネジメントを行う役割を担っている。

相談員は，被害後早期の段階で被害者等とのかかわりを開始し，加害者の逮捕や裁判，加害者の出所に至るまで，節目で揺れ動く気持ちに寄り添い続ける。関係機関との連携によって刑事手続の見通しを得ながら，情報提供や機関連携の調整，刑事手続にまつわる意思決定の支援を行っている。被害者等はさまざまな意思決定を迫られるものの，精神的ショックやトラウマ関連症状によって理解力や判断力が低下した状態にある。加えて十分な法律の知識を持たずに先行きを見通して意思決定することは容易ではない。刑事手続はやり直しがきかないものだけに，選択に伴うメリットとデメリットを理解した上で意思決定なされることが望ましい。そのため，刑事手続における意思決定支援は，法的な知識だけでなく，被害者等の心理状態への配慮が必要になる。被害者等は一連の手続の中で，生々しい犯罪の内容と向き合い，時には証人として公判に出廷しなければならないこともある。このようなときも，相談員が傍らに物理的にいることで安心感を与え，被害者等の気持ちを受けとめながら，被害者等の意向を最大限反映する方法を関係者とともに模索し，一連の手続をやり遂げられるように心理的に支える。

　筆者の所属する被害者支援都民センターでは，より専門的な心理ケアが必要な被害者等に対して，公認心理師は相談員と情報を共有しながら被害者等の心理ケアにあたり，トラウマや悲嘆に焦点づけられた認知行動療法（持続エクスポージャー療法，TF-CBT，外傷性悲嘆治療プログラム）を提供している。被害者等の心理的見立てを関係者に伝えることも公認心理師の役割で，内外の支援者と連携を図りながらのチーム支援を行っている。被害者等がさまざまな支援や支援者に支えられ，自己決定や自己対処を繰り返す中で，社会への信頼，ひいては尊厳を回復する一歩になるような支援を心がけている。

## 【2】　ワンストップ支援センター

　性犯罪・性暴力被害の発生数は多く，心身に長期にわたる悪影響が及ぶにも関わらず，被害申告や相談を躊躇しがちで，勇気を出して相談をしても二次的被害が生じやすく，適切な支援を受けにくい状況にある。そこで，国の施策として，被害直後からの総合的な支援（産婦人科医療，捜査関連の支援，法的支援，心理支援など）を一か所で受けられるワンストップ支援センターの設置が進められ，平成30年に各都道府県に最低一カ所の設置が完了した。全国共通短縮ダイヤル（#8891）の運用が始まり，最寄りのワンストップ支援センターに自動でつながる仕組みになっている。夜間の相談や緊急対応に応じられるよう，24時間・365日の運営の実現が課題となっているが，令和3年現在では21都道府県にとどまっており，国として，夜間休日のコールセンターの設置が検討されている。

## 【3】　そのほか

　警察には被害相談窓口が設置され，性犯罪被害相談であれば全国統一短縮ダイヤ

ル（#8103）で各都道府県警察の被害相談窓口につながり，警察で対応できないことについては専門の機関等を紹介してもらえる。犯罪被害に限定されたものではないが，子どもの被害であれば各都道府県の警察内の少年相談窓口を利用するのも手である。検察庁では被害相談や事件に関する問い合わせのできる被害者ホットラインを設けており，法務省のホームページに連絡先の記載がある。

　全国の区市町村には平成31年4月までに犯罪被害者の専用相談窓口が設置され，支援条例の制定によって独自の支援策（見舞金や助成など）を設けている自治体もある。精神保健福祉センターや保健所等は，多くの被害者が出るような事件事故の緊急支援，犯罪被害者の相談を地域保健福祉相談のひとつとして位置付けられており，必要に応じて支援チームが立ちあげられることがある。

### ▶▶3　犯罪被害者支援領域において公認心理師に求められる連携

　被害者等の望むのはただ一つ，被害に遭う前に戻して欲しい，亡くなった人を生き返らせて欲しい，であるが，それはけして叶うものではない。加害者に厳罰や高額の賠償金を科したい被害者等もいれば，一切関わりたくない被害者等もいる。可能な範囲でそれぞれの意向を尊重することが支援になる。法律や判例に基づいて考える立場の専門家にとっては妥当な結果（処遇や判決）であっても，被害者等の司法に寄せる期待と得られる結果のギャップは大きい。司法に対する不信，ひいては社会への不信は，被害後の人生をより一層困難なものにさせる。犯罪被害という受けとめがたい現実を，自らの人生の出来事の一つとして位置づけ，その後の人生を生きていくためには，被害者等の思いを理解しようと努める専門性の高いチーム支援はもちろんのこと，家族やコミュニティ，ひいては社会の中での理解やサポートが欠かせない。

　公認心理師においては，犯罪被害を軽視したり，その影響を理解していない，逆に圧倒されて十分な心理ケアが提供できていない，刑事手続に関する知識不足から不適切な助言がなされているケースも見受けられる。公認心理師には，被害者等の心理やストレス反応に対する心理ケアだけでなく，被害者等の家族や属するコミュニティで必要な配慮が得られるようなマネジメント，被害者支援にかかわる支援制度や支援機関の情報を日頃から収集し，必要時に被害者等に情報を提供し，関係機関や専門家との積極的な連携を期待したい。

〔引用文献〕

Kessler, R. C., Sonnega, A., Bromet, E., Hughes, M, & Nelson, C. B.（1995）　Posttraumatic stress disorder in the National Comorbidity Survey. Archives of General Psychiatry, 52, 1048-1060.

飛鳥井望(2008) 「暴力的死別による複雑性悲嘆の認知行動療法」 トラウマティック・ス
　　トレス　6:59-65.

【鶴田信子】

5

司法・犯罪分野

▶**§6.1**＿＿産業・労働分野　❶　　【法律職の視点から】

▶▶**1**＿**総説**

　学生から社会に出て働くことを「就職」といい，就職活動は学生，その家族，採用する企業，そして地域社会や国の政策にも関わる重要な問題である。2021年（令和3年）3月現在の就業者数は6649万人，そのうち雇用者数は5967万人に上る（総務省統計局労働力調査2021年（令和3年）3月分）。働くことは企業と労働契約を締結して雇用者となることであり，労働契約は，市民の生活にとって最も重要な契約の一つである。労働契約法は労働契約に関する基本的なルールを過去の最高裁判所の判例などを元に明らかにするとともに，最近では「非正規労働者」といわれる有期契約労働に関して重要なルールを定めている。

　勤労は国民の権利であり義務である。国民が労働者として企業に雇用されて生活を営む上で，人たるにふさわしい労働条件を確保し，安全に就労することは日本国憲法が国民に保障した権利である（日本国憲法27条）。労働基準法，最低賃金法，労働安全衛生法および労働者災害補償保険法等は，いずれも労働条件の最低基準を法律によって強制するものであり，日本国内のすべての労働者が保護の対象となっている。特に最近は，長時間や職場の心理的負荷（ストレス）が原因となる過労死や過労自殺（過労による精神疾患）が社会の問題として取り上げられるようになり，労働基準法などが繰り返し改正されるとともに，過労死防止対策推進法も制定されて，職場の安全衛生と心理的ストレスの関係が注目されている。

　男女差別や雇用形態による格差の問題も労働法の重要な課題である。男女雇用機会均等法は1985年に制定されて以降，繰り返し改正を経て，現在では男女を問わず性別により職場で差別されないことを定めるとともに，母性保護や事業者にセクシュアルハラスメントの防止措置を講じることを定めている。また，育児介護休業法は育児や介護を行う労働者に休業や時間短縮勤務を認めるとともに，使用者に育児休業等を取得した労働者に対する不利益取扱いを禁止し，育児休業等に関するハラスメント防止の措置義務を課している。さらに，職場でいわゆるパワーハラスメ

ントが行われることによる労働者の様々な不利益やトラブルが問題となっており，2020年6月に改正施行された労働施策総合推進法によりパワーハラスメント防止措置が事業主に義務付けられることとなった。

　このように，働くことに関する法律は多様であり，様々な場面でコンプライアンスが問題となるところである。

### ▶▶2__労働契約の成立と労働条件
### 【1】　就業規則制度

　労働契約の内容である労働条件は，業務内容，就労場所，労働時間，服務規律，休日・休暇，解雇・退職，賃金・賞与・退職金，懲戒等，多様で複雑な内容であり，職場で共通するルールが定められることによって，統一的で効率的な組織秩序が維持されることになる。そのため，常時10人以上の労働者を雇用する事業場では使用者が就業規則を作成して労働者に周知することとされており，その内容は以下の事項を定めなければならない（労働基準法89条）。

一　始業および終業の時刻，休憩時間，休日，休暇並びに労働者を二組以上に分けて交替に就業させる場合においては就業時転換に関する事項

二　賃金（臨時の賃金等を除く。以下この号において同じ）の決定，計算および支払の方法，賃金の締切りおよび支払の時期並びに昇給に関する事項

三　退職に関する事項（解雇の事由を含む）

三の二　退職手当の定めをする場合においては，適用される労働者の範囲，退職手当の決定，計算および支払の方法並びに退職手当の支払の時期に関する事項

四　臨時の賃金等（退職手当を除く）および最低賃金額の定めをする場合においては，これに関する事項

五　労働者に食費，作業用品その他の負担をさせる定めをする場合においては，これに関する事項

六　安全および衛生に関する定めをする場合においては，これに関する事項

七　職業訓練に関する定めをする場合においては，これに関する事項

八　災害補償および業務外の傷病扶助に関する定めをする場合においては，これに関する事項

九　表彰および制裁の定めをする場合においては，その種類および程度に関する事項

十　前各号に掲げるもののほか，当該事業場の労働者のすべてに適用される定めをする場合においては，これに関する事項

　また，就業規則の作成または変更に当たっては，事業場の過半数を代表する従業員（当該事業場に，労働者の過半数で組織する労働組合がある場合においてはその労働組合，労働

者の過半数で組織する労働組合がない場合においては労働者の過半数を代表する者）の意見を聴き，作成または変更された就業規則とともにその意見を労働基準監督署に届け出なければならない（労働基準法90条）。

　就業規則の内容は労働基準法等法令に反するものであってはならず，また，労働契約の内容は就業規則を下回るものであってはならない。このように，就業規則制度は職場の労働条件を適法な内容で統一するものである。

## 【2】　労働条件の決定・変更

　事業場に合理的な内容の就業規則が周知されているときは，労働契約の内容である労働条件はその就業規則に定めるところによる（労働契約法7条）。労働者が労働契約を締結するに際して，個別に労働条件の交渉を行うことは通常行われず，「採用される企業が定めたルールが適用される」ことになる根拠となる。なお，実際に採用された際の労働条件は，「労働条件通知書」（労働基準法15条）により，個別に通知されなければならない。労働条件通知書は労働契約の内容が不明確であることによる紛争を避けるために重要な制度であり，正社員，非正規社員の区別を問わず，すべての労働契約に適用されるものである。

　長期に契約関係が継続する労働契約においては，企業の成長・業績の不振や社会の変化，労働法制の改革など，さまざまな理由から労働条件の変更が行われることがある。企業の合併など企業再編に伴うことも多い。労働契約の内容である労働条件の変更について，契約の当事者である使用者と労働者の合意により行うことができる（労働契約法8条）。しかし，実際の労働条件の変更について，企業が雇用する多数の労働者と個別に合意を経て行うことは現実的な方法ではない。通常，労働条件の変更は使用者が制定する就業規則の変更によって行われることが多い。この場合でも，使用者は労働者と合意することなく就業規則変更によって労働条件を不利益に変更することは，原則としてできない（労働契約法9条）。ただし，使用者が変更後の就業規則を周知し，就業規則の変更が，①労働者が受ける不利益程度，②労働条件の変更の必要性，③変更後の就業規則の内容の相当性，④労働組合等との交渉の状況および⑤その他就業規則の変更に係る事情に照らして合理的なものであるときは，労働契約の内容である労働条件は変更後の就業規則に定めるところによることとなる（労働契約法10条）。就業規則の不利益変更に合理性が認められるときは，合意しない労働者の労働条件も就業規則の変更によって変更が可能となるのであり，多数の労働者の労働条件を統一的に決定する就業規則に認められる効力である。労働条件の変更が行われるときは，その変更を巡って労働者の不満が高まることがあるが，就業規則の変更の必要性を十分に説明するとともに，不利益の程度を緩和するよう様々な配慮を行うことが必要となる。また，労働条件の変更に合意を得る場合には，形式的な合意の取り付けによるのではなく，労働者の真意に基づく合意が

必要とされており（山梨県民信用組合事件：最高裁第二小法廷判決平成28年2月9日民集70巻2号123頁），この点からも労働者に対する誠実な説明等の取り組みが重要である。

### ▶▶3＿労働時間等

#### 【1】 労働基準法の定めの特徴

　労働時間，休日，休憩等は重要な労働条件であり，安全で健康を維持するとともに，ワーク・ライフバランスを実現するためには長時間労働の防止が重要である。労働基準法では，すべての労働契約に適用される労働条件の最低基準として，法定労働時間，法定休日，法定休憩，および有給休暇の付与等を定めている。また，労働基準法は労働契約当事者の合意によって適用を除外することができない強行法規であり，労働基準法違反は刑事罰の対象にもなる。労働条件の最低基準を労働基準監督官による監督や刑事罰の適用をもって強制している。法定労働時間等の内容を理解し，厳格に順守することは労働法におけるコンプライアンスとして基本であり，重要な課題である。

#### 【2】 法定労働時間等の具体的内容

　法定労働時間は1週間40時間，1日8時間であり（労働基準法32条），これを超える労働は労働基準法違反である。労働時間が1日6時間を超える場合は45分，8時間を超える場合は60分の休憩を，労働時間の途中に取らなければならない（労働基準法34条）。また，法定休日は1週1日または4週4日である（労働基準法35条）。

　これらの法定労働時間等の制限については，労働基準法に厳格に定められた手続・要件を満たすことによって例外が認められることがある。法定労働時間等の例外となる制度として，変形労働時間制（労働基準法32条の2，同4），フレックスタイム制（労働基準法32条の3），36協定（労働基準法36条），事業場外労働のみなし労働時間制（労働基準法38条の2），専門業務型裁量労働時間制（労働基準法38条の3），企画業務型裁量労働時間制（労働基準法38条の4），管理監督者（労働基準法41条2号），高度プロフェッショナル制度（労働基準法41条の2）がある。

　これらの法定労働時間等の例外のうち，実際の運用において最も重要なものは36協定制度である。36協定は，時間外労働や休日労働を行うすべての事業場で，過半数を代表する従業員と使用者の代表者が締結する協定であり，時間外労働等を行う事由，1日，1か月および1年に行うことができる時間外労働の限度時間等を協定し，それを労働基準監督署に届け出ることによって，時間外労働や休日労働が適法に行うことが認められるものである。時間外労働等を行うためには有効な36協定を締結して届け出を行い，その限度時間を遵守することが必要である。また，時間外労働等を行ったときは，割増賃金の支払いが義務つけられており（労働基準法37条），時間外労働に対して割増賃金の支払いを行わないことについても刑事罰が適

用されることになる。労働者は時間外労働等に対して適法な割増賃金の支払いを受けていない場合には、労働基準法を根拠として使用者に割増賃金と上の支払いを請求することが可能である。時間外労働に対する割増率は25％であるが、1か月60時間を超える時間外労働については割増率は50％になる。さらに、休日労働の割増率は35％である。また、22時から5時までの深夜労働については、別途深夜割増として25％の割増賃金の支払いが必要である。このように、時間外労働等に対して、複雑な割増賃金制度があり、未払いを発生させず、さらに36協定を遵守するためには、労働時間の把握と管理が重要であり、すべての労働者について、客観的な方法で始業時刻と終業時刻を記録する方法で労働時間を把握管理しなければならない（平成29年1月20日制定　労働時間の適正な把握のためには使用者が講ずべき措置に関するガイドライン）。

　36協定や割増賃金の支払い制度は、長時間労働を抑制し、労働者の健康と生活を守るためのものである。36協定の締結に当たっては、時間外労働を行うことができる限度時間について、労働基準法の定めの範囲内で行わなければならない。36協定の限度時間は、原則として1か月45時間、1年360時間以内とされている。また、特に臨時に時間外労働等が必要となる事由を定めて1年に6回までは限度時間の特別延長を認める36協定を締結することができるが、この特別延長の場合であっても、時間外労働と休日労働を合算して1か月100時間を超えることはできず、また、2ないし6か月の時間外労働と休日労働の合算時間の平均が80時間以内でなければならない。さらに、1年の時間外労働の限度時間の上限は720時間以内とされている。このように複雑に時間外労働等の上限を定めているのは、1か月100時間、2ないし6か月80時間を超える時間外労働等が行われた場合には、労働者に健康被害の危険が高いと認められているためであり、36協定の範囲で適法に時間外労働等を行うことができることが、健康被害を生じさせる危険が高まることにならないように法律による制限を行っているためである。

【3】　有給休暇

　労働者が賃金を失うことなく労働日に労働を免除することを権利として認めることで、労働からの解放を保障するのが有給休暇制度である。労働者は6か月以上勤続し8割以上の出勤をすることにより1年間に10日の有給休暇が付与されることになる（労働基準法39条）。有給休暇の付与日数は、勤続年数に応じて最大1年当たり20日まで認められる。有給休暇は労働者の権利であり、有給休暇の時季を指定する権利も労働者に与えられている。しかし、権利として有給休暇を行使することが労働者に委ねられる反面として、有給休暇の取得が進まない状況も認められる。そのため、10日以上の有給休暇を付与されている労働者については、使用者が5日以上の有給休暇の取得を行わせなければならない。有給休暇の取得が5日に満たない労働

者がいる場合には使用者に刑事罰が科せられることになる。労働者の権利である有給休暇取得であるが，その促進のために罰則付きで使用者に有給休暇の実際の取得を義務付けたものである。

### ▶▶4＿長時間労働や職場のストレスと労働安全

　長時間労働や職場のストレスによる健康被害の防止等は，労働者の安全衛生を間補するためには重要な課題である。過労死等防止対策推進法は「過労死等」を「業務における過重な負荷による脳血管疾患もしくは心臓疾患を原因とする死亡若しくは業務における強い心理的負荷による精神障害を原因とする自殺による死亡またはこれらの脳血管疾患もしくは心臓疾患もしくは精神疾患」（同法2条）と定義して，過労死等の多発が大きな社会問題となっていることとに鑑み，過労死等の防止のための対策を推進し，過労死等がなく，仕事と生活を調和させ，健康で充実して働き続けることができる社会の実現を目指すこととしている。

　過労死等については，労働者に発症した脳・心臓疾患を労働災害として認定する際の基準として「脳・心臓疾患の労災認定基準」，精神的疾患について「心理的負荷による精神障害の認定基準」がそれぞれ定められている。労働者に過労死等と考えられる死亡や疾患が発生したときは，労働者またはその遺族から労災認定を求める申請を前記の各認定基準に基づいて判断することになる。

　脳・心臓疾患の労災認定基準においては，発症前の長時間労働の状況について1か月100時間超または2ないし6か月平均の80時間超の時間外労働等が存在していた場合には，過労死（労働災害）と認定されることになる（これより短い時間外労働等の場合であっても労災認定が認められる事案もある）。または，精神障害の労災認定基準においては職場における心理的負荷を分類して分析し，そのレベルを「強」，「中」，「弱」と評価した職場における心理的負荷評価表に基づいて，発症前6か月間に「強」の心理的負荷が認められる場合で，職場以外の心理的負荷に見るべきものがない場合などには労働災害と認定されることになる。

　このように，労災認定基準として脳・心臓疾患や精神疾患を発症させるリスクが高い長時間労働や職場のストレスの具体的内容があらかじめ明らかにされていることから，職場においては，安全衛生体制を整えるとともに，労災防止の観点から長時間労働や職場のストレスの軽減に取り組むことが重要である。

### ▶▶5＿ハラスメント

　職場におけるハラスメント対策は，企業の人事労務管理およびコンプライアンス対策において日常的に重要な課題となっている。2007年からセクシュアルハラスメント防止については男女雇用機会均等法に基づく企業の防止措置義務が定めら

6

産業・労働分野

れ，2017年からはマタニティハラスメント防止が男女雇用機会均等法および育児介護休業法に基づく企業の防止措置義務となった。2019年5月に改正された労働施策総合推進法に基づいて，2020年6月1日施行以降はパワーハラスメント対策についても企業の防止措置義務の履行として取り組みを求められることになる。

　セクシュアルハラスメントとは，職場で，従業員の意に反する性的言動が行われ，それに対する従業員の対応により，労働条件の不利益が生じる場合（対価型）または従業員の就労環境が悪化される場合（環境型）である。マタニティハラスメントとは，妊娠・出産・育児・介護に対する不利益取り扱いまたは上司や同僚から行われる言動により就業環境が害されることである。さらに，パワーハラスメントとは，職場において行われる優越的な関係を背景とした言動であって，業務上必要かつ相当な範囲を超えたものによりその雇用する労働者の就業環境が害されることである。これらのハラスメントを防止する使用者は「当該労働者からの相談に応じ，適切に対処するために必要な体制の整備その他の雇用管理上必要な措置を講じなければならない」とされているのである。雇用管理上必要な措置として次の5項目を行うことが必要とされる。

① 事業主の方針等の明確化およびその周知・啓発
② 相談（苦情を含む）に応じ，適切に対応するために必要な体制の整備
③ 職場におけるハラスメントにかかる事後の迅速かつ適切な対応
④ 職場におけるハラスメントの原因や背景となる要因を解消するための措置
⑤ ①から④までの措置と併せて講ずべき措置

　特に，「相談・苦情に応じ，適切に対応するために必要な体制の整備」に関しては実効性のある通報・相談窓口を設置して，労働者からのハラスメントに関する相談等に対応することが必要であり，窓口担当者が労働者の相談等に応じるための能力や適性を有していることが重要となる。相談等の窓口にハラスメントに関する情報が集約されることで，被害者がメンタルトラブル等の深刻な被害に至る前に状況を把握することが可能となり，また，このような窓口が機能していることを職場に示すことによって，ハラスメントの加害者となる者を抑止することができるからである。窓口の運営に当たっては，相談者や調査に協力した者に対して不利益取り扱いが禁じられている。さらに，プライバシーに十分配慮して，ハラスメント相談がしやすい環境を整えることが重要である。

　最近の職場におけるハラスメントは，同一の使用者の下で雇用される労働者間の身に発生するのではなく，取引先等との関係でも生じることが多い。そのため，使用者は他社の行うハラスメント対策に橋梁することが求められ，具体的には取引先からハラスメントが通報されて場合には，企業間で情報を共有するとともに調査等に協力しあうことで，迅速に解決を図ることが求められるのである。

## ▶▶6__有期・短時間労働等非正規雇用について

　現在，わが国の労働者の約40％が，有期労働契約，短時間労働契約または派遣労働で働くいわゆる「非正規労働者」である。非正規労働者の中には生活と仕事の調和等を求めて自らの意思で雇用形態を選択している者もいるが，中には，学卒新卒で就職する時期に不景気による就職難があり，正社員として安定した雇用の機会に恵まれずに，望まないが非正規労働を余儀なくされている者も多数いると考えられている。また，わが国の雇用慣行においては，正社員の職場から自らの意思で退職したり，結婚・妊娠・出産・育児または介護等で職場からの離脱を余儀なくされたりしたのちに，雇用への復帰を考えても，正社員での雇用を得られにくいという場合がある。さらに，正社員と非正規社員とでは，労働条件に格差があって，非正規雇用であることの不利益は大きいと認められている。

　このような非正規雇用の不合理な労働条件の格差を禁止して，正社員と非正規社員の均衡・均等待遇を実現することが求められることになった。「短時間労働者及び有期雇用労働者の雇用管理の改善等に関する法律」（パート・有期法）では，「事業主は，その雇用する短時間・有期雇用労働者の基本給・賞与その他の待遇のそれぞれについて，当該待遇に対応する通常の労働者の待遇との間において，当該短時間・有期雇用労働者および通常の労働者の業務の内容および当該業務に伴う責任の程度（以下「職務の内容」という），当該職務の内容および配置の変更の範囲その他の事情のうち，当該待遇の性質および当該待遇を行う目的に照らして適切と認められるものを考慮して，不合理と認められる相違を設けてはならない」（パート・有期法8条）として均衡待遇と，職務の内容と雇用の全期間を通して職の内容および配置の変更が通常労働者と同一と認められるパート・有期雇用労働者を「通常の労働者と同視すべき短時間・有期雇用労働者」としてすべての労働条件に差別を禁止する均等待遇（パート・有期法9条）を求めている。実際には通常の労働者と同視すべき短時間・有期雇用労働者の存在はまれであると思われるので，均衡待遇を実現することが課題である。

　また，派遣社員については，労働者派遣法（労働者派遣事業の適正な運営の確保及び派遣労働者の保護に関する法律）において，派遣先の通常労働者との均衡・均等待遇，または派遣元における労使協定方式によって派遣労働者の処遇を改善することを実現することとしている。いずれも，非正規労働者の処遇の改善によって，多様な働き方の選択が不合理な労働条件による不利益を被らないことを実現しようとするものである。少子高齢化により，多様な労働力の活用が必要な現在の職場では，労働力の確保の点からも正規雇用と非正規雇用の均衡・均等待遇の実現が必要である。

【木下潮音】

6

産業・労働分野

## ▶§6.2 __ 産業・労働分野 ❷ 【心理職の視点から】

### ▶▶1__産業・労働分野の心理支援の特徴と内容

　図6.2.1にある通り，産業・労働分野は他分野との重なり合いが多い（坂井，近刊予定）。メンタルヘルス不調などによる休職者が仕事に復帰するための支援は医療分野，障害者の就労支援は（障害者）福祉分野，学生への就職支援は教育分野などである。あらゆる人にとって「はたらく」は人生の重要な活動の一つであり，その「はたらく」に関わるのが産業・労働分野である。

　「はたらく」という活動が行われるとき，「従業員は組織に対して労働を提供する，代わりに組織は労働の対価として従業員に賃金を支払う」という約束事（労働契約）が，組織と従業員の間で取り交わされている。この約束事には「従業員は自分や家族の生活を維持するために組織に所属し仕事を続ける（お金を得る）ことが必要であり，組織は事業活動を継続・発展させるために，従業員に健康な状態で良好なパフォーマンスを発揮してもらうことが必要」（坂井 2017）であるという，双方にとっ

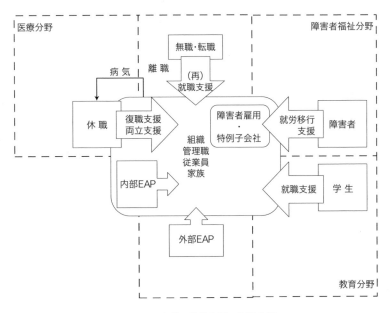

図6.2.1　産業・労働分野の心理支援

て存続に関わる切実な意味合いがある。

　さらに，従業員側には仕事に専念できるよう自分の健康を自分で管理する自己保健義務が，組織側は従業員が安全・健康に働けるように配慮する安全配慮義務があり，健康に関する約束事も労働契約に伴うものとして取り交わされている。従業員の生活と組織の事業存続のための「はたらく」が，健康と安全が維持される形で行われ約束を守れるよう支援を行うことが，産業・労働分野の心理支援の目的である。

　これらの約束事を見てもわかるように，「働いている個人」と「個人を雇用する組織」の両者が，産業・組織分野のクライエントである。個人を取り巻く組織，組織の中にいる個人という入れ子構造になっている両者を見据えた俯瞰的な視点を持ち，両者に資する支援を行うことが求められる（坂井 2017）。

　支援の内容としては，従業員へのカウンセリング，管理職へのコンサルテーション，研修などの教育活動，利用促進のためのPR活動，ストレスチェック実施支援，災害発生時等の危機対応，組織に対する利用状況報告等を行う。相談内容は仕事の量・質の負担，人間関係，評価，異動や赴任などの環境の変化といった職場内の問題だけでなく，自身の性格，キャリア，メンタルヘルス不調など個人の内面に関すること，家族関係，恋愛問題，婚活・妊活，介護，子どもの不登校などのプライベートなことまで，多種多様である。心理支援をメンタルヘルスの視点で見ると，職場復帰支援や危機対応などの三次予防や不調者の早期発見早期対応の二次予防の取り組みの重要度が高く見えるが，ワークライフバランスやキャリアの検討のためのカウンセリング，D&I（Diversity & Inclusion）の研修など，よりよく働くための一次予防についての要望が近年増え，重要度が高まってきている。

### ▶▶2＿産業・労働分野における連携

　先述した図6.2.1を見ると明らかなように，職場復帰支援であれば医療分野と産業・労働分野，障害者の就労支援であれば福祉分野と産業・労働分野の連携といったように，クライエントに応じて，重なり合う他分野との連携が求められる。

　そのような中で産業・労働分野の連携の要は，「管理職（上司）」「人事」「産業医」である。管理職は，クライエントにとって職場内の上位者であり，管理職の指示に従って業務を遂行したり，仕事ぶりに対して管理職から評価を受けたりしている。特に職場内における業務上の配慮を得たい場合には，管理職の理解とサポートが不可欠となる。

　人事は，組織内で人的資源管理を行うセクションであり，組織人人生の揺り籠から墓場まで（入社から退職まで）のマネジメントを担っている。異動や休職など会社の制度に関わる悩みを抱えている場合には，人事への相談が必要となる。ただし，日本企業においては簡単に解雇しない代わりに，会社都合で配置を決定することが

許容されているため、「ハラスメントを受けている」など、会社として必然性があると判断されない限りは本人の希望する異動が叶うということは困難であるという原則がある。

産業医は会社組織の中にいて、従業員がその会社の業務に耐えられる状態かどうか（配慮なく働けるかどうか、休職する必要があるか、復職することができるかなど）を判断する役割を持つ医師である。医療機関の中にいて病気を治療する主治医とは役割が異なっていることに注意が必要である。職場復帰の文脈においては通常、主治医による疾病性の観点での職場復帰の判断（診断書）をもとに、産業医が事例性の観点で職場復帰可能かどうかを判断し、主治医と産業医の判断をもとに、会社が職場復帰を決定するという段階を踏む。

クライエントの抱えている問題を解決するために、社内にどのようなリソースがあるのかを確認し、支援を得られるようにするのが産業・労働分野の連携であるが、このときクライエントが自分でできることをカウンセラーが行うことで、解決する力を奪わないよう支援をすることが重要である。クライエントの多くは、会社の中で仕事をしている能力のある存在である。連携を考える際にも、たとえばクライエントが自分で上司に相談できるのであれば、カウンセラーが出しゃばるということはせずに、クライエントが適切な相談を上司にできるようにする後方支援が求められる。一方でたとえばひどい動揺により人事にうまく相談できないということがあるのであれば、カウンセラーが直接人事と連携をとって話をするということを考える必要も出てくる（坂井、近刊予定）。

また上記の社内関係者たちにはそれぞれに明確な役割がある。他の役割に踏み込んでしまうことのないよう、組織の支援チームの一員としての役割分担の意識を持つことが求められる。ただしカウンセラー自身はこれまで産業・労働分野では明確な役割がなく、公認心理師が誕生したことでこれから役割が明確になっていくことが期待される状況にある。産業医のサポート、関係者間連携の場のコーディネート、誰がやるのかがはっきりしないような業務を請け負うなど、ニッチを埋めることで機能し、存在感を発揮するような日々の実践が、今後の役割の確立の土台になるのではないかと考える。

そのほか、保健師、衛生管理者、外部EAP（Employee Assistance Program）などが、関係者として登場してくることがある。それぞれがどのような役割・機能を持っているのかを都度確認しながら、相手の専門性を尊重して連携を取ることが求められる。

### ▶▶3＿産業・労働分野の公認心理師の役割

産業・労働分野において法律に初めて明確に位置付けられた心理職の役割が、「ス

トレスチェックの実施者」である。ストレスチェックは50人以上の事業場において実施が義務（50人未満は努力義務）づけられている。この実施全体を取りまとめる役割を担うことが公認心理師に認められた。実施の取りまとめのみならず，ストレスチェックを受けた労働者個人からの相談が発生することもある。ストレスチェックの結果をもとに，ストレスチェック実施後の集団分析の一環として職場環境改善の提案をしてもらいたいという要望もある。産業・労働分野ではストレスチェックを理解し，ストレスチェックの一通りの対応ができることは今後必須となっていくであろう。ただしストレスチェックの実施者は公認心理師以外に，医師，保健師，講習を受けた精神保健福祉士，歯科医師も担える。組織の中でこれらの専門職がどのように機能しているかを判断した上で，上述したように役割分担の中で機能することが求められる。さらに心理職自身が所属する病院や学校などの他分野の組織においても，ストエレスチェックは同様に実施が求められる。自組織の中でストレスチェックの実施という新たな仕事に対応することで，組織の中での役割がより盤石になっていくという人も出てくるであろう。

　ストレスチェックを含め，メンタルヘルス対策を行うことが企業には義務付けられており，労働者の心の健康の保持増進のための指針（メンタルヘルス指針）に具体的な内容が示されている。相談対応や研修が実施できる専門家として，計画の策定から具体的実行までを担うことが期待される。特にメンタルヘルス不調で休職した従業員への職場復帰支援は，企業からすると難題である。職場復帰支援の前例がないと，支援の枠組みすら作られていないということもある。従業員と組織の両者に資する制度作りを支援し，運用の中心的な役割が担えれば，自ずと組織にとって欠くことのできない存在になって行くことが期待できる（坂井，近刊予定）。

　そのほか，労働基準法，労働安全衛生法，労働契約法，男女雇用機会均等法，労働施策総合推進法（パワハラ防止法）などの働くことのルールに関する法律，就業規則などの会社の中にあるルールに関わる相談が発生することもある。「希望通りに有給休暇を取らせてくれないのは違法ではないか」「上司に激しく叱責された，ハラスメントではないか」などである。カウンセラーが法律を知らないと誤った方向にクライエントを導くことになったり，クライエントが適切な支援を得ることができないリスクがある。カウンセラーが法的対応をする必要はないが，人事や法律家に相談すべき問題なのかを判断できるようにしておくことが求められる。一方で「上司のことを訴えたい」という相談があった時に，カウンセリングで話を聴いていくと「実は波風立てたくなく，改善して欲しいだけ」と訴えが変化してくることがある。一般の事例の中には訴訟を起こしたことで，訴訟には勝ったもののその組織にいづらくなってしまったというケースや，訴訟に勝てず組織にもいられなくなってしまったというケースがあると，後日談が紹介されているのを聴くこともある。問

題を抱えていて感情的になっているクライエントの気持ちを整理して，最適の解決法を模索する支援ができるのは，感情的問題の相談を聴く専門家であるわれわれのユニークな役割なのではないかと考える。

〔引用文献〕
坂井一史(近刊予定)　「第Ⅴ部チーム・アプローチ(2)第4章 産業・労働分野におけるチーム・アプローチ」　熊野宏昭・下山晴彦編　シリーズ「現代の臨床心理学」　第3巻　臨床心理介入法　東京大学出版会
坂井一史(近刊予定)　「第13章　産業・労働領域の制度と法」　伊藤直文・岡田裕子・下山晴彦編　公認心理師スタンダードテキストシリーズ　関係行政論　ミネルヴァ書房
坂井一史(2017)　第4章 産業・組織領域の仕事 太田信夫監修 高橋美保・下山晴彦編集 シリーズ心理学と仕事8　臨床心理学　北大路書房　pp.75-96.

【坂井一史】

# 第7章___臨床と倫理

　どんなに経験を積み，豊富な知識・スキルを有していたとしても，公認心理師（以下「心理師」）の有資格者は誰でも自分の好きなように業務を行うことができるというわけではない。何らかのルールに則って行わなくてはならないのは当然である。心理師が守るべき主なルールには，法律と職業倫理の2種類のルールがある。心理師の業務に直接関連する法律については本書で取り上げられていることから，本章においては主として職業倫理について説明することとする。

## ▶§**7.1**___法律と職業倫理との違い

　法律と職業倫理はどちらも社会的なルールである点は共通しているものの，いくつか重要な違いがある。まず，法律は国の議会で審議され可決されて公布される。地方自治体にも議会があり，自治体の議会が決める場合は条例となる。法律は国家権力を背景に持ち，最終的に国家の強制力が法の規範を実行することを保障している（法令用語研究会 2012, pp.1031-1032）。一方職業倫理とは, ある特定の職業（または職能）集団が自分たちで定め，その集団の構成員間の行為，あるいは，その集団の構成員が社会に対して行う行為について規定し，律する行動規範である（金沢 2006）。

　次に，法律を犯した場合と職業倫理に違反した場合では結果が異なる。法を犯してしまうと極端な場合，死刑という結果さえもあり得る。一方職業倫理に反した場合は，その集団によって処分が科せられることになる。本章執筆時点において日本の心理職の最大職能集団である一般社団法人日本臨床心理士会は，その倫理規程第10条において，厳重注意，教育・研修の義務づけ，一定期間内の会員活動の停止，退会勧告，除名を同会倫理綱領違反への処遇として挙げている（一般社団法人日本臨床心理士会 2017）。今後心理師の職能団体が倫理に関する規定を定める際には，同様の処分が定められる可能性がある。

7

臨床と倫理

## ▶§ **7.2** ＿ 職業倫理に関するルールの種類

　職業倫理に関するルールには大きく分けて2つの種類がある。1つは，その団体が自分たちの職業倫理をどのように扱っているかを示すものであり，具体的には，その団体の倫理委員会に関する決まり事である。もう1つは，その倫理委員会が，構成員の行いについて判断する際の基準を示しているものである。この2つの決まりごとに対する呼び名は団体によって異なる場合があるが，日本の臨床心理学領域の団体（公益財団法人日本臨床心理士資格認定協会，一般社団法人日本心理臨床学会，一般社団法人日本臨床心理士会）の場合，前者は倫理規程，後者は倫理綱領と呼ばれている。したがってこれらの団体において，秘密保持のような事柄に関する条文は，倫理規程ではなく倫理綱領に定められている。なお，団体によっては，倫理綱領に定められている内容を具体的に説明する文書を作成している場合もある（例えば，一般社団法人日本心理臨床学会 2016）。

## ▶§ **7.3** ＿ 職業倫理の「中身」

　職業倫理には，命令倫理（「しなければならないこと」，「してはならないこと」という最低限の規準に従って行動するレベル）と理想追求倫理（職業倫理原則についての理解の上に立ち，専門家として目指す最高の行動規準を目指すレベル）2つのレベルがある（コウリー・コウリー・キャラナン 2004）。したがって心理師には，命令倫理の基準を満たした上で，さらに上位のレベルの行動を目指して業務を行うことが求められる。アメリカ心理学会の倫理綱領（American Psychological Association［APA］2017）は「序論および適用性」，「前文」，「一般原則」，および「倫理基準」から構成されている。冒頭の「序論および適用性」に，「前文」と「一般原則」は，「心理学の最高の理想に向かってサイコロジストを導く，強い願望的な目標」であり，「倫理的な行動のしかたについて決定する上で十分に検討する必要がある」と明記されている。一方「倫理基準」は「サイコロジストとしての行いに対して適用される実効力のある規則」であることが示されている。続く「一般原則」では「善行，および，害を及ぼすことの禁止」「忠誠と責任」「人々の権利と尊厳の尊重」等の5つの原則が挙げられている。APAの会員はこの倫理綱領を守る義務を課せられているが，そのことは，具体的な行動レベルの「倫理基準」，すなわち上述の命令倫理を守るだけではなく，「前文」や「一般原則」に明示されている価値を共有し，理想追求倫理を目標として邁進することも義務づら

表7.1　職業倫理の7原則

| |
|---|
| **第1原則　相手を傷つけない，傷つけるようなおそれのあることをしない**<br>相手を見捨てない．同僚が非倫理的に行動した場合にその同僚の行動を改めさせる，など． |
| **第2原則　十分な教育・訓練によって身につけた専門的な行動の範囲内で，相手の健康と福祉に寄与する**<br>効果について研究の十分な裏付けのある技法を用いる．心理検査の施行方法を順守し，たとえばテストを家に持ち帰って記入させるなどといったマニュアルから逸脱した使用方法を用いない．自分の能力の範囲内で行動し，常に研鑽を怠らない．心理師自身の心身の健康を維持し，自身の健康状態が不十分な時には心理師としての活動を控える．専門スキルやその結果として生じたもの（たとえば心理検査の結果）が悪用・誤用されないようにする．自身の専門知識・スキルの誇張や虚偽の宣伝は行わない．専門的に認められた資格がない場合，必要とされている知識・スキル・能力がない場合，自身の知識やスキルなどがその分野での規準を満たさない場合は心理師としての活動を行わず，他の専門家にリファーする等の処置をとる，など． |
| **第3原則　相手を利己的に利用しない**<br>多重関係を避ける．クライエントと物を売買しない．物々交換や身体的接触を避ける．勧誘をしない，など． |
| **第4原則　一人ひとりを人間として尊重する**<br>冷たくあしらわない．心理師自身の感情をある程度相手に伝える．相手を欺かない，など． |
| **第5原則　秘密を守る**<br>限定つき秘密保持であり，秘密保持には限界がある．本人の承諾なしに心理師がクライエントの秘密を漏らす場合は，明確で差し迫った生命の危険があり相手が特定されている場合，クライエントによる意思表示がある場合，虐待が疑われる場合，そのクライエントのケア等に直接かかわっている専門家などの間で話し合う場合（例えば相談室内のケース・カンファレンス等），などである．ただし，いずれの場合も，クライエントの承諾が得られるようにしなければならない．また，記録を机の上に置いたままにしない，待合室などで他の人にクライエントの名前などが聞かれることのないよう注意する，といった現実的な配慮も忘れないようにする必要がある．なお，他人に知らせることをクライエント本人が自身の自由意思で強制されることなく許可した場合は守秘義務違反にはならない． |
| **第6原則　インフォームド・コンセントを得，相手の自己決定権を尊重する**<br>十分に説明した上で本人が合意することのみを行なう．相手が拒否することは行わない（強制しない）．記録を本人が見ることができるようにする，など． |
| **第7原則　すべての人々を公平に扱い，社会的な正義と公正・平等の精神を具現する**<br>差別や嫌がらせを行なわない．経済的理由等の理由でサービスを拒否しない．一人ひとりに合ったアセスメントや援助を行う．社会的な問題への介入も行う，など． |

出所）金沢（2006）を一部改変。金沢（2018a）所収。

7

臨床と倫理

れていると言うことができる。

　APAの倫理綱領をはじめとして，多くの心理職の倫理綱領に定められている事柄は以下の7つの原則にまとめることができる（表7.1）。

　紙幅の都合上，ここではトラブルになりやすい次の3つについて説明したい（詳しくは金沢2006をご参照いただきたい）。

## 【1】　相手を利己的に利用することの禁止

　クライエントは自身にとって最善の対応を受ける権利を有しており，心理職は，自身の利益のために行動することを禁じられている。例えば，利益誘導と解される

表7.2　秘密保持の例外状況

| |
|---|
| 1．明確で差し迫った生命の危険があり，攻撃される相手が特定されている場合 |
| 2．自殺等，自分自身に対して深刻な危害を加えるおそれのある緊急事態 |
| 3．虐待が疑われる場合 |
| 4．そのクライエントのケア等に直接かかわっている専門家同士で話し合う場合（相談室内のケース・カンファレンス等） |
| 5．法による定めがある場合 |
| 6．医療保険による支払いが行われる場合 |
| 7．クライエントが，自分自身の精神状態や心理的な問題に関連する訴えを起こした場合 |
| 8．クライエントによる意思表示がある場合 |

出所）金沢（2006）を基に作成。金沢（2018b）所収。

ような行為（リファーの際に，特定の機関（例，心理職自身が勤務している別の相談機関）にクライエントをリファーする等）やクライエントとの商取引および物々交換は禁じられている。

　この原則に関する状況として有名なのは多重関係である。例えば，心理職とクライエントという二人が，相談室でのカウンセラー‐クライエント関係だけではなく，それ以外の関係も持ってしまうことにより，両者が二重あるいはそれ以上の関係を有してしまう場合である（Sonne 1994）。

　心理職‐クライエントに，それ以外の関係・役割が加わることによって，心理職‐クライエント関係が有効に機能するために必須の中立性や客観性が侵され，利害の対立や個人的な意見・感情・偏見などがからむおそれがある。また，心理職がクライエントの秘密などを知ることによってクライエントを一層弱い立場に陥れる可能性がある一方，クライエントにとっては，心理職との間で話す事柄がどこまで面接室以外のクライエントの生活にかかわってくるか混乱し，十分な自己開示ができなくなる恐れがある。このように様々なリスクが生じることから，多重関係は問題とされ禁じられている（Borys & Pope 1989; Sonne 1994）。

　多重関係の問題として心理職‐クライエント間の性的関係が知られている。しかし性的多重関係と非性的多重関係は質的に異なるものではなく，性的多重関係の問題が生じた当事者間には，その前に非性的多重関係あるいは境界越え行動（例えば，心理師が自身の個人的事柄についての話をする）が行われていたことが示されている（Borys & Pope 1989; Lamb & Catanzaro 1998）。したがって，性的多重関係を防止するためには非性的多重関係に陥らないことが必要と言える。

【2】　秘密を守る

　秘密保持に関する現在の考え方は，秘密を守ることを基本とするが，一定の条件のもとにおいては，クライエント等の秘密を他者に知らせることが認められる（場合によっては必要とされる）という条件付き（あるいは限定的）の秘密保持の考え方である（Dickson 1995; Herlihy & Corey 1996）。本章執筆時点における秘密保持の例外状況を表7.2に示す。

これらの例外状況のうち，ここでは次の2つについて説明したい。

(a)　自傷・他害の明確で切迫した危険への対応

自身あるいは他者の生命に関する明確かつ切迫した危険が存する状況は，有名な「タラソフ判決」(Tarasoff v. The Regents of the University of California 1976) から導き出された警告義務（あるいは保護義務）が適用される状況である。タラソフ事件は殺人事件であったことから，この判決は，患者（クライエント）が他者に対する暴力という点で深刻な危険を呈していると判断される場合，犠牲者となり得る人に警告するよう，専門家に対して以下の義務を求めた (Tarasoff v. The Regents of the University of California 1976)。

①　犠牲者となり得る人（本人）に対し，その危険について警告する。

②　犠牲者となり得る人に対して危険を知らせる可能性のある人たち（例えば，その人の家族や親しい友人など）に警告する。

③　警察に通告する。

④　他に，その状況下で合理的に必要と判断される方法を，どのような方法であっても実行する。

生命の危険という点では自殺も同様であるため，この義務は自殺についても適用される（金沢 2006）。しかし警告義務（保護義務）は心理職でなくとも可能な行いである。医師との連携を密にする，危険行為を行うような場所を与えない，心理的援助をより集中的に行う等のリスクマネジメントと，自身が行った事柄の明確な記録がまず心理職に求められるのである (Monahan 1993)。

(b)　そのクライエントのケア等に直接かかわっている専門家同士で話し合う場合

今日，チームによる援助を行うことが増えているものの，これらの援助チームには，職業倫理上または法律上の秘密保持義務を有しない職種や，場合によっては一般の人が含まれることもある。「秘密保持」についても，職種や個人によって，対応のうえで違いがある。

「個人情報の保護に関する法律（個人情報保護法）」は，個人に関する情報を取得する際に取得目的を特定することや，本人の同意無しに本人に関するデータを第三者に提供することの禁止などを定めている。さらに，APA倫理綱領 (APA 2017) では，他者への報告やコンサルテーションの際には，当該目的に必要な情報のみを伝え，その問題に明らかに関係していると判断される人々との間でのみ，また，科学的あるいは専門的な目的のためにのみ，その情報を話し合うこと，開示する場合はクライエントの同意が必要であること，同意無しに開示する場合は，法律によって義務づけられている場合または法律上認められている場合に限ると明記されている。つまり，クライエントに関する情報を第三者に提供する必要のある場合は，本人にその理由・目的・伝えられる内容・伝えられる相手を示したうえで同意を得ること，

提供する情報は，その目的のために必要な情報に限定し，提供する相手を，当該の問題・対応に明らかに関係していると判断される人々に限定すること，すなわちインフォームド・コンセントに基づく情報提供でなければならない（金沢2006）。加えて，援助チームのメンバーから情報が漏れることのないよう，援助チーム内の各メンバーによる情報の扱い方について，細かく具体的に定めておくことが必要である（秀嶋2017）。

## 【3】　インフォームド・コンセント

　クライエントは自身に起こる事柄について，事前に十分に理解したうえで，自由意思で強制されることなく合意する権利を有している。したがって心理師はクライエントに対して，心理職が行う援助の内容や情報の扱い方等について十分に説明を行った上で，クライエントが強制されることなく自由意思で同意する（または拒否す

表7.3　インフォームド・コンセントの具体的内容

```
1　援助の内容・方法について
　1）援助の内容，方法，形態，および目的・目標は何か
　2）その援助法の効果とリスク，およびそれらが示される根拠は何か
　3）他に可能な方法とそれぞれの効果とリスク，および，それらの他の方法と比較した
　　　場合の効果などの違い，およびそれらが示される根拠は何か
　4）心理師が何の援助も行わない場合のリスクと益は何か
2　秘密保持について
　1）秘密保持の仕方と限界について
　2）どのような場合に面接内容が他に漏らされる・開示されるのか
　3）記録には誰がアクセスするのか
3　費用について
　1）費用とその支払い方法（キャンセルした場合や電話・電子メールでの相談などの場
　　　合も含めて）はどのようにすればよいのか
　2）クライエントが費用を支払わなかった場合，相談室はどのように対応するか
4　時間的側面について
　1）援助の時・時間，場所，期間について
　2）予約が必要であれば，クライエントはどのように予約をすればよいのか
　3）クライエントが予約をキャンセルする場合や変更する場合はどのようにすればよい
　　　のか
　4）予約時以外にクライエントから相談室あるいは担当の心理師に連絡をする必要が生
　　　じた場合にはどのようにすればよいのか
5　心理師の訓練などについて
　1）心理師の訓練，経験，資格，職種，理論的立場などについて
　2）当該の相談室（等）の規定・決まりごとなどについて
6　質問・苦情などについて
　1）クライエントから苦情がある場合や，行われている援助に効果が見られない場合には，
　　　クライエントはどのようにしたら良いか
　2）クライエントからの質問・疑問に対しては，相談室・臨床家はいつでもそれに答え
　　　るということ
　3）カウンセリング（など）はいつでも中止することができるということ
7　その他
　1）当該相談室は，電話やインターネット，電子メールでの心理サービスを行っている
　　　かどうか
　2）（クライエントが医学的治療を受けている最中であれば）当該相談室は担当医師とど
　　　のように連携をとりながら援助を行うのか
```

出所）金沢（2006）を一部改変。金沢（2018b）所収。

る）権利を保障しなければならない（金沢 2006）。すなわち，表7.3に示される事柄について心理師が説明し，クライエントから同意を得ることは，両者の関係のできるだけ早い時点で行わなければならない（APA 2017）。そして，インフォームド・コンセントのやり取りについて，明確に記録しておくことが必要である。

## ▶ §7.4 ___ 個人情報保護法

心理職の業務は個人のプライバシーを扱っている。個人のプライバシーは十分に保護されるべき事柄であるが，あいにく日本においてプライバシー保護を直接規定する法律はない。それに最も近いものは「個人情報の保護に関する法律（個人情報保護法）」である。

個人情報保護法は2003年に成立したが，この法律制定の主な契機となったのは，経済協力開発機構（OECD）が1980年に採択した「プライバシー保護と個人データの国際流通についてのガイドラインに関する理事会勧告」であった（堀部 2003）。つまり，ビジネス等において個人のプライバシーが世界的に流通している時代において，他国と同様のプライバシー保護に関する国内法整備を行わない限り，日本は他国との間で取引などができなくなってしまうという状況が背景となっていた。日本国内におけるプライバシー保護に関する危機感を背景として生まれた法律というわけではない。

この法律は，特定個人を識別することが可能な情報に関する利用目的のできる限りの特定化，本人の同意を得ない個人データの第三者への提供の原則禁止，本人からの求めに応じた開示・訂正・利用停止，個人情報の取扱いに関する苦情の適切・迅速な処理等を内容としている。

2015年に，保護対象となる個人情報の定義の明確化，適切な規律の下での個人情報の有用性確保，個人情報保護委員会の新設，名簿業者対策のための個人情報保護強化，個人情報の取扱いのグローバル化への対応等を主たる内容とした改正が行われた（瓜生 2016）。これらの改正点のうち，心理師にとってとりわけ重要なのは，要配慮個人情報の定義（個人情報保護法2条3項）を設けたことであろう。本改正法では，差別の対象となりやすい事柄として，本人の病歴，犯罪の経歴，犯罪により害を被った事実等を挙げて，特に配慮する事柄として定義している。

その後も改正が行われ，本章執筆時点において，同法では，個人情報保護委員会の命令に違反した場合や（同法83条），個人情報データベース等を不正な利益を図る目的で提供または盗用した場合（同法84条）には懲役刑または罰金刑に処せられるなど，罰則が細かく規定されている。心理職も同法については理解を得ておく必要が

ある。

　個人情報保護法のもう1つの特徴として，この法律が大枠を定め，各分野（例え
ば保健医療，金融など）における細かな事柄については，個人情報保護委員会および
関係省庁がガイドラインを定め，その遵守を求めていることが挙げられる。心理師
にとって特に重要と思われる医療分野については，個人情報保護委員会・厚生労働
省が医療関連分野ガイダンスを定めている[*]。

　[*]個人情報保護委員会　特定分野ガイドライン
　　https://www.ppc.go.jp/personalinfo/legal/guidelines/#iryokanren　2021年5月8日取得

## ▶§**7.5**　おわりに

　心理職はとかく専門的な知識やスキルの習得，しかも心理職－クライエントとい
う二者関係に関わる事柄に熱心である。それは良いことではあるが，自身の知識や
スキルが一定のルールの下で行われることを忘れてしまいがちになる。実際，日本
において心理職が職業倫理や法律について学ぶ機会は乏しい。心理職がどんなに専
門的スキルを有していたとしても，その実践がルールに則って行われなければ社会
から信頼を得ることはできない。本書を良い機会として，職業倫理と法律というルー
ルを知り，心理職の行いを社会的な枠組みの中で実践していくよう常に留意してい
ただきたいと考える。

〔引用・参考文献〕

American Psychological Association（2017）　Ethical principles of psychologists and code of
　　conduct. Washington, DC: Author.
Borys, D. S., & Pope, K. S.（1989）　Dual relationships between therapist and client: A
　　national study of psychologists, psychiatrists, and social workers. Professional Psychology:
　　Research and Practice, 20, 283-293.
ジェラルド・コウリー，マリアンネ・シュナイダー・コウリー，パトリック・キャラナン著，
　　村本詔司監訳(2004)　援助専門家のための倫理問題ワークブック　創元社
Dickson, D. T.: Law in the health and human services: A guide for social workers,
　　psychologists, psychiatrists, and related professionals. Free Press, 1995
Herlihy, B., & Corey, G.（1996）　Confidentiality. In B. Herlihy, & G. Corey（Eds.）, ACA
　　ethical standards casebook（5th ed.）（pp. 205-209）. American Counseling Association.
秀嶋ゆかり(2017)　「秘密保持」と「手続の透明性」を巡って　臨床心理学　17(1)　38-43.
堀部政男(2003)　情報公開法・個人情報保護法の提唱と実現　法律時報　75(11)　60-64.
法令用語研究会(編)(2012)　有斐閣法律用語辞典〔第4版〕　有斐閣
一般社団法人日本臨床心理士会(2017)　一般社団法人日本臨床心理士会倫理規程

一般社団法人日本心理臨床学会(2016)　倫理基準

金沢吉展(2006)　臨床心理学の倫理をまなぶ　東京大学出版会

金沢吉展(2018a)　公認心理師の法的義務及び倫理　一般財団法人日本心理研修センター（監修）「公認心理師現任者講習会テキスト［2018年版］」(pp.15-20)金剛出版

金沢吉展(2018b)　情報の適切な取扱い　一般財団法人日本心理研修センター（監修）「公認心理師現任者講習会テキスト［2018年版］」(pp.27-32)　金剛出版

Lamb, D. H., & Catanzaro, S. J. (1998)　Sexual and nonsexual boundary violations involving psychologists, clients, supervisees, and students: Implications for professional practice. Professional Psychology: Research and Practice, 29, 498-503.

Monahan, J. (1993)　Limiting therapist exposure to Tarasoff liability: Guidelines for risk containment. American Psychologist, 48, 242-250.

Sonne, J. L. (1994)　Multiple relationships: Does the new ethics code answer the right questions? Professional Psychology: Research and Practice, 25, 336-343.

*Tarasoff v. The Regents of the University of California*, 17 Cal. 3d 425, 551 P.2d 334, 131 Cal. Rptr. 14 (Cal. 1976)

瓜生和久(2016)　個人情報の保護に関する法律（個人情報保護法）の改正について　法律時報　88(1)　62-66.

【金沢吉展】

7

臨床と倫理

# 第8章＿＿＿法学と心理学 考え方の違い

▶ §**8.1** ＿ 総説

　法学と心理学は，学問としての考え方の筋道に，大きな違いがある。心理学の用語で説明するとすれば，法学と心理学には，それぞれ異なる学問のスキーマがあるといえる。法学の考え方を知らないと，法学について書かれた内容が頭に入ってきにくい。逆に言えば，最初に法学と心理学の考え方の違いを知ることで法律を学びやすくなり，また具体的に目の前にある法律問題について自分なりに考えを進めることができるようになる。そこで本章では，法学の基本的な考え方の筋道について，心理学と比較しながら述べることとする。

▶ §**8.2** ＿ 心理学と法学の考え方の違い

▶▶**1**＿自然科学か解釈学か
　心理学と法学の考え方の違いの出発点は，心理学が自然科学に基づくものである一方，法学は解釈学だという点である。
　心理学は学派により差異はあるものの，基本的に自然科学の発想に基づいている。心理学の起源は1879年のヴント（Wundt, W.）による心理実験室の創設とされ，心理学は自然科学として物体の法則を研究する物理学をモデルとし，自然科学の方法論に基づいて「心」を研究する学問として成立したものである（下山 2001）。そして自然科学とは，自然現象を観察，実験などの方法によって研究し，一般的法則を見出そうとする科学である。平たく言えば心理学は，そこにある現象の，あるがままの事実を見出そうとするものである。そこでは研究する主体の側の期待（こうであって欲しい）や主張（こうであるべきだ）は，厳格に排除される。そして自然科学の論文は，あるがままに見出された事柄を記述するものなので，「～の結果が得られた」，「～が見られた」という言い方が用いられる。
　他方，法律学は解釈学である。解釈学とは，ある言説や文献の内容を読み取り，

理解するための技術についての学問である。解釈学は，古くは神の言葉を，その後は聖書，文学，そして法典を解釈するために，それぞれの分野で発展してきた。

　法学における「法解釈学」は，実定法の規範的意味内容を体系的・合理的に解明し，裁判における法の適用に影響を与えることを目的とする学問である。法律の条文は一般的に適用できるように抽象的に規定されている。たとえば殺人罪の条文において，刺殺，絞殺，毒殺などあらゆる殺人の具体的手段を規定することはできないので「人を殺した者は」と抽象的に規定するほかはない。そのため実際の裁判において具体的な行為を「殺した」と評価できるかどうかを判断するためには，法解釈を行わなければならないのである。そして法解釈においては，法律をその法律が実現しようとする目的（立法趣旨）にかなうように，論理的，体系的に解釈する。そこでは国家において合意があると措定されている一定の価値の実現を目指そうとしている。自然科学とは対照的に，解釈する主体の側の価値観や主張の実現が重要なのだ。そこで法解釈のための文書においては，「～であるべき，～とすべき」という言い方が用いられるのである。

　例を挙げてみよう。刑法199条は殺人罪について，「人を殺したものは，死刑又は無期もしくは5年以上の懲役に処する」と規定している。その立法趣旨は，生命の保護である。さて刑法第199条の「人」の中には，胎児は含まれるのだろうか。たとえば妊娠38週の胎児は，出産によって母体から離れても，ほぼ問題なく乳児として生きることができるし，疑いなく「人」である。したがって，出産によって胎児が母体から離れた時点で，刑法上「人」となることは問題なく認められるだろう。では同じ38週の胎児を，母体の心臓部を刃物で刺して母体を死亡させ，その結果として胎児の生命も奪った場合，胎児に対して刃物は届いてはいないが，胎児に対する殺人罪も成立するのだろうか。あるいは胎児が母体から頭だけ出したときに，その頭に危害を加えて死亡させたとした場合は，胎児はまだ母体から完全に離れていないが，それでも「人」に対する殺人と言えるのだろうか。このように刑法199条の「人」という文言が具体的に何を意味するのか，いかなる場合までを含むのかについて考えていくことが，法解釈学なのである。ちなみに上記の例では，胎児が母体から体の一部を露出した時点で，殺人罪の客体としての「人」であるというのが，ほぼ一致した判例である（大審院判例大正8〔1919〕年12月13日刑録25輯1367頁）。理由としては，胎児が母体から一部でも外に露出した場合には，外部からの攻撃の対象となりうるため，その生命の保護を図る必要があるというものである。

### ▶▶2＿エビデンスの位置づけ

　心理学が自然科学の方法論をとることの当然の帰結として，心理学は実証主義に立ち，経験的事実のみを重視する。つまり，観察や実験，調査という客観的方法か

ら得られたエビデンス（証拠）が重視される。心理学においては仮説と研究結果は厳密に区別されており，何らかの研究結果として結論を述べるためにはエビデンスが必要になる。

　他方で法律学は，解釈の根拠としてエビデンスが必要とされることはない。法解釈としてある主張を行う場合も，その反対の主張を行う場合も，根拠となるエビデンスは要求されない。もちろん上述の解釈学に基づく方法論によって，解釈技術としての整合性を持つことは必要となる。また実定法の解釈にあたっては実定法の目的から演繹されるし，さらに個々の実定法の目的をさかのぼると憲法があり，憲法に反しないということが解釈の枠組となる（これらについては後述する）。

　ただし，新たな法の制定や法改正を行うには「立法事実」が考慮されることがある。立法事実とは，その法律の必要性や内容の妥当性にあたって考慮される，現実の社会に関する事実のことである。立法事実として，市民の意識に関する調査や，各種の統計的なデータが使用されることもある。たとえば選択的夫婦別氏制度とは，結婚時に夫婦が望む場合には結婚後も夫婦がそれぞれ結婚前の氏を名乗ることを認める制度であり，民法改正によって同制度を法律で認めるかどうかについて長年にわたり，政府，国会議員，法曹界において議論がなされているが，その導入の是非の参考として世論調査の結果が引用されている（法務省ホームページ　www.moj.go.jp/MINJI/minji36.html　2020年1月9日採録）。この世論調査によれば選択的夫婦別氏制度の導入に否定的な人が29.3％，肯定的な人が42.5％だが，実際にはまだ選択的夫婦別氏制度は実現していない。このことは，法改正が立法事実によって拘束されてはいないという実例を示してもいる。

　このように立法や法改正をする際には立法事実を考慮して立法が行われるという意味においては，法律学においても現実状況との合致ということが要請されており，その範囲では実証性を完全に無視しているわけではないといえよう。しかしながら，立法・法改正にしろ実定法の解釈にしろ，エビデンスが必須とはされてはいない点で，心理学とは大きく異なるのである。

### ▶▶3　推論の方法に違いがあること

　心理学ではエビデンスの存在を前提とした上で，帰納法に基づく推論を行う。「帰納法」とは，個々の具体的な事柄から一般に通用するような原理・法則などを導き出す推論の方法を言う。つまり心理学においては，エビデンスから一般法則を導くという推論の方法をとる。方向性としてはボトムアップである。

　他方で法律学は，演繹法を用いる。演繹とは，一般的な原理から，論理の手続を踏んで個々の事実や命題を推論することである。方向性としてはアップダウンである。

法律学における演繹法がどのような形をとるのか，二つの例を挙げよう。

**【1】　条文の解釈における三段論法**

法は現実の社会で生じる様々な事象に適用可能なように，抽象的に定められている。そのため現実の具体的事例にその法が適用されるかどうかについては，抽象的な法を解釈する必要がある。そして法の解釈においては，その法律が目的としている命題から，三段論法を用いてそれぞれの条文を解釈していく。三段論法のシンプルな形は次のようなものである。

1. AはBである。
2. BはCである。
3. よってCはAである。

このような三段論法が，条文解釈における論理的手続となる。

抽象的な説明では分かりにくいと思われるので，上述の胎児殺人の例で考えてみよう。上述の刑法199条の殺人罪の規定の目的は，いうまでもなく人の生命の保護である。胎児は「人」と言えるのかについて，判例・通説では殺人罪の規定の立法趣旨が人の生命の保護であるという点から考えて，胎児であっても一部露出した場合には人として扱うという解釈を行っている(山口2005)。三段論法にあてはめると，次のようなものになる。

---

＊問い：　胎児は刑法第199条の殺人罪における「人」にあたるか
1. 刑法199条の立法趣旨は，人の生命の保護である
2. 胎児であっても一部露出した場合には，外部から攻撃を加えることができるから，その生命を保護する必要がある
3. よって「一部露出した胎児」は，刑法199条の「人」にあたる

---

ここで「母体に毒を飲ませれば，胎児に攻撃を加えられるのではないか」，あるいは「母体の腹部から長い刃物で刺せば，胎児に攻撃を加えられるのではないか」など，胎児が母体内にある場合であっても攻撃可能ではないかとの疑問が生じるかもしれない。実際，そのような批判もされている。ただ判例の考え方としては，母体を通じての間接的な攻撃と，一部露出した胎児への直接的な攻撃とでは，生命の保護の必要性が異なるという見解をとっている。将来，母体を通じた間接的な方法であっても，胎児を殺害できる確実な方法がとられることがあれば，判例は変更される可能性はある。

つまりここで強調したいのは，「胎児は殺人罪の対象となる人に該当するのか」という問いに対してはいくつかの説が成り立つのだが，いずれの説をとるにしても，その結論に至る過程は法的三段論法に沿っているし，より一般的にいえば演繹法に

よって考えが進められているのである。

## 【2】 立憲主義と法のヒエラルキー

　日本における法制度を見れば，法といっても様々な種類があることがわかるだろう。すべての法の頂点に立つものが「憲法」，それから国会で制定される「法律」，行政機関が制定する「命令」(その中に「政令」と「省令」が含まれる)，両議院や最高裁判所，行政組織などの国家機関が定める「規則」がある。また地方公共団体が制定する「条例」や，国家間で締結される「条例」がある。

　ここで重要なことは，これらの様々な種類の法には歴然としたヒエラルキー (階層構造) があるということだ。ヒエラルキーとはつまり，法の効力に決まった序列があり，それは絶対的なものだということである。強さの順番を簡潔に示すと次のようになる。

　　　　憲法＞条約＞法律＞命令・条例

　法の効力に序列があるというのは，実際的に非常に重要である。ある法律が憲法に反するものだとすれば，その法律は無効ということになる。たとえば，「心理学に関する書物の出版を禁止する」という法律があるとしよう。それは国会での正式な手続を経て成立した法律だとしても，その内容において憲法21条の「集会，結社及び言論，出版その他一切の表現の自由は，これを保障する」という規定に反する。つまりこの法律は，憲法に定める基本的人権の一つである「表現の自由」に反するため，その効力を有しないとされるのである(憲法98条)。序列の下位にある法は，上位にある法に反することができず，反する場合は無効となるのである。

　この法の効力の序列は，形式的には次のような理由をあげることができる。憲法が頂点にあるのは，憲法が国の最高法規であると定められているからであるし (憲法98条)，法律が命令よりも上にあるのは，憲法が，国会が国権の最高機関であり行政は法律に基づいて行われると定めているからである (憲法41条・73条)。

　では，そもそもなぜ憲法は最高法規であり，すべての法は憲法に反すれば効力を有しないのだろうか。その実質的な理由は何だろうか。憲法が実質的に最高法規であるのは，「その内容が人間の権利・自由をあらゆる国家権力から不可侵のものとして保証する規範を中心として構成されているからである」(芦部 2019) と理解されている。言葉を変えれば，それは日本が立憲主義という価値観に立っていることを示す。立憲主義とは，憲法によって専断的な権力を制限し，広く国民の権利を保障するという思想である。つまり立憲主義においては，憲法は最高法規として，基本的人権という究極の価値を守るものとされている。

　このように憲法を最高法規として，法律以下の法はヒエラルキーをなし，究極的には憲法の規定に反する法は効力を有しないと言う形で，演繹法の推論に基づく法秩序が存在しているのである。

## ▶▶4__準拠枠を何とするのか

　心理学では，新たな研究は先行研究のレビューを土台として行われる。先行研究と異なる結論となる場合も，先行研究からの延長線上の結論となる場合も，考察においては先行研究との関連について検討を加えることになる。その意味で，心理学研究は先行研究を準拠枠としている。

　他方，法律学では判例，すなわち裁判所が具体的な訴訟事件において下した判断が準拠枠とされる。判例とは，広義では過去に裁判所が行ったすべての判決などを意味するが，一般的に判例といえば，その内容が裁判官が将来くだす判決に対して拘束力を持つ最高裁判所の判例をいう。

　最高裁判所の判例は，後の判決に対して拘束力を持っている。ただし拘束力というのは法的な拘束力，すなわち「あらゆる裁判において裁判官は，同様の事例についてくだされた最高裁判例の内容に反してはならない」という拘束力ではない。しかし裁判の公平性や予見可能性という観点から，事実上裁判官は最高裁判例に沿った判決を出すという状況があり，最高裁判例に反する判決を出すにあたってはきわめて慎重な検討を行ったうえで稀に行われるにすぎない。最高裁判所で示された法解釈は，裁判においては制定法の条文そのものくらいの価値があるものとなると言われている（道垣内 2017）。例えば上述の胎児殺人の場合に，判例と同じように頭部だけ露出した胎児に対して行われた攻撃により胎児が死亡しているのに，ある事件では堕胎罪を適用し，別の事件では殺人罪を適用したならば，非常に不公平が生じる。

　このように法律学においては，同じような状況の法律問題に対して判例がどのような判断を下したのかが，解釈にあたっての重要な準拠枠となるのである。

## ▶▶5__学問としての正しさを担保するもの

　心理学の研究では結果の正しさは，その研究方法が適切に行われていることで担保されていると考えられている。どの研究方法をとったとしても，その方法の標準化された手続によって実験や調査が行われなければならないし，それが研究発表の際に明示される必要がある。

　他方法律学においては，その解釈が条文の文理解釈を出発点として論理的に行われていることが，解釈の正当性を担保すると考えられている。最初に述べたように，法律学においては唯一の真実を見出すのではなく，どの価値を重視するかによって様々な結論に分かれる可能性がある学問である。そのうちの一つの結論だけが真実で，残りは誤りというのではなく，複数の説が成り立つ。ただし大前提として要求されていることは，そのいずれの説も論理的に一貫して正しくなければならないということである。いずれの価値観によって立つべきかという点では選択の余地があ

るとしても，解釈の過程において，条文の文言の定義の範囲から逸脱した解釈，論理の飛躍や，論理に基づかない恣意的な主張などは，判例・学説として許されることではない。「『社会生活上の必要』から解釈が決定したとき，それは，言葉による正当化を行わないと法解釈論としては提示できない」(道垣内 2017) ことが強調されている。法は言葉であるから，言葉による解釈（文理解釈）が重要であり，言葉の文法的意味の範囲を超えて解釈することは許されないのである（道垣内 2017）。

## ▶§**8.3** __ おわりに

　本章では，心理学と法律学の考え方の筋道の違いを述べてきた。法律学の特徴として，自然科学の考え方とは異なる解釈学であること，実証性は重視されていないけれども，法の立法趣旨や最高法規である憲法から法的三段論法を用いて演繹的に解釈されること，判例を準拠枠としているが絶対的に拘束されるものではないこと，を挙げた。心理学を学び，実証主義の考え方に馴染んだ方々には，このような法律学の考え方は各人の恣意的な主張を許容するものであり，「いい加減」との印象を持たれるかもしれない。

　しかし上述のように，あらゆる法の解釈は最終的には憲法に違反するものであってはならず，また演繹法による推論には厳密な文理解釈と論理的整合性が求められる。各人の恣意的な法解釈は，主張すること自体は自由であっても，厳しい批判にさらされる。法学の信頼性は，その点に求めることができるのである。

〔引用・参考文献〕
芦部信喜〔高橋和之補訂〕(2019)　憲法〔第 3 版〕　岩波書店
道垣内弘人(2017)　プレップ　法学を学ぶ前に〔第 2 版〕　弘文堂
下山晴彦(2001)　「臨床心理学とは何か」　下山晴彦・丹野義彦(編)講座臨床心理学 1：臨床心理学とは何か　東京大学出版会
山口厚(2015)　刑法〔第 3 版〕　有斐閣

【岡田裕子】

# 第**9**章___法の作用の実際と心理職

## ▶ §**9.1**__ 法のイメージ

　一般的に社会で共有されている法のイメージはどのようなものだろうか。人間の行動に適切な指針を与えたり，争いが生じた場合には，明確な基準に基づいて解決をもたらしたり，それを通じて正義を実現していくというイメージが，概ね共有されたイメージということができるだろう。

　また，正義の象徴とされる女神テミスは，片手に秤を，もう一方の手には剣を持ち，常に目隠しをしている，法の本質的要素を体現した象徴として広く知られている。すなわち，秤は公正に評価する正確無比な営みを指し，目隠しはその評価に際して個人の不要な属性や無関係な状況的要素を視野に入れず考慮しないことを指し，剣はそうした判断を強制的に貫徹させる力を示しているとされる。ここに体現された「法の理念」と，一般に共有された法のイメージ，物語とは概ね大きな齟齬なく一致しているといってよいだろう。

　こうした基準・規範から出発する抽象的・演繹的な思考は，心理職の日常の様々な活動とは，まったく異なる原理に基づいているかにみえる。対象の個別具体的な要素に目を注ぎ，具体的な関係性を前提に柔軟に対応していく心理職の臨床的活動は，法の思考法とは，まったく逆であるかに見えるだろう。ケアは，まさにその人がその人であることを支えるために，あらゆる側面に目を配り共感することに始まるのだから。しかし，法と臨床的ケアをめぐるこのような二分法は，実際の機能や働きにおいても，そのまま妥当しているのだろうか。

　結論から言えば，法の運用は，実際には，具体的な事情をも相当程度斟酌し，かなりの不確定性と柔軟性に彩られたものにほかならない。実は正義の女神は，目隠しの影から盗み見をしているのが，むしろ普通であり，その秤の精度も完全なものではないといえる。

　しかも，法は，当然ながら言語によって構成され表現されている。言語である以上，そこには，解釈の余地が多かれ少なかれ存在するし，それゆえにその解釈のあり方をめぐって，多くの揺らぎが生じてくる。この「隙間」に権力が忍び込むこと

もあれば，ケアの配慮がひそかに招き入れられることもある。法律学という学問が存在しているのは，こうした「隙間」をめぐって，そこをいかに埋めるべきかの議論のためであるといえなくもない。

　社会の正義や規範の骨格としてゆるぎないイメージを保持すること，それ自体は，重要な社会的機能を持ってはいるが，完璧なルールが冷徹に貫徹するように見える，この法の一般的イメージは，実は，それらしく見えるように構成された一つの物語に過ぎないのである。

## ▶§**9.2**＿　法の不確定性

　以下では，いくつか，冷徹な正義とルールの貫徹という法をめぐる共有された物語を覆すような例を挙げてみよう。

### ▶▶**1**＿民事裁判の実際

　民事裁判の手続を定めた民事訴訟法という法律がある。その第87条には，「当事者は，訴訟について，裁判所において口頭弁論をしなければならない」との定めがある。この条文を普通に読めば，裁判では当事者が裁判官の前で，口頭で主張を交し合うのだという意味に理解するだろう。しかし，実際には，ドラマで見るような場面は証人尋問などの限られた期日で行われるに過ぎない。多くの期日は，当事者があらかじめ提出した「準備書面」という書面について，「準備書面どおりに陳述します」との一言で，あっという間に終了してしまう。つまり，実際には，書面のやり取りで裁判は進行していくのであり，「書面どおりに陳述します」の一言で，裁判が口頭で行われていることにしているのである。

　この「口頭弁論」という言葉が何を指すか，何を行えば「口頭」で弁論したことになるのかは，解釈に開かれており，その多義的な解釈が錯綜する中で，実際の民事裁判では上記のような進行方法が一般化しているのである。

### ▶▶**2**＿多義的な一般概念

　こうした言葉の解釈の問題は，「一般概念」と呼ばれる法概念について，同じく鮮明に当てはまる。「過失」もそのひとつである。「過失」については，誰もが聞いたことのある言葉であり，犯罪や交通事故，医療事故などでも過失の有無が争われる。民法709条は「故意又は過失によって他人の権利又は法律上保護される利益を侵害した者は，これによって生じた損害を賠償する責任を負う」と定めている。この条文の文言の意味自体は誰でも理解できるところである。しかし，では，「故意」

とはどのような状態を指すか,「過失」とは何がそれにあたり何がそれにはあたらないのかを問われたら,人によって見解が異なる事例が多く出てくることになるだろう。

このほか,「正当事由」という概念もある。不動産の明渡しを求めるような場合に,貸主側には「正当事由」が必要とされるが,何をもって「正当事由」が備わっていると判断できるかについては条文に何の記載もない。

もちろん,「正当事由」にせよ,「過失」にせよ,条文に書かれていないことは,判例の蓄積により,より緻密に定義がなされているのであるが,あらゆるケースに必ず当てはまるような定義を構築することは不可能に近い。最終的には,個々の法律家の解釈に委ねられるほかない。例としてあげた一般概念でなくとも,法が言語で構成されている以上,様々な場面で,裁判官や弁護士の固有の解釈に開かれているのである。また,法の解釈に当たって,対立している主張とその背景にある利益を比較衡量し,その評価に基づき最後の判断を導くという「利益衡量」という考え方も法律の世界では,きわめて一般的なこととして認められている。

これらの事情から考えると,テミスの秤は,最終的な部分でその精度に限界が存在しているといわざるを得ない。六法全書に書かれた条文そのものの中に明確な回答がない場合が,多々存在するということである。

### ▶▶3__不確定性の意義

ただし,このことを単純に,法の限界,欠点とネガティヴにとらえることも誤りである。むしろ,こうした不確定性こそ,社会の動きや,事案の個別状況に合わせて,より適切な評価と解決を導くことを可能にしてくれるからである。たとえば,先の「正当事由」という不動産明渡し請求の要件となる概念も,何十年もの期間にわたる住宅事情の変化などに配慮しながら,少しずつその意味を変容させてきている。また,心理職の活動と同様,個別事情に配慮した判断を法が示していくことも,この不確定性ゆえに可能になる。

また,法が様々な次元で不確定性を内包していること,柔軟な可塑性を有していることが,あまり語られないのはどうしてだろう。どの裁判官が担当しても,明確な法規範により判断が制御され,正義が実現されるという,いわば神話的物語が一般に流布しているのはどうしてだろう。この点は,個々の法の不確定性・柔軟性とは別に,法という制度的システムの正当性イメージを社会的に維持するという目的に貢献するためであるといえる。法は不確定で,裁判官ごとに変容するといったイメージが広がれば,法制度そのものへの信頼も揺らいでくる。

実際には,法律家や法制度は,このイメージと矛盾しないように法規範による制御を前提とし,その範囲の中で,柔軟性を発揮しているのである。この二重性こそ,

法の特質であり，それゆえ，法はケアを前提とする心理職の活動と一見相いれないようなイメージをまといながら，実際には，個別のケアの要素もそこに包摂しうるシステムであるといえよう。

## ▶§9.3 __ 法とケアの交錯 【事例で考える】

以下では，そうした点が，明確に表れた事例をひとつ挙げてみることにしよう。

### ▶▶1 __東名高速2幼女死亡事件

1999年，東名高速東京IC付近で，痛ましい事故が発生した。行楽帰りの家族連れの車が，首都高速の料金所通過のため減速したところに，飲酒運転のトラックが追突。車は炎上し，妻は逃れ出ることができたものの，夫は大やけどを負い，3歳と1歳の幼い姉妹は，炎に包まれ，「わ～ん」「あちゅい」の言葉を残して焼死してしまったのである。その最後の言葉を耳にした両親の心の痛みは想像を絶するものがある。トラックの運転手は，当日，ウィスキー1瓶とチューハイを飲み，まっすぐに立てないほどであった。

たまたま車で通りかかったテレビ局カメラマンが炎上する車を撮影し報道したことから，この事件は，小さな幼児の命が失われたこともあって，大きな関心を集めることになった。

両親は，運転手およびその勤務先会社を相手に，損害賠償を求める訴えを提起した。その際，異例ではあったが，賠償金の一部を，亡くなった子どもが19歳になる年の誕生日の翌年から15年にわたり，命日ごとに分割して支払うように求めた。

両親にしてみれば，命日ごとに賠償を支払わせることで，運転手や会社が事件を忘れ去るのを防ぎ，反省を促す効果と，さらには，子どもたちが成人を迎える年以降，毎年一定の金額が支払われることで，あたかも子どもたちが生きて，給料の一部を持ってきてくれるような感覚を得ることも期待されたのではないかと思われる。こうした効果は，子どもを亡くした両親の痛みをいささかでも癒すことにつながると考えられる。裁判所はこれを認め，命日ごとの支払いを運転手と会社に命じたのである。

### ▶▶2 __普通とは異なる判決──命日分割払い判決

この事件で，特徴的なのは民事裁判を通じた賠償のあり方である。事故が起こる前に戻せるならそれが一番いい。しかし，いうまでもなく，失われた命は取り戻すことはできない。こうした場合，裁判所は，原則として，発生した損害について金

銭で賠償することを前提としている。このケースでは，子どもたちが生きていたら，どれくらいの収入を獲得できたか，その精神的苦痛はどの程度か，などを一定の基準・方式に従って算定し額を決定する。裁判所が命じた賠償額は，即座に一括で支払うのが普通である。多くの運転手や企業は自動車損害賠償保険に加入しているため，その額は保険会社から支払われる場合がほとんどである。ただ，法律自体は，どのように賠償を提供すべきか，一括か，分割かなどについては規定がなく，沈黙している。

　この事件の民事裁判では，裁判官は，総額2億5000万円の損害賠償を被告に命じ，かつ両親の訴えを受け入れ，一部を女児が19歳になる年の翌年の命日から15年にわたって各命日に分割で支払うことを命じた（なお，刑事裁判では業務上過失致死で懲役4年の判決）。遺族にとってみれば，子どもの命が金銭に換算されるような割り切れなさや，一括で支払って後は，何もないというのでは，加害者の反省につながらないのではないかと納得できなかっただろう。そうした原告の想いを汲み取り，裁判所は命日ごとの分割での賠償の支払いを命じたのである。

　これは通常の人身被害が生じた事案の判決としては異質のものであった。交通事故でも医療事故でも，裁判所は損害賠償の総額を認定し，それを一括で一時に支払うことを命じるのが一般的であり，賠償を「女児が19歳になる年の翌年の命日から15年にわたって各命日に分割で支払う」ことを命じることは，異例中の異例のことであった。

　ここでは，両親の苦痛や亡くなった2幼女の無念の想いを，法が許容された範囲で反映し，両親の想いに応えた好ましい判決だと評価されることが多いであろう。まさに法が，冷徹なルールの適用を超えて，目隠しの影から，可能な限りケアの理念をその作用に取り込もうとする努力がうかがえる。

### ▶▶3＿加害者への制裁と損害填補の交錯

　しかし，この判決と前後して，交通事故訴訟に関して，分割支払いを命じる同様の判決がいくつか見られたが，その後はほとんど見られず，損害賠償は，一括して一時に支払われる通常の判決が続いている。加害者側がいつまで支払えるかわからないなどの不安定さという実際的配慮もあるが，それ以上に，この判決を行き過ぎた判決と考える裁判所をはじめ法律家一般の思考が影響していると思われる。

　すなわち，民事裁判の目的は損害の填補であり，また加害者への制裁は刑事裁判が担うべきものであって，損害填補のための民事裁判が加害者への制裁的要素を含む役割を果たすべきでない，という考えである。あくまでも法は目隠ししたうえで冷徹に秤により計測すべきということかもしれない。なぜなら，目隠しの陰で忍び込むものが，善意のケアとは限らないこと，また善意のケアであっても相手方や社

会一般に与える影響は常に肯定されることにはならないかもしれないからである。

## ▶§**9.4** __ 法がはらむ絶えざるジレンマ

　しかし，とはいえ，法や裁判は，さまざまな形で，上記の二つの要素の綱引きの中で，ケースごとに揺れ動いている。法が安定して，すべての人に平等に適用されるという公平性を維持するために，目隠しと秤は必要である。他方，個々の事象で苦悩する人びとの想いに応答することも，法律家は正面から認めないとしても，ひとつの重要なニードとして意識されている。

　この二つの要素は，先鋭化すれば対立することになる。法は，言葉によって構成されており，不確定性をはらんでいる。不確定性は，ケアを包摂する入口でもあるが，同時に不正が侵入する入口でもある。それを制御しながら，ことばである法を動かし，命を与えるのは，法律家のみならず，それぞれの活動の中で法にかかわる人びとの解釈と行為である。

　二つの活動の中で，法にはらまれる二つの要素のジレンマを意識しつつ，そのギリギリのところで，あるべき対応を考え実践していくことが，心理職にも求められているのである。

【和田仁孝】

# ▶あとがき

　本書のタイトルは,『公認心理師への関係行政論ガイド』です。もちろん公認心理師の養成カリキュラムや資格試験のテキストとして利用できます。しかし,それを越えて,現場の公認心理師として働く中で関連する法律や制度などで不明なことに出会った際に紐解く専門的ガイドとして活用できる内容となっています。心理職の関連行政論については「この一冊があれば安心！」という心強いガイドブックになっています。

　ところで,読者は,本書を読み進める中で何度となく「公認心理師として活動するためには,どうしてこれほどまでに多岐にわたる法律や制度を学ばなければいけないのか？」と嘆息まじりに呟いたことではないでしょうか。編者である私も,本当にそう思います。言うまでもなく公認心理師は,法律職ではありません。それなのに何故にこれだけ多くのことを学ばなければいけないのでしょうか？
　実は,心理支援の現場に出てみると,心理職が扱う問題と,その解決の方法が如何に法律や制度と密接に結びついているかを実感することになります。旧い発想の心理支援は,心の内なる問題を,心の内なる主観的世界や無意識に介入することで解決するという“心”のモデルに基づくものでした。それに対して公認心理師では,心の問題といえども,それは生物的要因,心理的要因,社会的要因が関連して生じるとする生物－心理－社会モデルが採用されています。そして,利用者が生活する社会的場において心理支援サービスを提供するというコミュニティ・モデルが採用されています。
　このように公認心理師では,対象とする問題も,また問題解決のための心理支援サービスも,心の内にあるのではなく,社会的場におけるものとされます。したがって,公認心理師は,心理支援サービスを社会的場において実践することとなります。その社会的場を管轄する行政区分が「保健医療」,「福祉」,「教育」,そして「司法・非行」,「産業・労働」の5分野となります。そのために5分野にわたる法律や制度を含む関連行政論を学ぶことが求められることになります。
　さらに,公認心理師法42条において「保健医療,福祉,教育等が密接な連携の下で総合的かつ適切に提供される」となっています。したがって,公認心理師は,自らが活動する分野だけでなく,他分野と連携するために境界を超えて5分野全般の法律や制度などの行政論を幅広く学ぶことが必須となるわけです。
　このように,国家資格として国民の心の健康の保持増進のために働く義務と責任

を負う公認心理師は，法律，制度，行政の仕組みを幅広く知り，実践に活用していくことが求められています。そこで，弁護士など，法律や制度の専門家の協力を得て，関連行政論の包括的決定版として本書を編集しました。多くの皆様が本書を活用し，より適切に心理支援サービスを提供できるようになることを願っています。

2021年秋


編者を代表して

下山　晴彦

## ▶1 公認心理師法

(平成二十七年九月十六日：法律第六十八号)(令元法三七・一部改正)

　　第一章　総　則

(目的)
第一条　この法律は，公認心理師の資格を定めて，その業務の適正を図り，もって国民の心の健康の保持増進に寄与することを目的とする。

(定義)
第二条　この法律において「公認心理師」とは，第二十八条の登録を受け，公認心理師の名称を用いて，保健医療，福祉，教育その他の分野において，心理学に関する専門的知識及び技術をもって，次に掲げる行為を行うことを業とする者をいう。
　一　心理に関する支援を要する者の心理状態を観察し，その結果を分析すること。
　二　心理に関する支援を要する者に対し，その心理に関する相談に応じ，助言，指導その他の援助を行うこと。
　三　心理に関する支援を要する者の関係者に対し，その相談に応じ，助言，指導その他の援助を行うこと。
　四　心の健康に関する知識の普及を図るための教育及び情報の提供を行うこと。

(欠格事由)
第三条　次の各号のいずれかに該当する者は，公認心理師となることができない。
　一　心身の故障により公認心理師の業務を適正に行うことができない者として文部科学省令・厚生労働省令で定めるもの
　二　禁錮以上の刑に処せられ，その執行を終わり，又は執行を受けることがなくなった日から起算して二年を経過しない者

　三　この法律の規定その他保健医療，福祉又は教育に関する法律の規定であって政令で定めるものにより，罰金の刑に処せられ，その執行を終わり，又は執行を受けることがなくなった日から起算して二年を経過しない者
　四　第三十二条第一項第二号又は第二項の規定により登録を取り消され，その取消しの日から起算して二年を経過しない者
　　　　　(令元法三七・一部改正)

　　第二章　試　験

(資格)
第四条　公認心理師試験(以下「試験」という。)に合格した者は，公認心理師となる資格を有する。

(試験)
第五条　試験は，公認心理師として必要な知識及び技能について行う。

(試験の実施)
第六条　試験は，毎年一回以上，文部科学大臣及び厚生労働大臣が行う。

(受験資格)
第七条　試験は，次の各号のいずれかに該当する者でなければ，受けることができない。
　一　学校教育法(昭和二十二年法律第二十六号)に基づく大学(短期大学を除く。以下同じ。)において心理学その他の公認心理師となるために必要な科目として文部科学省令・厚生労働省令で定めるものを修めて卒業し，かつ，同法に基づく大学院において心理学その他の公認心理師となるために必要な科目として文部科学省令・厚生労働省令で定めるものを修めてその課程を修了した者その他その者に準ずるものとして文部科学省令・厚生労働省令で定める者
　二　学校教育法に基づく大学において心理学その他の公認心理師となるために必要な科目として文部科学省令・厚生労働省

令で定めるものを修めて卒業した者その他その者に準ずるものとして文部科学省令・厚生労働省令で定める者であって，文部科学省令・厚生労働省令で定める施設において文部科学省令・厚生労働省令で定める期間以上第二条第一号から第三号までに掲げる行為の業務に従事したもの

三　文部科学大臣及び厚生労働大臣が前二号に掲げる者と同等以上の知識及び技能を有すると認定した者

（試験の無効等）

第八条　文部科学大臣及び厚生労働大臣は，試験に関して不正の行為があった場合には，その不正行為に関係のある者に対しては，その受験を停止させ，又はその試験を無効とすることができる。

2　文部科学大臣及び厚生労働大臣は，前項の規定による処分を受けた者に対し，期間を定めて試験を受けることができないものとすることができる。

（受験手数料）

第九条　試験を受けようとする者は，実費を勘案して政令で定める額の受験手数料を国に納付しなければならない。

2　前項の受験手数料は，これを納付した者が試験を受けない場合においても，返還しない。

（指定試験機関の指定）

第十条　文部科学大臣及び厚生労働大臣は，文部科学省令・厚生労働省令で定めるところにより，その指定する者（以下「指定試験機関」という。）に，試験の実施に関する事務（以下「試験事務」という。）を行わせることができる。

2　指定試験機関の指定は，文部科学省令・厚生労働省令で定めるところにより，試験事務を行おうとする者の申請により行う。

3　文部科学大臣及び厚生労働大臣は，前項の申請が次の要件を満たしていると認めるときでなければ，指定試験機関の指定をしてはならない。

一　職員，設備，試験事務の実施の方法その他の事項についての試験事務の実施に関する計画が，試験事務の適正かつ確実な実施のために適切なものであること。

二　前号の試験事務の実施に関する計画の適正かつ確実な実施に必要な経理的及び技術的な基礎を有するものであること。

4　文部科学大臣及び厚生労働大臣は，第二項の申請が次のいずれかに該当するときは，指定試験機関の指定をしてはならない。

一　申請者が，一般社団法人又は一般財団法人以外の者であること。

二　申請者がその行う試験事務以外の業務により試験事務を公正に実施することができないおそれがあること。

三　申請者が，第二十二条の規定により指定を取り消され，その取消しの日から起算して二年を経過しない者であること。

四　申請者の役員のうちに，次のいずれかに該当する者があること。

イ　この法律に違反して，刑に処せられ，その執行を終わり，又は執行を受けることがなくなった日から起算して二年を経過しない者

ロ　次条第二項の規定による命令により解任され，その解任の日から起算して二年を経過しない者

（指定試験機関の役員の選任及び解任）

第十一条　指定試験機関の役員の選任及び解任は，文部科学大臣及び厚生労働大臣の認可を受けなければ，その効力を生じない。

2　文部科学大臣及び厚生労働大臣は，指定試験機関の役員が，この法律（この法律に基づく命令又は処分を含む。）若しくは第十三条第一項に規定する試験事務規程に違反する行為をしたとき又は試験事務に関し著しく不適当な行為をしたときは，指定試験機関に対し，当該役員の解任を命ずることができる。

（事業計画の認可等）

第十二条　指定試験機関は，毎事業年度，事業計画及び収支予算を作成し，当該事業年度の開始前に（指定を受けた日の属する事業年度にあっては，その指定を受けた後遅滞なく），文部科学大臣及び厚生労働大臣の認可を受けなければならない。これを変更しようとするときも，同様とする。

2　指定試験機関は，毎事業年度の経過後三月以内に，その事業年度の事業報告書及び収支決算書を作成し，文部科学大臣及び厚生労働大臣に提出しなければならない。

（試験事務規程）

第十三条　指定試験機関は，試験事務の開始前に，試験事務の実施に関する規程（以下この章において「試験事務規程」という。）を定め，文部科学大臣及び厚生労働大臣の認可を受けなければならない。これを変更しようとするときも，同様とする。

2　試験事務規程で定めるべき事項は，文部科学省令・厚生労働省令で定める。

3　文部科学大臣及び厚生労働大臣は，第一項の認可をした試験事務規程が試験事務の適正かつ確実な実施上不適当となったと認めるときは，指定試験機関に対し，これを変更すべきことを命ずることができる。

（公認心理師試験委員）

第十四条　指定試験機関は，試験事務を行う場合において，公認心理師として必要な知識及び技能を有するかどうかの判定に関する事務については，公認心理師試験委員（以下この章において「試験委員」という。）に行わせなければならない。

2　指定試験機関は，試験委員を選任しようとするときは，文部科学省令・厚生労働省令で定める要件を備える者のうちから選任しなければならない。

3　指定試験機関は，試験委員を選任したときは，文部科学省令・厚生労働省令で定めるところにより，文部科学大臣及び厚生労働大臣にその旨を届け出なければならない。試験委員に変更があったときも，同様とする。

4　第十一条第二項の規定は，試験委員の解任について準用する。

（規定の適用等）

第十五条　指定試験機関が試験事務を行う場合における第八条第一項及び第九条第一項の規定の適用については，第八条第一項中「文部科学大臣及び厚生労働大臣」とあり，及び第九条第一項中「国」とあるのは，「指定試験機関」とする。

2　前項の規定により読み替えて適用する第九条第一項の規定により指定試験機関に納められた受験手数料は，指定試験機関の収入とする。

（秘密保持義務等）

第十六条　指定試験機関の役員若しくは職員（試験委員を含む。次項において同じ。）又はこれらの職にあった者は，試験事務に関して知り得た秘密を漏らしてはならない。

2　試験事務に従事する指定試験機関の役員又は職員は，刑法（明治四十年法律第四十五号）その他の罰則の適用については，法令により公務に従事する職員とみなす。

（帳簿の備付け等）

第十七条　指定試験機関は，文部科学省令・厚生労働省令で定めるところにより，試験事務に関する事項で文部科学省令・厚生労

働省令で定めるものを記載した帳簿を備え，これを保存しなければならない。

（監督命令）

第十八条　文部科学大臣及び厚生労働大臣は，この法律を施行するため必要があると認めるときは，指定試験機関に対し，試験事務に関し監督上必要な命令をすることができる。

（報告）

第十九条　文部科学大臣及び厚生労働大臣は，この法律を施行するため必要があると認めるときは，その必要な限度で，文部科学省令・厚生労働省令で定めるところにより，指定試験機関に対し，報告をさせることができる。

（立入検査）

第二十条　文部科学大臣及び厚生労働大臣は，この法律を施行するため必要があると認めるときは，その必要な限度で，その職員に，指定試験機関の事務所に立ち入り，指定試験機関の帳簿，書類その他必要な物件を検査させ，又は関係者に質問させることができる。

2　前項の規定により立入検査を行う職員は，その身分を示す証明書を携帯し，かつ，関係者の請求があるときは，これを提示しなければならない。

3　第一項に規定する権限は，犯罪捜査のために認められたものと解釈してはならない。

（試験事務の休廃止）

第二十一条　指定試験機関は，文部科学大臣及び厚生労働大臣の許可を受けなければ，試験事務の全部又は一部を休止し，又は廃止してはならない。

（指定の取消し等）

第二十二条　文部科学大臣及び厚生労働大臣は，指定試験機関が第十条第四項各号（第三号を除く。）のいずれかに該当するに至ったときは，その指定を取り消さなければならない。

2　文部科学大臣及び厚生労働大臣は，指定試験機関が次の各号のいずれかに該当するに至ったときは，その指定を取り消し，又は期間を定めて試験事務の全部若しくは一部の停止を命ずることができる。

一　第十条第三項各号の要件を満たさなくなったと認められるとき。

二　第十一条第二項（第十四条第四項において準用する場合を含む。），第十三条第三項又は第十八条の規定による命令に違反

したとき。

　三　第十二条，第十四条第一項から第三項まで又は前条の規定に違反したとき。

　四　第十三条第一項の認可を受けた試験事務規程によらないで試験事務を行ったとき。

　五　次条第一項の条件に違反したとき。
　（指定等の条件）

第二十三条　第十条第一項，第十一条第一項，第十二条第一項，第十三条第一項又は第二十一条の規定による指定，認可又は許可には，条件を付し，及びこれを変更することができる。

2　前項の条件は，当該指定，認可又は許可に係る事項の確実な実施を図るため必要な最小限度のものに限り，かつ，当該指定，認可又は許可を受ける者に不当な義務を課することとなるものであってはならない。
　（指定試験機関がした処分等に係る審査請求）

第二十四条　指定試験機関が行う試験事務に係る処分又はその不作為について不服がある者は，文部科学大臣及び厚生労働大臣に対し，審査請求をすることができる。この場合において，文部科学大臣及び厚生労働大臣は，行政不服審査法（平成二十六年法律第六十八号）第二十五条第二項及び第三項，第四十六条第一項及び第二項，第四十七条並びに第四十九条第三項の規定の適用については，指定試験機関の上級行政庁とみなす。
　（文部科学大臣及び厚生労働大臣による試験事務の実施等）

第二十五条　文部科学大臣及び厚生労働大臣は，指定試験機関の指定をしたときは，試験事務を行わないものとする。

2　文部科学大臣及び厚生労働大臣は，指定試験機関が第二十一条の規定による許可を受けて試験事務の全部若しくは一部を休止したとき，第二十二条第二項の規定により指定試験機関に対し試験事務の全部若しくは一部の停止を命じたとき又は指定試験機関が天災その他の事由により試験事務の全部若しくは一部を実施することが困難となった場合において必要があると認めるときは，試験事務の全部又は一部を自ら行うものとする。
　（公示）

第二十六条　文部科学大臣及び厚生労働大臣は，次の場合には，その旨を官報に公示しなければならない。

　一　第十条第一項の規定による指定をしたとき。

　二　第二十一条の規定による許可をしたとき。

　三　第二十二条の規定により指定を取り消し，又は試験事務の全部若しくは一部の停止を命じたとき。

　四　前条第二項の規定により試験事務の全部若しくは一部を自ら行うこととするとき又は自ら行っていた試験事務の全部若しくは一部を行わないこととするとき。
　（試験の細目等）

第二十七条　この章に規定するもののほか，試験，指定試験機関その他この章の規定の施行に関し必要な事項は，文部科学省令・厚生労働省令で定める。


　　　　　第三章　登　録


　（登録）

第二十八条　公認心理師となる資格を有する者が公認心理師となるには，公認心理師登録簿に，氏名，生年月日その他文部科学省令・厚生労働省令で定める事項の登録を受けなければならない。
　（公認心理師登録簿）

第二十九条　公認心理師登録簿は，文部科学省及び厚生労働省に，それぞれ備える。
　（公認心理師登録証）

第三十条　文部科学大臣及び厚生労働大臣は，公認心理師の登録をしたときは，申請者に第二十八条に規定する事項を記載した公認心理師登録証（以下この章において「登録証」という。）を交付する。
　（登録事項の変更の届出等）

第三十一条　公認心理師は，登録を受けた事項に変更があったときは，遅滞なく，その旨を文部科学大臣及び厚生労働大臣に届け出なければならない。

2　公認心理師は，前項の規定による届出をするときは，当該届出に登録証を添えて提出し，その訂正を受けなければならない。
　（登録の取消し等）

第三十二条　文部科学大臣及び厚生労働大臣は，公認心理師が次の各号のいずれかに該当する場合には，その登録を取り消さなければならない。

　一　第三条各号（第四号を除く。）のいずれかに該当するに至った場合

二　虚偽又は不正の事実に基づいて登録を受けた場合

2　文部科学大臣及び厚生労働大臣は，公認心理師が第四十条，第四十一条又は第四十二条第二項の規定に違反したときは，その登録を取り消し，又は期間を定めて公認心理師の名称及びその名称中における心理師という文字の使用の停止を命ずることができる。

（登録の消除）

第三十三条　文部科学大臣及び厚生労働大臣は，公認心理師の登録がその効力を失ったときは，その登録を消除しなければならない。

（情報の提供）

第三十四条　文部科学大臣及び厚生労働大臣は，公認心理師の登録に関し，相互に必要な情報の提供を行うものとする。

（変更登録等の手数料）

第三十五条　登録証の記載事項の変更を受けようとする者及び登録証の再交付を受けようとする者は，実費を勘案して政令で定める額の手数料を国に納付しなければならない。

（指定登録機関の指定等）

第三十六条　文部科学大臣及び厚生労働大臣は，文部科学省令・厚生労働省令で定めるところにより，その指定する者（以下「指定登録機関」という。）に，公認心理師の登録の実施に関する事務（以下「登録事務」という。）を行わせることができる。

2　指定登録機関の指定は，文部科学省令・厚生労働省令で定めるところにより，登録事務を行おうとする者の申請により行う。

第三十七条　指定登録機関が登録事務を行う場合における第二十九条，第三十条，第三十一条第一項，第三十三条及び第三十五条の規定の適用については，第二十九条中「文部科学省及び厚生労働省に，それぞれ」とあるのは「指定登録機関に」と，第三十条，第三十一条第一項及び第三十三条中「文部科学大臣及び厚生労働大臣」とあり，並びに第三十五条中「国」とあるのは「指定登録機関」とする。

2　指定登録機関が登録を行う場合において，公認心理師の登録を受けようとする者は，実費を勘案して政令で定める額の手数料を指定登録機関に納付しなければならない。

3　第一項の規定により読み替えて適用する第三十五条及び前項の規定により指定登録機関に納められた手数料は，指定登録機関の収入とする。

（準用）

第三十八条　第十条第三項及び第四項，第十一条から第十三条まで並びに第十六条から第二十六条までの規定は，指定登録機関について準用する。この場合において，これらの規定中「試験事務」とあるのは「登録事務」と，「試験事務規程」とあるのは「登録事務規程」と，第十条第三項中「前項の申請」とあり，及び同条第四項中「第二項の申請」とあるのは「第三十六条第二項の申請」と，第十六条第一項中「職員（試験委員を含む。次項において同じ。）」とあるのは「職員」と，第二十二条第二項第二号中「第十一条第二項（第十四条第四項において準用する場合を含む。）」とあるのは「第十一条第二項」と，同項第三号中「，第十四条第一項から第三項まで又は前条」とあるのは「又は前条」と，第二十三条第一項及び第二十六条第一号中「第十条第一項」とあるのは「第三十六条第一項」と読み替えるものとする。

（文部科学省令・厚生労働省令への委任）

第三十九条　この章に規定するもののほか，公認心理師の登録，指定登録機関その他この章の規定の施行に関し必要な事項は，文部科学省令・厚生労働省令で定める。

### 第四章　義務等

（信用失墜行為の禁止）

第四十条　公認心理師は，公認心理師の信用を傷つけるような行為をしてはならない。

（秘密保持義務）

第四十一条　公認心理師は，正当な理由がなく，その業務に関して知り得た人の秘密を漏らしてはならない。公認心理師でなくなった後においても，同様とする。

（連携等）

第四十二条　公認心理師は，その業務を行うに当たっては，その担当する者に対し，保健医療，福祉，教育等が密接な連携の下で総合的かつ適切に提供されるよう，これらを提供する者その他の関係者等との連携を保たなければならない。

2　公認心理師は，その業務を行うに当たって心理に関する支援を要する者に当該支援に係る主治の医師があるときは，その指示を受けなければならない。

（資質向上の責務）

第四十三条　公認心理師は，国民の心の健康を取り巻く環境の変化による業務の内容の変化に適応するため，第二条各号に掲げる行為に関する知識及び技能の向上に努めなければならない。

（名称の使用制限）

第四十四条　公認心理師でない者は，公認心理師という名称を使用してはならない。

2　前項に規定するもののほか，公認心理師でない者は，その名称中に心理師という文字を用いてはならない。

（経過措置等）

第四十五条　この法律の規定に基づき命令を制定し，又は改廃する場合においては，その命令で，その制定又は改廃に伴い合理的に必要と判断される範囲内において，所要の経過措置（罰則に関する経過措置を含む。）を定めることができる。

2　この法律に規定するもののほか，この法律の施行に関し必要な事項は，文部科学省令・厚生労働省令で定める。

　　　　　第五章　罰　則

第四十六条　第四十一条の規定に違反した者は，一年以下の懲役又は三十万円以下の罰金に処する。

2　前項の罪は，告訴がなければ公訴を提起することができない。

第四十七条　第十六条第一項（第三十八条において準用する場合を含む。）の規定に違反した者は，一年以下の懲役又は三十万円以下の罰金に処する。

第四十八条　第二十二条第二項（第三十八条において準用する場合を含む。）の規定による試験事務又は登録事務の停止の命令に違反したときは，その違反行為をした指定試験機関又は指定登録機関の役員又は職員は，一年以下の懲役又は三十万円以下の罰金に処する。

第四十九条　次の各号のいずれかに該当する者は，三十万円以下の罰金に処する。

一　第三十二条第二項の規定により公認心理師の名称及びその名称中における心理師という文字の使用の停止を命ぜられた者で，当該停止を命ぜられた期間中に，公認心理師の名称を使用し，又はその名称中に心理師という文字を用いたもの

二　第四十四条第一項又は第二項の規定に違反した者

第五十条　次の各号のいずれかに該当するときは，その違反行為をした指定試験機関又は指定登録機関の役員又は職員は，二十万円以下の罰金に処する。

一　第十七条（第三十八条において準用する場合を含む。）の規定に違反して帳簿を備えず，帳簿に記載せず，若しくは帳簿に虚偽の記載をし，又は帳簿を保存しなかったとき。

二　第十九条（第三十八条において準用する場合を含む。）の規定による報告をせず，又は虚偽の報告をしたとき。

三　第二十条第一項（第三十八条において準用する場合を含む。）の規定による立入り若しくは検査を拒み，妨げ，若しくは忌避し，又は質問に対して陳述をせず，若しくは虚偽の陳述をしたとき。

四　第二十一条（第三十八条において準用する場合を含む。）の許可を受けないで試験事務又は登録事務の全部を廃止したとき。

　　　　　附　則　（抄）

（施行期日）

第一条　この法律は，公布の日から起算して二年を超えない範囲内において政令で定める日から施行する。ただし，第十条から第十四条まで，第十六条，第十八条から第二十三条まで及び第二十五条から第二十七条までの規定並びに第四十七条，第四十八条及び第五十条（第一号を除く。）の規定（指定試験機関に係る部分に限る。）並びに附則第八条から第十一条までの規定は，公布の日から起算して六月を超えない範囲内において政令で定める日から施行する。

（平成二九年政令第二四二号で，本文に係る部分は，平成二九年九月一五日から施行）

（平成二八年政令第五五号で，ただし書に係る部分は，平成二八年三月一五日から施行）

（受験資格の特例）

第二条　次の各号のいずれかに該当する者は，第七条の規定にかかわらず，試験を受けることができる。

一　この法律の施行の日（以下この項及び附則第六条において「施行日」という。）前に学校教育法に基づく大学院の課程を修了した者であって，当該大学院において心理学その他の公認心理師となるために必要な科目として文部科学省令・厚生労働

省令で定めるものを修めたもの
二　施行日前に学校教育法に基づく大学院
　　に入学した者であって，施行日以後に心
　　理学その他の公認心理師となるために必
　　要な科目として文部科学省令・厚生労働
　　省令で定めるものを修めて当該大学院の
　　課程を修了したもの
三　施行日前に学校教育法に基づく大学に
　　入学し，かつ，心理学その他の公認心理
　　師となるために必要な科目として文部科
　　学省令・厚生労働省令で定めるものを修
　　めて卒業した者その他その者に準ずるも
　　のとして文部科学省令・厚生労働省令で
　　定める者であって，施行日以後に同法に
　　基づく大学院において第七条第一号の文
　　部科学省令・厚生労働省令で定める科目
　　を修めてその課程を修了したもの
四　施行日前に学校教育法に基づく大学に
　　入学し，かつ，心理学その他の公認心理
　　師となるために必要な科目として文部科
　　学省令・厚生労働省令で定めるものを修
　　めて卒業した者その他その者に準ずるも
　　のとして文部科学省令・厚生労働省令で
　　定める者であって，第七条第二号の文部
　　科学省令・厚生労働省令で定める施設に
　　おいて同号の文部科学省令・厚生労働省
　　令で定める期間以上第二条第一号から第
　　三号までに掲げる行為の業務に従事した
　　もの
2　この法律の施行の際現に第二条第一号か
　ら第三号までに掲げる行為を業として行っ
　ている者その他その者に準ずるものとして
　文部科学省令・厚生労働省令で定める者で
　あって，次の各号のいずれにも該当するに
　至ったものは，この法律の施行後五年間は，
　第七条の規定にかかわらず，試験を受ける
　ことができる。
一　文部科学大臣及び厚生労働大臣が指定
　　した講習会の課程を修了した者
二　文部科学省令・厚生労働省令で定める
　　施設において，第二条第一号から第三号
　　までに掲げる行為を五年以上業として
　　行った者
3　前項に規定する者に対する試験は，文部
　科学省令・厚生労働省令で定めるところに
　より，その科目の一部を免除することがで
　きる。
（受験資格に関する配慮）
第三条　文部科学大臣及び厚生労働大臣は，
　試験の受験資格に関する第七条第二号の文

部科学省令・厚生労働省令を定め，及び同
条第三号の認定を行うに当たっては，同条
第二号又は第三号に掲げる者が同条第一号
に掲げる者と同等以上に臨床心理学を含む
心理学その他の科目に関する専門的な知識
及び技能を有することとなるよう，同条第
二号の文部科学省令・厚生労働省令で定め
る期間を相当の期間とすることその他の必
要な配慮をしなければならない。
（名称の使用制限に関する経過措置）
第四条　この法律の施行の際現に公認心理師
　という名称を使用している者又はその名称
　中に心理師の文字を用いている者について
　は，第四十四条第一項又は第二項の規定は，
　この法律の施行後六月間は，適用しない。
（検討）
第五条　政府は，この法律の施行後五年を経
　過した場合において，この法律の規定の施
　行の状況について検討を加え，その結果に
　基づいて必要な措置を講ずるものとする。
（試験の実施に関する特例）
第六条　第六条の規定にかかわらず，施行日
　の属する年においては，試験を行わないこ
　とができる。


　　附　則　（令和元年六月一四日
　　　　　　法律第三七号）（抄）


（施行期日）
第一条　この法律は，公布の日から起算して
　三月を経過した日から施行する。ただし，
　次の各号に掲げる規定は，当該各号に定め
　る日から施行する。
一　第四十条，第五十九条，第六十一条，
　　第七十五条（児童福祉法第三十四条の二十
　　の改正規定に限る。），第八十五条，第
　　百二条，第百七条（民間あっせん機関によ
　　る養子縁組のあっせんに係る児童の保護
　　等に関する法律第二十六条の改正規定に
　　限る。），第百十一条，第百四十三条，第
　　百四十九条，第百五十二条，第百五十四
　　条（不動産の鑑定評価に関する法律第
　　二十五条第六号の改正規定に限る。）及び
　　第百六十八条並びに次条並びに附則第三
　　条及び第六条の規定　公布の日
二　第三条，第四条，第五条（国家戦略特
　　別区域法第十九条の二第一項の改正規定
　　を除く。），第二章第二節及び第四節，第
　　四十一条（地方自治法第二百五十二条の
　　二十八の改正規定を除く。），第四十二

条から第四十八条まで，第五十条，第
五十四条，第五十七条，第六十条，第
六十二条，第六十六条から第六十九条
まで，第七十五条(児童福祉法第三十四
条の二十の改正規定を除く。)，第七十六
条，第七十七条，第七十九条，第八十
条，第八十二条，第八十四条，第八十七
条，第八十八条，第九十条(職業能力開発
促進法第三十条の十九第二項第一号の改
正規定を除く。)，第九十五条，第九十六
条，第九十八条から第百条まで，第百四条，
第百八条，第百九条，第百十二条，第
百十三条，第百十五条，第百十六条，第
百十九条，第百二十一条，第百二十三
条，第百三十三条，第百三十五条，第
百三十八条，第百三十九条，第百六十一
条から第百六十三条まで，第百六十六条，
第百六十九条，第百七十条，第百七十二
条(フロン類の使用の合理化及び管理の適
正化に関する法律第二十九条第一項第一
号の改正規定に限る。)並びに第百七十三
条並びに附則第十六条，第十七条，第
二十条，第二十一条及び第二十三条から
第二十九条までの規定　公布の日から起
算して六月を経過した日

(行政庁の行為等に関する経過措置)
第二条　この法律(前条各号に掲げる規定に
あっては，当該規定。以下この条及び次条
において同じ。)の施行の日前に，この法律
による改正前の法律又はこれに基づく命令
の規定(欠格条項その他の権利の制限に係
る措置を定めるものに限る。)に基づき行わ
れた行政庁の処分その他の行為及び当該規
定により生じた失職の効力については，な
お従前の例による。
(罰則に関する経過措置)
第三条　この法律の施行前にした行為に対す
る罰則の適用については，なお従前の例に
よる。
(検討)
第七条　政府は，会社法(平成十七年法律第
八十六号)及び一般社団法人及び一般財
団法人に関する法律(平成十八年法律第
四十八号)における法人の役員の資格を成
年被後見人又は被保佐人であることを理由
に制限する旨の規定について，この法律の
公布後一年以内を目途として検討を加え，
その結果に基づき，当該規定の削除その他
の必要な法制上の措置を講ずるものとする。


## ▶2　公認心理師法施行規則　(抄)

(平成二十九年九月十五日：文部科学省／厚生労働省／令第三号)

(法第三条第一号の文部科学省令・厚生労働
省令で定める者)
第一条　公認心理師法(以下「法」という。)第
三条第一号の文部科学省令・厚生労働省令
で定める者は，精神の機能の障害により公

認心理師の業務を適正に行うに当たって必
要な認知，判断及び意思疎通を適切に行う
ことができない者とする。
(令元文科厚労令三・追加)

# ❖___ 法令・事項索引

## ★★＿＿ 事項索引

❖編者・執筆者紹介 （執筆分担は目次に記載）

## 【編者】

下山晴彦（しもやま・はるひこ）　東京大学大学院教育学研究科教授

岡田裕子（おかだ・ゆうこ）　公認心理師/臨床心理士，法曹有資格者（司法修習46期）
　　　　　　　　　　　　　　　東京大学非常勤講師

和田仁孝（わだ・よしたか）　早稲田大学大学院法務研究科教授


## 【執筆者】　（執筆順）

山下貴司（やました・たかし）　衆議院議員

沢宮容子（さわみや・ようこ）　筑波大学人間系教授

神田知江美（かんだ・ちえみ）　弁護士/医師（かすが・國塚法律事務所）
　　　　　　　　　　　　　　　帝京大学医療情報システムセンター客員講師

沼　初枝（ぬま・はつえ　　立正大学心理学部教授

浅田眞弓（あさだ・まゆみ）　弁護士/医学博士（丸ビルあおい法律事務所）

武村真治（たけむら・しんじ）　国立保健医療科学院政策技術評価研究部上席主任研究官

徳丸　享（とくまる・あきら）　立正大学心理学部准教授

吉田沙蘭（よしだ・さらん）　東北大学大学院教育学研究科准教授

生越照幸（おごし・てるゆき）　弁護士（弁護士法人ライフパートナー法律事務所）

川野健治（かわの・けんじ）　立命館大学総合心理学部教授

西谷裕子（にしたに・ゆうこ）　弁護士（リバティ総合法律事務所）

原田隆之（はらだ・たかゆき）　筑波大学人間系教授

米村俊彦（よねむら・としひこ）　弁護士（加藤法律事務所）

冨永良喜（とみなが・よしき）　兵庫教育大学大学院減災復興政策研究科教授

松本成輔（まつもと・せいすけ）　弁護士（あいおい法律事務所）

田尾有樹子（たお・ゆきこ）　社会福祉法人：巣立ち会理事長

磯谷文明（いそがえ・ふみあき）　弁護士（くれたけ法律事務所）

髙田　治（たかだ・おさむ）　川崎こども心理ケアセンターかなで施設長

馬場真由子（ばば・まゆこ）　弁護士（法テラス埼玉法律事務所）

| | |
|---|---|
| 扇澤史子（おうぎさわ・ふみこ） | 公認心理師/臨床心理士（東京都健康長寿医療センター精神科） |
| 森川　清（もりかわ・きよし） | 弁護士（森川清法律事務所） |
| 鈴木晶子（すずき・あきこ） | 臨床心理士（NPO法人パノラマ理事） |
| 植村尚史（うえむら・ひさし） | 早稲田大学人間科学部教授 |
| 村上祐介（むらかみ・ゆうすけ） | 東京大学大学院教育学研究科准教授 |
| 石川悦子（いしかわ・えつこ） | こども教育宝仙大学こども教育学部教授 |
| 伊藤克之（いとう・かつゆき） | 弁護士（日野アビリティ法律事務所） |
| 辻井正次（つじい・まさつぐ） | 中京大学現代社会学部教授 |
| 小島秀一（おじま・しゅういち） | 弁護士（早稲田大学リーガル・クリニック） |
| 戸田有一（とだ・ゆういち） | 大阪教育大学教育学部教授 |
| 波戸岡光太（はとおか・こうた） | 弁護士（アクト法律事務所） |
| 伊藤直文（いとう・なおふみ） | 大正大学心理社会学部特任教授 |
| 早坂由起子（はやさか・ゆきこ） | 弁護士（さかきばら法律事務所） |
| 米田弘枝（よねだ・ひろえ） | 立正大学非常勤講師 |
| 浦﨑寛泰（うらざき・ひろやす） | 弁護士（ソーシャルワーカーズ法律事務所），社会福祉士 |
| 菊池安希子（きくち・あきこ） | 国立精神・神経医療研究センター精神保健研究所<br>地域・司法精神医療研究部 室長 |
| 安井飛鳥（やすい・あすか） | 弁護士（法律事務所くらふと），社会福祉士/精神保健福祉士 |
| 原田杏子（はらだ・きょうこ） | 公認心理師/臨床心理士<br>（法務省矯正研修所効果検証センター効果検証官補） |
| 山崎勇人（やまざき・はやと） | 弁護士（翔和総合法律事務所） |
| 鶴田信子（つるた・のぶこ） | 公認心理師/臨床心理士<br>（公益社団法人：被害者支援都民センター） |
| 木下潮音（きのした・しおね） | 弁護士（第一芙蓉法律事務所） |
| 坂井一史（さかい・ひとし） | 公認心理師/臨床心理士<br>（住友商事グループSCGカウンセリングセンター） |
| 金沢吉展（かなざわ・よしのぶ） | 明治学院大学心理学部教授 |

＊大学の心理学教員については，公認心理師/臨床心理士の資格の記載を割愛した。

## 公認心理師への関係行政論ガイド

2021年11月10日　初版第1刷印刷
2021年11月20日　初版第1刷発行

編　者
下山　晴彦
岡田　裕子
和田　仁孝

発行所　　（株）北大路書房
〒603-8303　京都市北区紫野十二坊町12-8
電　話　（075）431-0361（代）
ＦＡＸ　（075）431-9393
振　替　01050-4-2083

企画・編集制作　秋山　泰（出版工房ひうち：燧）
組　版　　　　　華洲屋（kazu-ya）
装　丁　　　　　上瀬奈緒子（綴水社）
印刷・製本　　　亜細亜印刷㈱

ISBN 978-4-7628-3175-1　C3011　Printed in Japan ©2021
検印省略　落丁・乱丁本はお取替えいたします。

## 公認心理師のための<br>「基礎科目」講義

下山 晴彦 監修

宮川　純, 下山晴彦, 原田隆之, 金沢吉展　編著

B5判・224頁・定価3,300円（税込）
ISBN9784762830976　2020年2月刊

心理学基礎科目の内容を心理学概論, 臨床心理学入門, エビデンス・ベイスド・プラクティス, 職業倫理の4つのパートに区分し詳説。

## 公認心理師のための<br>「発達障害」講義

下山晴彦 監修

桑原　斉, 田中康雄, 稲田尚子, 黒田美保　編著<br>宮川 純 著

B5判・224頁・定価3,300円（税込）
ISBN9784762830457　2018年12月刊

現代臨床心理学のエキスパートによる講義を再現。発達障害の基本から専門的アセスメントと支援まで段階的に学ぶ。動画も視聴可。

## 公認心理師のための<br>「心理査定」講義

下山晴彦 監修

宮川　純, 松田　修, 国里愛彦　編著

B5判・224頁・定価3,410円（税込）
ISBN9784762831553　2021年4月刊

心理的アセスメントの技法全体を包括的に学ぶ。様々な心理検査法の概要と共に, 知能検査と神経心理学的検査の臨床的活用も解説。

## 公認心理師・<br>臨床心理士のための<br>福祉心理学入門

塩谷隼平, 吉村夕里, 川西智也　著

A5判・272頁・定価2,750円（税込）
ISBN9784762831591　2021年4月刊

福祉の現場を児童・障害者・高齢者の三領域から概観。各現場の心理職に必須の知識を網羅し, 実践の魅力ややりがいを伝える一冊。